中國南洋交通史

馮承鈞著

民國滬上初版書·復制版

中國南洋交通史

馮承鈞 著

SJPC
上海三聯書店

图书在版编目(CIP)数据

中国南洋交通史 / 冯承均著. ——上海:上海三联书店,2014.3
(民国沪上初版书·复制版)
ISBN 978-7-5426-4605-7
Ⅰ.①中… Ⅱ.①冯… Ⅲ.①中外关系—海上运输—交通运输史—研究—东南亚
Ⅳ.①F552.9
中国版本图书馆 CIP 数据核字(2014)第 033713 号

中国南洋交通史
著　　者 / 冯承均
责任编辑 / 陈启甸 王倩怡
封面设计 / 清风
策　　划 / 赵炬
执　　行 / 取映文化
加工整理 / 嘎拉 江岩 牵牛 莉娜
监　　制 / 吴昊
责任校对 / 笑然
出版发行 / 上海三联书店
(201199)中国上海市闵行区都市路 4855 号 2 座 10 楼
网　　址 / http://www.sjpc1932.com
邮购电话 / 021-24175971
印刷装订 / 常熟市人民印刷厂

版　　次 / 2014 年 3 月第 1 版
印　　次 / 2014 年 3 月第 1 次印刷
开　　本 / 650×900　1/16
字　　数 / 240 千字
印　　张 / 19.5
书　　号 / ISBN 978-7-5426-4605-7/F·667
定　　价 / 98.00 元

民国沪上初版书·复制版

出版人的话

如今的沪上，也只有上海三联书店还会使人联想起民国时期的沪上出版。因为那时活跃在沪上的新知书店、生活书店和读书出版社，以至后来结合成为的三联书店，始终是中国进步出版的代表。我们有责任将那时沪上的出版做些梳理，使曾经推动和影响了那个时代中国文化的书籍拂尘再现。出版“民国沪上初版书·复制版”，便是其中的实践。

民国的“初版书”或称“初版本”，体现了民国时期中国新文化的兴起与前行的创作倾向，表现了出版者选题的与时俱进。

民国的某一时段出现了春秋战国以后的又一次百家争鸣的盛况，这使得社会的各种思想、思潮、主义、主张、学科、学术等等得以充分地著书立说并传播。那时的许多初版书是中国现代学科和学术的开山之作，乃至今天仍是中国学科和学术发展的基本命题。重温那一时期的初版书，对应现时相关的研究与探讨，真是会有许多联想和启示。再现初版书的意义在于温故而知新。

初版之后的重版、再版、修订版等等，尽管会使作品的内容及形式趋于完善，但却不是原创的初始形态，再受到社会变动施加的某些影响，多少会有别于最初的表达。这也是选定初版书的原因。

民国版的图书大多为纸皮书，精装（洋装）书不多，而且初版的印量不大，一般在两三千册之间，加之那时印制技术和纸张条件的局限，几十年过来，得以留存下来的有不少成为了善本甚或孤本，能保存完好无损的就更稀缺了。因而在编制这套书时，只能依据辗转找到的初版书复制，尽可能保持初版时的面貌。对于原书的破损和字迹不清之处，尽可能加以技术修复，使之达到不影响阅读的效果。还需说明的是，复制出版的效果，必然会受所用底本的情形所限，不易达到现今书籍制作的某些水准。

民国时期初版的各种图书大约十余万种，并且以沪上最为集中。文化的创作与出版是一个不断筛选、淘汰、积累的过程，我们将尽力使那时初版的精品佳作得以重现。

我们将严格依照《著作权法》的规则，妥善处理出版的相关事务。

感谢上海图书馆和版本收藏者提供了珍贵的版本文献，使“民国沪上初版书·复制版”得以与公众见面。

相信民国初版书的复制出版，不仅可以满足社会阅读与研究的需要，还可以使民国初版书的内容与形态得以更持久地留存。

2014年1月1日

中國南洋交通史

馮承鈞著

中華民國二十六年一月初版

序例

近年撰作，頗畏大題目，尤畏他人提出之大題目，是以辭謝者屢。中國南洋交通史亦一大題目，初被徵求時，亦未敢妄作，雖因友朋之鼓勵，兒子之慫慂，尚猶豫不決。自信是編脫稿後，必不能副人之所期，而其疏漏或與西域地名等。南洋範圍廣大，涉及語言甚多，非有鴻博學識不足辦此；南海地名纂輯已有數年而尚未敢示人者，職是故也。第思大輅始於椎輪，姑且放膽一爲，或可得拋磚引玉之效歟。正躊躇中，吾友向覺明達適由英倫寄惠我 G. Ferrand 撰大食波斯突厥交涉及遠東之輿記行傳二册，於考訂地名上得大助力，余意遂決。

今之所謂南洋，包括明代之東西洋而言。東西洋之稱，似首見島夷志略著錄，然至明代始盛行。大致以馬來半島與蘇門答剌以西，質言之，今之印度洋爲西洋，以東爲東洋，昔日大食人亦以此兩地爲印度與中國之分界。然在元以前則概名之曰南海或西南海。茲編研究之範圍，東起呂宋，西達印度西岸，阿剌壁海西岸諸地不錄，安南、占城、緬甸、暹羅四國亦不著於編：安南原列中國郡縣；昔之占城爲今安南之中南圻；緬甸與中國交通常遵陸而不循海；暹羅至元代始合爲一國，元以前其南境先隸扶南，後爲杜和鉢底國也。

中國與南海之海上交通，有史之初應已有之，然史無其文可以徵引，祇能上溯至於漢代。玆編分爲上下二編，上編述事蹟，下編輯史傳與記文。中國南洋交通之事蹟散見於載籍者詳略不等，玆特就其重要者述之，首漢武以來譯長交市南海，次吳時康泰等之使扶南，次晉末法顯之歸程，次南北朝時往來南海僧人之行踪，次隋常駿等之使赤土，次唐賈耽所記廣州通海夷道，次唐代往來南海之僧人行踪，次宋代之南海，次元代之南海，次鄭和之下西洋，凡十章，是爲上編。原擬終於謝淸高海錄，旋因篇幅所限，故略；歐羅巴人東來後事蹟漸多，非是編所能詳，續編之作，期之異日。著錄古代南海之文，以中國載籍爲最詳，大食人之撰述次之，南海碑文又次之，此外無足論也。余久有志裒輯中國載籍中之關涉南海諸文合爲一編，鈎稽而比附之，惟此事體大，需時久，雖有志而未能；散見於類書或舊註中之古佚籍，欲排比校勘其文，非窮年經月不可。是編所輯，以史傳及前人曾經研究之輿記爲限。諸輿地中偏重趙汝适諸蕃志與馬歡瀛涯勝覽，蓋此二書爲宋明二史外國傳之一源也。次有汪大淵島夷志略證以明人所引書題，原名似爲島夷志，今傳世之本，似爲明人删節之書，故其文頗有分併，且舛訛難讀，惟元人輿記僅是本幸存，故亦撮其要而錄之。費信星槎勝覽半鈔島夷志略之文，重要固不及瀛涯勝覽，然世傳之本或經明人竄亂，或脫誤難讀，引用其文，非先校勘不可，然此短期中無此餘力，故亦不錄。今所錄諸國，首扶南，因其爲唐以前東西往來之要衝也；次眞臘，因其繼扶南而立國，惟其疆域小於扶南；次闍婆，因南海諸州與中國通，以此島爲最古，而滿者伯夷大國曾稱霸於南海也；次三佛齊，自唐迄元，亦嘗爲南海中之大國；次南海羣島諸國，著錄者蘇門答剌，藍無里，那孤兒，黎代，阿魯，監篦，碟里，淡洋，呵羅單，蘇吉丹，新拖，重迦羅，婆利，麻葉甕，假里馬打，勾欄山，渤泥，蘇祿，三嶼，麻逸，呂宋，文老古，古里地悶凡二十三國；次馬來半島諸國，著錄者，丹丹，盤盤，赤土，狼牙脩，佛囉安，單馬令，彭坑，吉蘭丹，丁家盧，滿剌加，柔佛凡十一國；次印度沿岸諸國，著錄者天竺，榜葛剌，烏爹，注輦，加異勒，師子國，唄喃，古里，柯枝，南毗，下里，胡茶辣，須文那凡十三國，是爲下編。

下編所錄雖盡史傳輿記文，然比附頗費年月，如印度東岸之 Coromandel，乃梵語 Colamaṇḍala 所轉出之今名，此言朱羅國也，西域記名曰珠利邪（Coliya），大食語傳寫作 Čūliyān 又名其都城曰 Ma'bar，後大食語又將 Coja 轉讀作 Suli 或 Soli，因之中國載籍著錄者凡四名：曰珠利邪，見西域記；曰注輦，見宋史；曰馬八兒，見元史；曰瑣里，見明史；皆一國也。除珠利邪外，似未經國人考訂而比附之。餘多仿此。下編後三章，每章不祇一國，然皆以類從，備舉其同名異譯，其異名不見於各傳者則附註以明之。下編所錄以有傳者爲限，其他諸國名散見賈耽記通海夷道嶺外代答，諸蕃志，島夷志略等編者則別詳上編各章。國名地名之下，概用羅馬字註其古今名稱，能考其原來語言名稱者，亦錄其羅馬字譯寫名稱於後。自信學識雖簡陋，必不致如鄭曉皇明四夷考之排比散亂，邵大緯薄海番域錄之糅雜混淆。

茲編重在考訂地名，國人從事於此類考訂者，固不乏其人，僅就近代言，如徐繼畬瀛寰志略，魏源海國圖志，沈曾植島夷誌略廣證，陳士芑海國輿地釋名，杜宗預瀛寰譯音異名記，丁謙諸考，雖不及明史外國傳考證之紕謬，然頗多隔靴搔癢之說，其弊皆在不明語言音韻。外國人從事於此類考訂者亦有數家，除伯希和外亦多瑕瑜參半，茲所採者，Hirth, Rockhill，伯希和諸氏之說爲多，藤田豐八之說亦瑕瑜互見，僅擇善而從。諸說不必皆爲定讞，採其立說較長者而從之。然今之所是者，安知明日之不非：前在瀛涯勝覽校注中以蘇門答剌國當後之啞齊，蓋輕信明史蘇門答剌傳後「後易國名曰啞齊」語，後見伯希和鄭和下西洋考亦以蘇門答剌當啞齊，姑從其說，近檢本年通報，伯希和評瀛涯勝覽校注文，謂前說誤，應改作Pasè河上之Samudra村，即其例也。職是之故，考證稍涉影響而無別證者不錄，如嶺外代答諸蕃志之登流眉，伯希和疑是宋史丹眉流，文獻通考舟眉流之倒誤，然無旁證可以證實，如是之類，概不敢妄爲牽合。明知疏舛容有未免，搜剔或有未及，甚願世之博達有以指正而補充之，則是編輪廓之具爲不虛矣。民國二十五年九月十八日馮承鈞識

目錄

下編

中國南洋交通史

上編

第一章　漢代與南海之交通

中國與南海之交通爲時應甚古，然載籍之文可徵引者，祇能上溯至漢書地理志。漢書卷二八下粤地條後云：「自日南障塞徐聞合浦船行可五月，有都元國，又船行可四月，有邑盧沒國，又船行可二十餘日，有諶離國，步行可十餘日，有夫甘都盧國。自夫甘都盧國船行可二月餘，有黃支國，民俗略與珠厓相類；其州廣大，戶口多，多異物，自武帝（前一四〇至前八七）以來，皆獻見。有譯長屬黃門，與應募者俱入海，市明珠，璧流離，奇石，異物，齎黃金雜繒而往，所至國皆稟食爲耦，蠻夷賈船，轉送致之，亦利交易剽殺人，又苦逢風波溺死，不者數年來還，大珠至圍二寸以下。平帝元始（一至五年）中，王莽輔政，欲燿威德，厚遺黃支王，令遣使獻生犀牛。自黃支船行可八月，到皮宗，船行可二月，到日南象林界云。黃支之南有已程不國，漢之譯使自此還矣。」

此文雖簡，要可考見漢代與南海交通之梗概。一可知發航地在今之雷州半島，所乘者是中國船舶，在遠海中則由蠻夷賈船轉送。二可知入海者是屬黃門之譯長，齎黃金雜繒而往，市明珠，璧流離，奇石異物而歸。黃門隸少府，證以唐宋市舶多由中官兼領一事，可以推想漢代通南海者亦爲中官。新唐書卷四三下引賈耽入四夷道里，謂出峽（滿剌加峽）地人多鈔暴，乘船者畏憚之，與此文「亦利交易剽殺人」一語合；蓋南海中土人劫掠行旅之事古今同然也。所難知者僅爲漢使所歷之國；諸國名經兩千年之傳寫，難保毫無訛誤，故歷來諸考據家幾人持一說，然藤田豐八（註一）費瑯（G. Ferrand）（註二）等並以黃支當西域記卷十之達羅毗荼國（Drāviḍa）都城建志補羅（Kāñcīpura 今 Conjeveram），立說較爲可取。藤田以爲都元國即通典卷一八八之都昆或都軍國，而位之於馬來半島；以邑盧沒國當新唐書南蠻傳盤盤國東南之拘蔞蜜，而位之於緬甸沿岸；以諶離國當賈耽入四夷道里中之驃國悉利城；以夫甘都盧國當緬之蒲甘(Pugan, Pagan)城；以皮宗當馬來半島之 Pisang 島。雖不乏臆斷，然大致可取。費瑯立說多與藤田合，且以宋史卷四八九注輦(Coḷa)傳載大中祥符八年(一〇一五)注輦使臣娑里三文之行程比附考之，立說更為精審。將來容有新說，然於黃支為建志一說似不易推翻。考紀元前南印度之古國最著名者有二：曰朱羅(Coḷa)，立國於 Trichinopoly 同 Tanjore 二城間；曰般茶(Pāṇḍya)，立國於 Madura 城一帶；旋有拔羅婆(Pallava)朝，代案達羅(Andhra)而興，臣服二國，建都於建志補羅，文化甚盛。(註三)漢書地理志之黃支似指此國，則在紀元前一二世紀時，漢使足跡已至南印度矣。

紀元後西南海外諸國之通中國曾見後漢書著錄者有四：

卷一一六南蠻西南夷傳云：「永寧元年(一二〇)撣國王雍由調復遣使者詣闕朝賀，獻樂及幻人，能變化吐火，自支解，易牛馬頭，又善跳丸，數乃至千。自言我海西人，海西即大秦也。撣國西南通大秦。」

卷六本紀云：永建六年(一三一)「十二月日南徼外葉調國撣國遣使貢獻。」註引東觀記曰：「葉調國王遣使師會詣闕貢獻；以師會爲漢歸義葉調邑君，賜其君紫綬；又撣國王雍由亦賜金印紫綬。」又卷一一六西南夷傳云：「永建六年（一三一）日南南徼外葉調王便遣使貢獻。帝賜調便金印紫綬。」

卷一一八西域天竺傳云：「天竺國一名身毒，在月氏之東南數千里，俗與月氏同，而卑濕暑熱。其國臨大水，乘象而戰；其人弱於月氏，修浮圖道，不殺伐，遂以成俗。從月氏高附國以西南至西海，東至磐越國，皆身毒之地。身毒有別城數百，城置長，別國數十，國置王，雖各小異而俱以身毒爲名。其時皆屬月氏，月氏殺其王而置將，令統其人。土出象犀瑇瑁金銀銅鐵鉛錫。西與大秦通，有大秦珍物，又有細布好毾㲪諸香石密胡椒薑黑鹽。和帝（八九至一〇五）時數遣使貢獻，後西域反畔乃絕。至桓帝延熹二年（一五九）四年（一六一），頻從日南徼外來獻。世傳明帝（五八至七五）夢見金人長大頂有光明，以問羣臣或曰西方有神，名曰佛，其形長丈六尺而黃金色，帝於是遣使天竺，問佛道法，遂於中國圖畫形像焉。楚王英始信其術，中國因此頗有奉其道者。後桓帝（一四七至一六七）好神，數祀浮圖老子，百姓稍有奉者，後遂轉盛。」

同卷大秦傳云：「大秦國……與安息天竺交市於海中，利有十倍。其人質直，市無二價，穀食常賤，國用富饒。鄰國使到其界首者乘驛詣王都，至則給以金錢。其王常欲通使於漢，而安息欲以漢繒綵與之交市，故遮閡不得自達。至桓帝延熹九年（一六六），大秦王安敦遣使至日南徼外獻象牙犀角瑇瑁，始乃一通焉。其所表貢並無珍異，疑傳者過焉。」

綜考右引諸文，當時從「日南徼外」來獻者計有四國，曰撣國，曰葉調，曰天竺，曰大秦。撣國地處上緬甸，其來也或遵陸而非循海；所獻大秦幻人疑是南天竺之幻人，蓋南天竺一名 Dakṣiṇā-patha，即法顯行傳之達嚫，傳稱「撣國西南通大秦」，疑即此大秦。印度昔亦以幻術名，法苑珠林卷七六云：「唐貞觀二十年（六四六）西國有五婆羅門來到京師，善能音樂祝術雜戲，截舌抽腹，走繩續斷。又至顯慶（六五六至六六一）已來，王玄策等數有使人向五印度，西國天王為漢使設樂，或有騰空走索，履屐繩行，男女相避，歌戲如常，或有女人手弄三仗刀矟槍等，擲空手接，繩走不落，或有截舌自縛解伏依舊，不勞人功。如是幻戲，種種難述。」可以為證。三國志卷三十註引魏略西戎傳，謂大秦「俗多奇幻，口中出火，自縛自解，跳十二丸，巧妙非常，」蓋指地中海大秦人之幻術，與撣國條所言者殆有別也。

葉調曾經伯希和考訂爲 Yavadvipa 之對音，費瑯氏又以南海方言證其不誤，然則指今之爪哇矣。（註四）惟藤田豐八獨持異說。

其說（註五）以爲葉字不宜作葉音讀，而應作攝音讀，因假定其爲斯調之同名異譯，復又以斯調爲私訶條之簡稱，由是以此三名並指錫蘭島。案錫蘭島之古稱，梵文俗語寫作 Sihadipa，支婁迦讖譯雜譬喻經作私訶疊，失譯人名雜譬喻經作私訶絜，餘若藝文類聚卷七六引支僧載外國事，水經注卷二引竺芝扶南記，酉陽雜俎卷一〇，並作私訶條，業經伯希和等考訂精確，自無可疑。（註六）第若以私調爲其省稱，未免牽強附會。案私調一名，太平御覽卷七八七引南州異物志扶南土俗，又卷六九九引吳時外國傳，洛陽伽藍記卷四，齊民要術卷十，並見著錄，然核其方位與錫蘭島並不相合。

太平御覽卷三五九引吳時外國傳：「加營國王好馬，月支賈人常以舶載馬到加營國，國王悉爲售之，若於路失羈絆，但將頭皮示王，王亦售其半價。」觀此文可見加營國不在印度本部而在海中。御覽卷七八七引南州異物志云「斯調海中洲名也，在歌營東南可三千里，上有三國，城市街巷，土地沃美。」若採加營卽是訶陵一說，(註七)則加營可當爪哇，而斯調殆指爪哇東南之一島矣。

如前所考，葉調與斯調，非指一地，故余採伯希和等之考訂，而以葉調當今之爪哇。紀元二世紀時，脫烈美(Ptolémée)書誌有云：「大麥島(Iabadiu)地土饒沃，多產金，都銀城(Argyre)在國之西極。」烈維(Sylvain Lévi)曾取正法念處經梵本「至耶婆島(Yava)，七寶莊嚴金銀島金礦爲飾，」等語對勘，因考訂此耶婆島卽脫烈美書之大麥島，並指今之爪哇也。(註八)顧爪哇蘇門答剌二島鄰處，世不無混稱二島爲 Yavadvipa 者，馬可波羅(Marco Polo)書名此二島曰大小爪哇，卽其例也。要在紀元以前，印度移民東徙，文化東漸，蘇門答剌爪哇馬來半島越南半島並爲印度文化傳播之地，葉調使臣之入朝中國，事應有之。其行程應循彭家(Banka)門沿蘇門答剌馬來半島越南半島行，而抵交廣，是亦馬來羣島人之遠祖，自恆河東南赴爪哇海所遵之古道也。(註九)

中國之識天竺，天竺之識支那，源來已久，貢獻雖始於漢和帝時，兩地交通爲時必更古也。當時通道有二：一爲西域道，一爲南海道，南海道之開闢或更在西域道之先。證以後漢書天竺傳之文：「和帝時數遣使貢獻後西域反畔乃絕。至桓帝延熹二年四年頻從日南徼外來獻。」具見有南北兩道可通。由是可以推想及於佛教輸入問題，交通既不限於一道，輸入之地則不應僅由西域一途。伯希和曾云：「就實際言，吾人對於佛教最初輸入中國之事，毫無所知，……吾人且不能確知佛教由何處輸入。其關係紀元前二年遣使求經之史文，固言使臣往大月氏國誦浮圖經還漢；其說近似，而不能必其爲是。但吾人不應忘者，紀元六五年時，業已證明揚子江下流已有桑門佛徒，(註一〇)而在二世紀末年，除洛陽之安息一派外，江蘇省中佛法甚盛，並由是傳播及於山東；此事不能證明其亦來自中亞及月氏也。當紀元一世紀時，雲南及緬甸之通道，二世紀時交州南海之通道，亦得爲佛法輸入之所必經。一六六年大秦帝安敦之使臣，即由交州登陸。三世紀初年譯經建業之康僧會，其先康居人，其父因商賈移於交趾。二二六年大秦人秦論所抵之地亦爲交趾。二五五或二五六年所出法華三昧經，亦在交趾繙譯。二世紀末年黃巾之亂，獨交州差安，中國學者避難於其地者，爲數不少。觀其種族信仰之雜，與夫商業之盛，有所紀錄，自亦爲意中必有之事。」(註一一)又可見南海一道亦爲佛教輸入之要途；南海之交趾猶之西域之于闐也。舊日傳說或以佛教輸入事在哀帝元壽元年（紀元前二年，見三國志卷三十註引魏略，）或以事在明帝永平四年至十八年間，（六一至七五）（註一三）皆屬傳說而非史實。後漢書天竺傳後誌明帝感夢事，亦爲傳說之一種，殆出袁宏後漢紀，亦非實錄。是欲尋究佛教最初輸入之故實，應在南海一道中求之。

（註一）東西交涉史之研究，南海篇，前漢對於西南海上交通之記錄。

（註二）崑崙及南海古代航行考。

（註三）Jouveau-Dubreuil，撰 Les Pallava，見法屬印度史學雜誌，一九一六至一九一七年刊二二九至三三一頁。

（註四）參看交廣印度兩道考八八至八九頁。

（註五）見南海篇六五三至六九四頁。

（註六）交廣印度兩道考一三三至一三四頁。

（註七）西域南海史地考證譯叢一七八至一七九頁。

（註八）正法念處經閻浮提洲地誌勘校錄五三至五四頁。

（註九）崑崙及南海古代航行考六九至七〇頁。

（註一〇）事見後漢書楚王英傳。

（註一一）北平圖書館館刊六卷三號二九至三〇頁。

（註一二）參看河內遠東法國學校校刊一九一〇年刊 Henri Maspero 撰漢明帝感夢遣使求經事考證。

第二章　康泰等之使海南諸國

三國時孫權曾數遣使往海外，第一次黃龍二年（二三〇）春正月「遣將軍衞温諸葛直將甲士萬人浮海求夷洲及亶洲，亶洲在海中，長老傳言秦始皇帝遣方士徐福，將童男童女數千人入海，求蓬萊神山及仙藥，止此洲不還，世相承有數萬家。其上人民時有至會稽貨布，會稽東縣人海行亦有遭風流移至亶洲者，所在絶遠，卒不可得至，但得夷洲數千人還。」三年（二三一）春二月「衞温諸葛直皆以違詔無功下獄誅。」

事見三國志吳志卷二，考後漢書（一一五）東夷傳：「又有夷洲及澶洲，傳言秦始皇遣方士徐福將童男女數千人入海，求蓬萊神仙不得，徐福畏誅不敢還，遂止此洲，世世相承，有數萬家人民，時至會稽市，會稽東冶縣人有入海行遭風流移至澶洲者，所在絶遠，不可往來。」註云：「沈瑩臨海水土志曰，夷洲在臨海東南，去郡二千里，土地無霜雪，草木不死，四面是山。谿人皆髡髮穿耳，女人不穿耳。土地饒沃，既生五穀，又多魚肉，有犬尾短如麕尾狀。此夷舅姑子婦臥息共一大牀，略不相避。地有銅鐵，唯用鹿格爲矛以戰鬭，摩礪青石以作弓矢。取生魚肉雜貯大瓦器，以鹽鹵之，歷月餘日乃啖食之，以爲上肴也。」

亶洲或澶洲「所在絕遠，」頗難考其方位。夷洲「在臨海東南，去郡二千里，」似只有琉球羣島可以當之。但是衞溫等春季入海，正是東北季候風盛時，又安知其所至之夷洲不在南海？史萊格(Schlegel)曾假定徐福漂流之地在呂宋，雖未言其理由，或亦以此季候風爲準耳。

孫權第二次遣使則爲耀兵海外。三國志吳志卷二，赤烏五年（二四二）七月「遣將軍聶友校尉陸凱以兵三萬討珠崖儋耳。」則用兵至於瓊州矣。次年十二月「扶南王范旃遣使獻樂人及方物，」與此事似不無關係，然其成績皆不如朱應康泰等宣化海南諸國一事之重要。

此事未見三國志著錄，僅首見於梁書（卷五四）海南諸國傳。其總敍云：「海南諸國大抵在交州南及西南大海洲上，相去近者三五千里，遠者二三萬里，其西與西域諸國接。漢元鼎中遣伏波將軍路博德開百越，置日南郡。其徼外諸國自武帝以來皆朝貢；後漢桓帝世大秦天竺皆由此道遣使貢獻及吳孫權時遣宣化從事朱應中郎康泰通焉。其所經及傳聞則有百數十國，因立記傳。晉代通中國者蓋尠，故不載史官；及宋齊至者有十餘國，始爲之傳。自梁革運，其奉正朔，修貢職，航海歲至，踰於前代矣。」

三國志雖未著朱應康泰之名，然載有遣從事南宣國化之事。吳志卷十五呂岱傳云：「岱既定交州，復進討九眞，斬獲以萬數。又遣從事南宣國化，暨徼外扶南林邑堂明諸王各遣使奉貢。」案交州之平在黃武五年（二二六），孫權召岱還時在黃龍三年（二三一），則遣從事南宣國化之時應在此六年間。南齊書卷五八扶南傳云：「至王槃況死，國人立其大將范師蔓，蔓病，姊子旃篡立，殺蔓子金生。十餘年蔓少子長襲殺旃，以刃鑱旃腹曰：汝昔殺我兄，今爲父兄報汝；旃大將范尋又殺長，國人立以爲王，是吳晉時也。」康泰等至扶南時所見扶南王，應是范尋以前諸王，尤應是范旃；前引赤烏六年（二四三）范旃遣使入貢之文，即其一證。又考梁書（卷五四）中天竺國傳云：「吳時扶南王范旃遣親人蘇物使其國，從扶南發投拘利口，循海大灣中，正西北入，歷灣邊數國，可一年餘到天竺江口，逆水行七千里乃至焉。天竺王驚曰：海濱極遠，猶有此人。即呼令觀視國內，仍差陳宋等二人以月支馬四匹報旃，遣物等還，積四年方至，其時吳遣中郎康泰使扶南，及見陳宋等具問天竺土俗，云佛道所興國也。」又考水經注卷一引康泰扶南傳曰：「昔范旃時有嘾楊國人家翔梨，嘗從其本國到天竺，展轉流賈至扶南，爲旃說天竺土俗，道法流通，金寶委積，山川饒沃，恣其所欲，左右大國世尊重之。旃問之，今去何時可到，幾年可迴。梨言天竺去此可三萬餘里，往還可三年，踰及行四年方返，以爲天地之中也。」此事應在范旃遣蘇物使天竺之前。嘾楊與道明似是同名異譯。總之皆范旃在位時事也。然梁書卷五四扶南傳云：「吳時遣中郎康泰宣化從事朱應使於尋國。」康泰等至扶南，又似在范尋在位時，然則其奉使在外有一二十年矣。

梁書卷五四中天竺傳又云「黃武五年（二二六）有大秦賈人字秦論，來到交趾，交趾太守吳邈遣使詣權，權問方土謠俗，論具以事對，時諸葛恪討丹陽，獲黝歙短人，論見之曰，大秦希見此人，權以男女各十人差吏會稽劉咸送論，咸於道物故，論乃逕還本國。」此事與康泰等之奉使至少有間接關係，蓋交州爲東西人往來之要地，呂岱或因秦論之還本國，因而遣從事南宣國化歟？

朱應康泰等所立記傳，今可考者，朱應有扶南異物志，隋書經籍志，唐書藝文志並著錄，今佚。南史卷十九劉杳傳云：「沈約又云：何承天纂文奇博，其書載張仲師及長頸王事，此何所出。杳曰，仲師長尺二寸，唯出論衡；長頸是毗騫王，朱建安扶南以南記云，古來至今不死。約即取二書尋檢，一如杳言。」朱建安疑是朱應；扶南以南記疑是扶南異物志之別名。北堂書鈔卷一三二引有「應志云：斯調國王作白珠交給帳，遣遺天竺之佛神。」疑亦指朱應扶南異物志。宋膺異物志別爲一書，章宗源隋書經籍志考證謂宋膺即朱應之訛，誤也。

康泰書亦佚，今散見水經注藝文類聚通典太平御覽等書。諸書題名不一，太平御覽作吳時外國傳，吳時外國志，扶南土俗；藝文類聚作吳時外國志，扶南記；通典作扶南傳；水經注作康泰扶南記，扶南傳。北平圖書館館刊第四卷第六號二五頁向達（註一）云：「全書體製若何，不甚可知。今就散見羣書之吳時外國傳與扶南記觀之，所述大致相同：外國傳記扶南事頗夥，而扶南記所誌亦不盡爲扶南。如水經注卷一引扶南記，從迦那調洲西南到枝扈黎大江口，渡江而西極爲大秦之一段文字，與御覽卷七七一帆引吳時外國傳文略同，少有繁簡之殊而已。如屬兩書，似不應如此雷同。故楊守敬氏以爲『吳時外國傳其總書名，扶南傳又其書之一種。』（水經注疏要刪卷一。）余疑不惟所謂扶南傳者爲吳時外國傳中之一部份，卽扶南記扶南土俗與外國傳亦實爲一書。扶南記等名如非原書之子題，則係傳抄者以意分之後時沿襲遂成二書耳。」其說是也。

朱應書既全佚，幸有康泰書散見羣籍中，欲考吳時南宣國化事，應裒輯其僅存之文互勘之。友人向覺明（達）有志爲此，然未見其輯本。伯希和或有輯本，然未刊布。日本學者駒井義明曾在所謂孫權之南方遺使一文中略爲鉤稽；（註二）惜所據者是說郛卷六十之扶南土俗，未免疏舛。所輯國名十二：（一）蒲羅中國（二）優鈸國（三）橫跌國（四）比攎國（五）馬五洲（六）薄歎洲（七）躭蘭洲（八）巨延洲（九）濱郍專國（十）烏文國（十一）斯調國（十二）林陽國。所輯不全，又未廣事校訂，故於所考康泰行程殊多肊斷。其結論謂康泰等沿林邑（安南）南下，經扶南（柬蒲寨）濱郍專國林陽國（暹羅），渡金鄰大灣（暹羅灣），沿烏文國（馬來半島）躭蘭洲（Tantalam），經蒲羅中國（Johore）薄歎洲（Bintang）諸薄（Palembang）馬五洲（Bañka）比攎洲（Billiton）巨延洲（Borneo），又北向經優鈸橫跌道明等國，（緬甸沿岸）抵恆河（Ganga）口南下至斯調洲（Ceylan）而還。（註三）

案康泰書所誌國名不僅限此，別有加營國，見太平御覽卷三五九引康泰吳時外國傳；加那調州見同書卷七七一引康泰吳時外國傳，（註四）後條云「從加那調州乘大船，船張七帆，時風一月餘日，乃入大秦國也，」則並誌及大秦國矣。據伯希和說：加營似是太平御覽卷七九〇引南州異物志之歌營，可以令人思及唐代之訶陵，則得爲爪哇矣。（註五）伯希和又云南州異物志謂斯調在歌營東南三千里，不得謂是錫蘭，應從費瑯(G. Ferrand)之說，在南海羣島中覓之。（註六）如伯希和之說不誤，駒井義明所擬康泰等之行程，泰半可以推翻。且其所採藤田豐八斯調卽私訶條(Sihadipa)之考訂，亦不無可議。釋藏中錫蘭島名有私訶疊私訶絜斯黎等譯法，與竺芝扶南記之私訶條法顯行傳之師子國，大唐西域記之僧伽羅，並是錫蘭島之同名異稱，（註七）然非考證其有脫文，不得謂其爲私訶條之省譯也。竊以康泰等足跡似未逾滿剌加海峽，或曾附扶南舶，歷遊南海諸島，絕未親至印度，可斷言也。梁書天竺傳云：「其時吳遣中郎康泰使扶南，及見陳宋等，具問天竺土俗，」可以證之。「其所經及傳聞有百數十國，因立記傳，」傳中所言非盡親歷之地，天竺大秦，甚至加那調州，皆屬傳聞之地也。考證古地今名，必須先詳各地之沿革，不得因其今名一二聲韻偶合，遽斷定爲古地，駒井躭蘭比攎之今地考訂，皆坐此誤。若以聲韻偶合之法求之，儘可將比攎之別寫北攄考作浡泥（Borneo），而烏文國之古讀且與今之 Oman 大體相符，然則謂康泰等遠至波斯灣歟？

前此曾言欲考康泰等之行程，應裒輯現存之文比較而互勘之。執此而論，說郛引扶南土俗烏文國條：「烏文國昔混滇初載賈人大泊所成比國」不如太平御覽卷七八七：「烏文國昔混塡初載賈人大舶入海所成此國」引文之佳。太平御覽卷三四七引吳時外國傳明著混塡是摸趺國人，卷七八七引扶南土俗謂「橫趺國在優鈸之東南」「優鈸國者在天竺之東南可五千里」，摸趺橫趺兩名顯是同一國名傳寫之誤，雖未知孰是，要可作互勘之助也。（註八）前引吳時外國傳加那調州條謂此州乘大舶一月餘日可入大秦國，則此州似在印度洋西部，然水經注卷一引康泰扶南傳曰「從迦那調洲西南入大灣，可七八百里，乃到枝扈黎大江口，度江逕西行，極大秦也。」枝扈黎：史記卷一二三正義引括地志作拔扈利，視爲恆河之別名，殆爲 Vaggumuda 或 Phalgumati 之對音，則此迦那調洲又可位置在緬甸沿岸矣。此又一互勘之益，未先互勘，不可預下斷語也。

古時往來東西之海舶，吾人知有中國舶、天竺舶、波斯舶，茲據康泰吳時外國傳又知有扶南舶。

太平御覽卷七六九引文云：「扶南國伐木爲船，長者十二尋，廣六尺，頭尾似魚，皆以鐵鑷露裝。大者載百八人，人有長短橈及篙各一。從頭至尾約有五十人或四十餘人，隨船大小，行則用長橈，坐則用短橈，水淺乃用篙，皆撑上應聲如一。」萬震南州異物志亦載有關於南海船舶之文兩條，一見太平御覽卷七六九：「外域人名船曰舶（原誤船，茲改正）大者長二十餘丈，高去水三二丈，望之如閣道，載六七百人，物出萬斛。」一見御覽卷七七一：「外徼人隨舟大小式作四帆，前後沓載之。有盧頭木，葉如牖形，長丈餘，織以爲帆。其四帆不正前向，皆使邪移相聚，以取風吹。風後者激而相射，亦並得風力。若急則隨宜增減之，邪張相取風氣，而無高危之慮。故行不避迅風激波，所以能疾。」

（註一）北平圖書館館刊第四卷第六號漢唐間西域及海南諸國古地理書敍錄。

（註二）見歷史地理第二十五卷第六號五四五至五五九頁。

（註三）原地名皆用假名譯寫，茲爲復原如上文。

（註四）參看西域南海史地考證譯叢一七八及一八〇頁。

（註五）西域南海史地考證譯叢一七八頁。

（註六）同書一七九頁。

（註七）參看交廣　度兩道考一三四頁。

（註八）西域南海史地考證譯叢一七三至一七六頁。

第三章　法顯之歸程

自漢迄晉佛法盛行，其通道要不外乎西域南海兩道。當時譯經廣州或建業之外國沙門疑多由海道至中國，(註一)惟其行程難以考見。其可考者，在東晉一代祇能上溯至於法顯。法顯以晉隆安三年（三九九）(註二)偕同伴數人，發自長安，在外十五年，於義熙十年（四一四）還至青州。(註三)所撰行傳，在諸經錄及隋書經籍志中，有歷遊天竺記傳佛國記法顯傳等編，現僅存一本行世，有題佛國記者，有題法顯傳者，似皆非是，今暫改題曰法顯行傳，以期名實相符。法顯之去也遵陸，其歸也循海，茲僅錄其歸程，始於多摩梨帝（Tāmralipti, Tamluk）國。

「多摩梨帝國即是海口，其國有二十四僧伽藍，盡有僧住，佛法亦興。法顯住此二年，寫經及畫像。於是載商人大舶，汎海西南行，得冬初信風，晝夜十四日到師子國。(註四)彼國人云：相去可七百由延。其國大在洲上，東西五十由延，南北三十由延，左右小洲乃有百數，其間相去或十里二十里，或二百里，皆統屬大洲。多出珍寶珠璣，有出摩尼珠地方可十里，王使人守護，若有採者，十分取三。其國本無人民，止有鬼神及龍居之。諸國商人共市易，市易時鬼神不自現身，但出寶物題其價直，商人則依價直直取物。因商人來往住，故諸國人聞其土樂，悉亦復來，於是遂成大國。其國和適，無冬夏之異，草木常茂，田種隨人，無有時節。佛至其國，欲化惡龍，以神足力一足躡王城北，一足躡山頂，兩跡相去十五由延。於王城北跡上起大塔，高四十丈，金銀莊校，衆寶合成。塔邊復起一僧伽藍名無畏山，有五千僧，起一佛殿，金銀刻鏤，悉以衆寶，中有一青玉像高二丈許，通身七寶炎光，威相嚴顯，非言所載，右掌中有一無價寶珠。法顯去漢地積年，所與交接，悉異域人，山川草木，舉目無舊，又同行分披，或留或亡，顧影唯己，心常懷悲，忽於此玉像邊，見商人以晉地一白絹扇供養，不覺悽然，淚下滿目。其國前王遣使中國，取貝多樹子，於佛殿旁種之，高可二十丈。其樹東南傾，王恐倒，故以八九圍柱拄樹，樹當拄處心生，遂穿柱而下，入地成根，大可四圍許，柱雖中裂，猶裹在其外，人亦不去。樹下起精舍，中有坐像，道俗敬仰無倦。城中又起佛齒精舍，皆七寶作。王淨信梵行，城內人信敬之情亦篤。其國立治已來，無有飢荒喪亂。衆僧庫藏多有珍寶，無價摩尼。其王入僧庫遊觀，見摩尼珠，即生貪心，欲奪取之。三日乃悟，即詣僧中稽首悔前罪心，告白僧言：願僧立制，自今已後，勿聽王入其庫看，比丘滿四十臘，然後得入。其城中多居士長者，薩薄（註五）商人，屋宇嚴麗，巷陌平整，四衢道頭皆作說法堂。月八日，十四日，十五日，鋪施高座，道俗四衆皆集聽法。其國人云：都可五六萬僧，悉有衆食。王別於城內供五六千人衆食，須者則持本鉢往取，隨器所容，皆滿而還。佛齒常以三月中出之，未出十日，王莊校大象，使一辯說人著王衣服，騎象上，擊鼓唱言：菩薩從三阿僧祇劫苦行，不惜身命，以國妻子及挑眼與人，割肉貿鴿，截頭布施，投身餓虎，不悋髓腦，如是種種苦行，爲衆生故成佛。在世四十九年，說法教化，令不安者安，不度者度，衆生緣盡，乃般泥洹。泥洹已來一千四百九十七年，世間眼滅，衆生長悲，卻後十日，佛齒當出，至無畏山精舍。國內道俗欲植福者，各各平治道路，嚴飾巷陌，辦衆華香供養之具。如是唱已，王便夾道兩邊，作菩薩五百身已來種種變現，或作須大拏，或作睒變，或作象王，或作鹿馬，如是形像，皆彩畫莊校，狀若生人。然後佛齒乃出，中道而行，隨路供養，到無畏精舍佛堂上，道俗雲集，燒香然燈，種種法事，晝夜不息，滿九十日，乃還城內精舍。城內精舍至齋日則開門戶，禮敬如法。無畏精舍東四十里有一山，山中有精舍，名跋提，可有二千僧。僧中有一大德沙門，名達摩瞿諦，其國人民皆共宗仰，住一石室中，四十許年常行慈心，能感蛇鼠，使同止一室而不相害。城南七里有一精舍，名摩訶毗訶羅，有三千僧。住有一高德沙門，戒行淸潔，國人咸疑是羅漢。臨終之時，王來省視，依法集僧而問，比丘得道耶，其便以實答，言是羅漢。既終，王即案經律以羅漢法葬之。於精舍東四五里，積好大薪，縱廣可三丈餘，高亦爾，近上著栴檀沈水諸香木，四邊作階，上持淨好白氎，周帀蒙積，上作大轝牀，似此間輀車，但無龍魚耳。當闍維時，王及國人四衆咸集，以華香供養，從轝至墓所。王自華香供養，供養訖，轝著積上，蘇油遍灌，然後燒之。火然之時，人人敬心，各脫上服及羽儀傘蓋，遙擲火中，以助闍維。闍維已，即檢取骨，即以起塔。法顯至，不及其生存，唯見葬時。王篤信佛法，欲爲衆僧作新精舍，先設大會，飯食僧。供養已，乃選好上牛一雙，金銀寶物莊校角上，作好金犂，王自耕頃四邊，然後割給民戶田宅，書以鐵劵。自是已後，代代相承，無敢廢易。法顯在此國，聞天竺道人於高座上誦經云，佛鉢本在毗舍離，今在揵陀衞，竟若千百年（法顯聞誦之時有定歲數但今忘耳）當復至西月氏國，若千百年當至于闐國，住若千百年當至屈茨國，若千百年復來到漢地，住若千百年當復至師子國，若千百年當還中天竺。到中天已，當上兜術天上，彌勒菩薩見而歎曰，釋迦文佛鉢至，即共諸天華香供養七日。七日已，還閻浮提，海龍王持入龍宮。至彌勒將成道時，鉢還分爲四，復本頻那山上。彌勒成道已，四天王當復應念佛如先佛法賢劫千佛共用此鉢，鉢去已，佛法漸滅。佛法滅後，人壽轉短，乃至五歲十歲之時，糯米酥油皆悉化滅，人民極惡，捉木則變成刀杖，共傷割殺。其中有福者逃避入山，惡人相殺盡已，還復來共，相謂言，昔人壽極長，但爲惡甚，作諸非法，故我等壽命遂爾短促，乃至十歲，我今共行諸善，起慈悲心，修行仁義。如是各行信義，展轉壽倍，乃至八萬歲。彌勒出世初轉法輪時，先度釋迦遺法，弟子出家人及受三歸五戒齋法供養三寶者，第二第三次度有緣者。法顯爾時欲寫此經，其人云，此無經本，我止口誦耳。法顯住此國二年，更求得彌沙塞律藏本，得長阿含，雜阿含，復得一部雜藏，此悉漢土所無者。得此梵本已，即載商人大船，上可有二百餘人，後係一小船，海行艱險，以備大船毀壞。得好信風，東下二日，便值大風，船漏水入，商人欲趣小船，小船上人恐人來多，即斫絙斷。商人大怖，命在須臾，恐船水漏，即取麤財貨擲著水中，法顯亦以軍持及澡灌并餘物棄擲海中，但恐商人擲去經像，唯一心念觀世音，及歸命漢地衆僧，我遠行求法，願威神歸流，得到所止。如是大風晝夜十三日，到一島邊，潮退後，見船漏處即補塞之。於是復前，海中多有抄賊，遇輙無全。大海瀰漫無邊，不識東西，唯望日月星宿而進，若陰雨時，爲逐風去，亦無准。當夜闇時，但見大浪相搏，晃然火色黿鼉水性怪異之屬，商人荒遽，不知那向，海深無底，又無下石柱處。至天晴已，乃知東西。還復望正而進，若値伏石，則無活路。如是九十日許，乃到一國，名耶婆提。(註六) 其國外道婆羅門興盛，佛法不足言。停此國五月日，復隨他商人大船，上亦二百許人，賫五十日糧，以四月十六日發，法顯於船上安居。東北行趣廣州。一月餘日，夜鼓二時，遇黑風暴雨，商人賈客皆悉惶怖。法顯爾時亦一心念觀世音及漢地衆僧，蒙威神佑，得至天曉。曉已，諸婆羅門議言，坐載此沙門，使我不利，遭此大苦，當下比丘，置海島邊，不可爲一人令我等危嶮。法顯本檀越言，汝若下此比丘，亦幷下我，不爾，便當殺我，汝其下此沙門，吾到漢地，當向國王言汝也，漢地王亦敬信佛法，重比丘僧。諸商人躊躇不敢便下。於時天多連陰，海師相望僻誤，遂經七十餘日，糧食水漿欲盡，取海鹹水作食，分好水，人可得二升，遂便欲盡。商人議言，常行時正可五十日便到廣州，爾今已過其多日，將無僻耶。卽便西北行求岸，晝夜十二日，長廣郡界牢山南岸，便得好水菜。但經涉險難，憂懼積日，忽得至此岸，見藜藿菜依然，知是漢地，然不見人民及形跡，未知是何許。或言未至廣州，或言已過，莫知所定。卽乘小船入浦覓人，欲問其處，得兩獵人，卽將歸，令法顯譯語問之。法顯先安慰之，徐問汝是何人，答言，我是佛弟子，又問，汝入山何所求，其便詭言，明當七月十五日，欲取桃臘佛，又問此是何國，答言，此青州長廣郡界，統屬劉家。（註七）聞已，商人歡喜，即乞其財物，遣人往長廣。太守李嶷（註八）敬信佛法，聞有沙門持經像乘船汎海而至，即將人從至海邊，迎接經像歸至郡治。商人於是還向楊州，劉法（註九）青州請法顯一冬一夏。夏坐訖，法顯遠離諸師久，欲趣長安，但所營事重，遂便南下向都，就諸師出經律。法顯發長安，六年到中國，停六年還，三年達青州。凡所遊歷經三十國，沙河已西迄於天竺，衆僧威儀法化之美，不可詳說。竊唯諸師未得備聞，是以不顧微命，浮海而還，艱難具更，幸蒙三尊威靈，危而得濟，故竹帛疏所經歷，欲令賢者同其聞見。」

「是歲甲寅晉義熙十二（註一〇）年，歲在壽星，夏安居末，迎法顯道人既至，留共冬齋。因講集之際，重問遊歷。其人恭順，言輒依實。由是先所略者，勸令詳載。顯復具敍始末，自云顧尋所經，不覺心動汗流。所以乘危履險不惜此形者，蓋是志有所存，專其愚直，故投命於不必全之地，以達萬一之冀。於是感歎斯人，以爲古今罕有。自大教東流，未有忘身求法如顯之比。然後知誠之所感，無窮否而不通，志之所獎，無功業而不成。成夫功業者，豈不由忘夫所重，重夫所忘者哉。」

據右錄法顯行傳，法顯自昔多摩梨帝今 Tamluk 港載商人大舶，乘冬初信風西南行十四日到昔師子國今錫蘭島。留住二年，復載商人大船得好信風東下，二日便值大風，飄流十三日，到一島，補船破漏，復前行九十日許，到昔耶婆提今爪哇或蘇門答剌。停此國五月日，復隨他商人大船，賫五十日糧，以四月十六日發，東北行趣廣州。一月餘日，夜鼓二時遇黑風暴雨，天多連陰，海師誤路，經七十餘日，不見海岸。卽便西北行求岸，晝夜十二日到山東之牢山灣南岸，時在七月十四日。則其在錫蘭出發時，應在義熙九年夏秋之間，蓋夏秋二季爲西南信風發時，冬春二季爲東北信風發時；帆船往來南海者悉視信風爲準也。行傳云「商人議言，常行時正可五十日便到廣州，」具見當時廣州耶婆提間頻有商舶往來云。（註二）

（註一）如高僧傳卷一之康僧會卽其一例。中國沙門之西行求法亦有取此道者：高僧傳卷四于法蘭「遠適西域，欲求異聞，至交州遇疾，終於象林，」又一例也。

（註二）高僧傳卷三法顯傳作隆安三年，適當己亥；法顯行傳作弘始二年，歲在己亥。案姚興於晉隆安三年七月改元弘始，行傳弘始二年應是元年之誤，舊籍中元二兩字互訛之例不少見也。

（註三）今本佛國記後題「是歲甲寅晉義熙十二年，案甲寅爲義熙十年，二字疑衍，且與在外十五年之年數亦相符也。

（註四）師子國名首見於此，前此載籍未見著錄，正史中宋書始有傳。此島名稱甚多，釋藏中有作私訶條者（Sihadipa），有作寶渚（Ratnadvipa），有作僧伽羅或僧訶羅（Simhala）者，皆指今之錫蘭（Ceylan）。今名古譯，首見諸蕃志，作細蘭。參看交廣印度兩道考一三三至一三四頁。

（註五）薩薄殆爲 sārthavāha 之省譯，此言商隊主，參看西域南海史地考證譯叢一一二頁。

（註六）耶婆提即後漢書之葉調，劉宋以來著錄之闍婆，梵語之 Yavadvipa，指今之爪哇，亦有考作今之蘇門答剌者。參看交廣印度兩道考八六至九〇頁；蘇門答剌古國考九三頁。

（註七）法顯抵青州時，在義熙十年（四一四），距宋武帝受禪僅有六年，此劉家似指劉裕。但當時鎮青州者是劉敬宣，（從吳廷燮東晉方鎮年表）南燕之滅在義熙六年（四一〇），州人或不知有朝廷，此劉家亦得指敬宣也。參看註九。

（註八）案魏書卷八三李峻傳「峻字珍之，梁國蒙縣人，元皇后兄也。父方叔，劉義隆（即宋文帝四二四至四五三）濟陰太守。高宗遣閭使諭之，峻與五弟誕嶷雅白永等前後歸京師。拜峻鎮西將軍涇州刺史頓丘公，雅嶷誕等皆封公位顯；後進峻爵爲王，徵爲太宰薨。」行傳之李嶷應指此李嶷，後其孫自拔南歸。南齊書卷二七李安民傳云：「李安民蘭陵承人也。祖嶷衞軍參軍，父欽之殿中將軍，補薛令，安民隨父之縣，元嘉二十七年（四五〇）沒虜，率部曲自拔南歸。」

（註九）晉書卷十安帝紀義熙十一年（四一五）「夏四月乙卯，青冀二州刺史劉敬宣爲其參軍司馬道賜所害。」行傳法字疑衍，應作劉青州。敬宣牢之長子，晉書卷八四有傳：「盧循反，以冠軍將軍從大軍南討。循平（案其事在義熙七年）遷左衞將軍，散騎常侍，又遷征虜將軍青州刺史，尋改鎭冀州，爲其參軍司馬道賜所害。」當時冀州淪沒，僑置而已，傳云改鎭，殆爲兼領。晉書安帝紀義熙十年（四一四）「秋七月淮北大風壞廬舍，」法顯在海中所遇黑風暴雨，殆爲同一暴風，則又可證法顯等漂至牢山灣之時應在義熙十年。

（註一〇）甲寅是義熙十年，二字疑衍。細繹傳語，法顯似在長廣稍息，青州人迎之至廣岡坐臘，因撰此傳。至義熙十一年夏，司馬道賜之亂起，遂南下至建業。

（註一一）草此章畢，獲讀足立喜六考證法顯傳。用力雖勤，所見版本雖多，然過於重視東禪寺本，校勘頗疏，於津逮祕書本之異文多未舉出；所考法顯回國作傳年月似有誤解，故不採其說。

第四章　南北朝時往來南海之僧人

法顯後往來南海間之沙門，行程可以考見者，約有十人。

佛馱跋陀羅，此云覺賢，迦維羅衛人。智嚴（註一）西至罽賓，諮詢國衆，孰能流化東土，衆僉推賢。嚴既要請苦至，賢遂愍而許焉。於是捨衆辭師，裹糧東逝，步驟三載，緜歷寒暑，既度葱嶺，路經六國，國主矜其遠化，並傾懷資奉。至交趾，乃附舶循海而行，經一島下，賢以手指山曰：可止於此。船主曰：客行惜日，調風難遇，不可停也。行二百餘里，忽風轉吹船還向島下，衆人方悟其神，咸師事之，聽其進止。後遇便風，同侶皆發，賢曰不可動，船主乃止，既而有先發者，一時覆敗。後於闇夜之中，忽令衆船俱發，無肯從者，賢自起收纜，唯一船獨發，俄爾賊至，留者悉被抄害。頃之至青州東萊郡。（註二）案智嚴西行在法顯之後，歸國或在法顯之前。覺賢於義熙十四年（四一八）譯經建康，以元嘉六年（四二九）卒。其來也應循陸道至交州，然後附船循海而至東萊。

智嚴，西涼州人，周流西國，要請覺賢東還。元嘉四年（四二七）譯經建康。常疑不得戒，每以爲懼，遂更汎海重到天竺，至罽賓無疾而化。（註三）

曇無竭，此云法勇，姓李，幽州黃龍人。宋永初元年（四二〇）招集同志二十五人遠適天竺，後於南天竺隨舶放海達廣州。（註四）

道普，高昌人，經遊西域，徧歷諸國。慧觀法師欲重尋涅槃後分，乃啓宋太祖資給，遣普將書吏十人西行尋經。至長廣郡，舶破傷足，因疾而卒。（註五）

求那跋摩，此云功德鎧，年二十出家受戒，至年三十，遲師違衆，林棲谷飲，孤行山野，遁迹人世。後到師子國，觀風弘教，識眞之衆，咸謂已得初果，儀形感物，見者發心。後至闍婆國，（註六）初未至一日，闍婆王母夜夢見一道士飛舶入國，明旦果是跋摩來至。王母敬以聖禮，從受五戒。母因勸王曰：宿世因緣得爲母子，我已受戒而汝不信，恐後生之因，永絕今果。王迫以母勑，卽奉命受戒，漸染既久，專精稍篤。頃之，鄰兵犯境，王謂跋摩曰：外賊恃力，欲見侵侮，若與鬬戰，傷殺必多，如其不拒，危亡將至，今唯歸命師尊，不知何計。跋摩曰：暴寇相攻，宜須禦捍，但當起慈悲心，勿興害念耳。王自領兵擬之，旗鼓始交，賊便退卻。王遇流矢傷腳，跋摩爲呪水洗之，信宿平復。王恭信稍殷，乃欲出家修道，因告羣臣曰：吾欲躬棲法門，卿等可更擇明主。羣臣皆拜伏，勸請曰：王若捨國，則子民無依，且敵國兇強，恃強相對，如失恩覆則黔首奚處，大王天慈，寧不愍命，敢以死請，伸其悃愊。王不忍固違，乃就羣臣請三願，若許者當留治國：一願凡所王境，同奉和尚；二願盡所治內，一切斷殺；三願所有儲財，賑給貧病。羣臣歡喜，僉然敬諾。於是一國皆從受戒。王後爲跋摩立精舍，躬自琢材，傷王腳指，跋摩又爲呪治，有頃平復。道化之聲播於遐邇，鄰國聞風，皆遣使要請。時京師名德沙門慧觀慧聰等，遠挹風猷，思欲餐稟，以元嘉元年（四二四）九月，面啓文帝，求迎請跋摩。帝即勑交州刺史令泛舶延致。觀等又遣沙門法長道沖道儁等往彼祈請，幷致書於跋摩及闍婆王婆多伽等，必希顧臨宋境，流行道教。跋摩以聖化宜廣，不憚遊方，先已隨商人竺難提舶，欲向一小國，會直便風，遂至廣州。（註七）

求那跋陀羅此云功德賢，中天竺人，及受具戒，博通三藏。前到師子諸國，皆傳送資供，既有緣東方，乃隨舶汎海。中途風止，淡水復竭，舉船憂惶。跋陀曰：可同心幷力念十方佛，稱觀世音，何往不感。乃密誦呪經，懇到禮懺，俄而信風暴至，密雲降雨，一舶蒙濟，其誠感如此。元嘉十二年（四三五）至廣

州。(註八)

僧伽婆羅，梁言僧養，亦云僧鎧，扶南國人也。幼而穎悟，早附法律，學年出家，偏業阿毗曇論。聲榮之盛，有譽海南，具足已後，廣習律藏。勇意觀方，樂崇開化，聞齊國宏法，隨舶至都，住正觀寺，爲天竺沙門求那跋陀弟子。天監五年（五〇六），被徵召於揚都壽光殿，華林園，正觀寺，占雲館，扶南館等五處傳譯經論。普通五年（五二四），因疾卒於正觀。(註九)

曼陀羅，梁言宏弱，亦扶南國人。大賫梵本遠來貢獻，敕與婆羅共譯經三部。雖事傳譯，未善梁言，故所出經文多隱質。(註一〇)

拘那羅陀，陳言親依，或云波羅末陀，亦云眞諦，本西天竺優禪尼國人。羣藏廣部，罔不措懷。藝術異能，偏素諳練，雖遵融佛理，而以通道知名。遠涉艱關，無憚夷險，歷遊諸國，隨機利見。大同中敕直使張氾等送扶南獻使返國，(註一一)仍請名德三藏大乘諸論雜華經等。彼國乃屈眞諦，並賫經論以大同十二年（五四六）八月十五日達於南海，(註一二)沿路所經，乃停兩載，以太清二年（五四八）閏八月始屆京邑。陳武永定二年（五五八）七月還返豫章，又上臨川晉安諸郡。眞諦雖傳經論，道缺情離，本意不申，更觀機壤，遂欲汎船往棱伽修國，（註一三）道俗留之，遂停南越。天嘉六年（五六五）又汎小船至梁安郡，（註一四）更裝大船欲返西國，又循人事，權止海隅，已而發自梁安，汎船西引，業風賦命，飄還廣州，以太建元年（五六九）遘疾卒。（註一五）

須菩提陳言善吉，扶南國人也。於揚州至敬寺爲陳主譯經。（註一六）

右錄六朝間往來南海之沙門十人，其中扶南國沙門三人，而由扶南延至者一人，具見當時扶南爲佛教東被之一大站，重要與西域之和闐龜茲等也。（註一七）中國海港名見諸傳者，有山東半島北岸之東萊，南岸之長廣，然與南海交通頻繁之大港，要不外交廣二州。顧外國船舶所蒞，且溯江而上至於江陵。高僧傳卷二佛馱跋陀羅傳載跋陀在長安預言本鄉有五舶俱發，後適江陵遇外國船主，既而訊訪，果是天竺五舶。雖預言之偶合，要足證長江中有外國船舶往來。諸僧行程約略可考者，求那跋摩經行錫蘭闍婆占城而至廣州。拘那羅陀經行狠牙修扶南而至廣州。其先或曾假道錫蘭，蓋其爲優禪尼（Ujjayanī）國人，而錫蘭爲東渡必經之地也。

（註一）高僧傳卷三有傳。

（註二）節錄高僧傳卷二本傳。

（註三）節錄高僧傳卷三本傳，並參考同卷法顯傳

（註四）節錄高僧傳卷三本傳。

（註五）附見高僧傳卷二曇無讖傳。

（註六）此闍婆疑指蘇門答剌。

（註七）節錄高僧傳卷三本傳傳後遺文云：避難浮於海，闍婆及林邑業行風所飄，隨緣之宋境。則至廣州前曾莅林邑矣。

（註八）節錄高僧傳卷三本傳。

（註九）節錄續高僧傳卷一本傳。

（註一〇）附見續高僧傳卷一僧伽婆羅傳。

（註一一）梁書卷五十四扶南傳：大同五年（五三九）復遣使獻生犀，又言其國有佛髮長一丈二尺，詔遣沙門釋雲寶隨使往迎之。疑指此役。

（註一二）大同十二年四月改元中大同，則大同十二年無八月，年月必有一誤。

（註一三）棱伽修梁書卷五四有傳，作狼牙修，馬來半島北部之 Laṅkāsuka 國也。

（註一四）梁梁安郡治在今湖北黃安縣南，此處梁安應是傳寫之誤。

（註一五）節錄續高僧傳卷一本傳。

（註一六）附見續高僧傳卷一眞諦傳。

（註一七）高僧傳卷四于法蘭傳云：蘭嘗慨大法雖興，經道多闕，乃遠適西域欲求異聞，至交州遇疾，終於象林。旣至交州遵陸南行，似欲至扶南訪求異聞者。

第五章　常駿等之使赤土

煬帝纂業，甘心遠夷，志求珍異，故師出於流求，（今臺灣）兵加於林邑，（今安南中圻）而其最有關係南海之交通者則爲常駿等使赤土一事。

「煬帝卽位，募能通絕域者。大業三年（六〇七）屯田主事常駿虞部主事王君政等請使赤土，帝大悅，賜駿等帛各百匹，時服一襲，而遣齎物五千段，以賜赤土王。其年十月，駿等自南海郡乘舟，晝夜二旬，每値便風，至焦石山而過東南，泊陵伽鉢拔多洲，西與林邑相對，上有神祠焉。又南行至師子石，自是島嶼連接。又行二三日，西望見狼牙須國之山，於是南達雞籠島，至於赤土之界。其王遣婆羅門鳩摩羅以舶三十艘來迎，吹蠡擊鼓，以樂隋使，進金鏁以纜駿船。月餘至其都，遣其子那邪迦請與駿等禮見，先遣人送金盤貯香花并鏡鑷，金合二枚貯香油，金瓶八枚貯香水，白疊布四條，以擬供使者盥洗。其日未時，那邪迦又將象二頭，持孔雀蓋以迎使人，并致金花金盤以藉詔函，男女百人奏蠡鼓，婆羅門二人導路至王宮。駿等奉詔書上閣，王以下皆坐。宣詔訖，引駿等坐，奏天竺樂。事畢，駿等還館。又遣婆羅門就館送食，以草葉爲盤，其大方丈，因謂駿曰：今是大國中人，非復赤土國矣，飲食疎薄，願爲大國意而食之。後數日，請駿等入宴，儀衛導從如初見之禮。王前設兩牀，牀上並設草葉盤，方一丈五尺，上有黃白紫赤四色之餅，牛羊魚鼈豬蝳蝐之肉百餘品。延駿升牀，從者坐於地席，各以金鍾置酒，女樂迭奏，禮遣甚厚。尋遣那邪迦隨駿貢方物，并獻金芙蓉冠，龍腦香，以鑄金爲多羅葉，隱起成文以爲表，金函封之，令婆羅門以香花奏蠡鼓而送之。旣入海，見綠魚羣飛水上。浮海十餘日，至林邑東南，並山而行，其海水闊千餘步，色黃氣腥，舟行一日不絕，云是大魚糞也。循海北岸，達於交阯。駿以六年（六一〇）春與那邪迦於弘農謁帝，帝大悅，賜駿等物二百段，俱授秉義尉，那邪迦等官賞各有差。」（註一）

考隋書卷三本紀：大業四年（六〇八）三月壬戌，百濟倭赤土迦邏舍國並遣使貢方物。景寅，遣屯田主事常駿使赤土，致羅罽。五年（六〇九）二月辛丑，赤土國遣使貢方物。紀傳所載出使年月微有出入，未詳孰是。

隋書赤土傳曰：「赤土國，扶南之別種也。在南海中，水行百餘日達。所都土色多赤，因以爲號；東波斯剌國，西婆羅娑國，南訶羅旦國，北拒大海，地方數千里。」執此以考赤土之方位，僅知此國在林邑之西，暹羅灣之南，國人屬猛吉蔑種（Môn-Khmer）而已。顧常駿等行程所經，有狼牙須國之山，此狼牙須應爲梁書狼牙修，續高僧傳棱伽修之同名異譯。（註二）考義淨南海寄歸內法傳卷一註云：「從那爛陀東行五百驛，皆名東裔，乃至盡窮，有大黑山，計當土蕃南畔。傳云：蜀川西南行可一月餘，便達斯嶺。次此南畔通近海涯，有室利察呾羅國，次東南有郎迦戍國，次東有杜和鉢底國，以東極至臨邑國。」義淨之郎迦戍國應亦是狼牙須之同名異譯，而位在室利察呾羅國之東南。此室利察呾羅國即唐書中之驃國，驃即是從前稱霸 Prome 之 Pyu 族。（註三）杜和鉢底國即 Menam 下流之 Dvaravati，臨邑即林邑之別寫，今安南中圻也。由是考之，狼牙須之方位在驃國之南，而赤土又在此狼牙須國之南，殆爲 Kra 地峽南方之一國也。常駿等發自廣州，沿安南沿岸行，過 Camao 岬，入暹羅灣，沿眞臘緬甸海岸行，（因有島嶼連接之語）至馬來半島北部東岸，望見狼牙須國之山，南行過馬來半島東岸之一島，而名之曰雞籠島，然後抵於赤土國界。則此赤土應在馬

來半島之中，舊考謂在暹羅境內誤也。（註四）

（註一）見隋書卷八二赤土傳。

（註二）參看本書第四章註一三。

（註三）參看伯希和交廣印度兩道考三五頁；西域南海史地考證譯叢續編九八頁。

（註四）參看東西交涉史之研究南海篇一至三七頁狼牙修國考。

第六章　賈耽所誌廣州通海夷道

唐代海上交通較前爲盛，唐書藝文志著錄地理類書一百零六部，其中關係四裔者，有賈耽古今郡國縣道四夷述，皇華四達記，戴斗諸蕃記，達奚通海南諸蕃行記，高少逸四夷朝貢錄等編，現皆不傳。新唐書地理志後附錄有賈耽所記入四夷之路七，殆爲採諸古今郡國縣道四夷述者，其廣州通海夷道，業經伯希和（Pelliot）希爾特（Hirth）等考證詳明，茲錄述於後：（註一）

「廣州東南海行二百里至屯門山，乃帆風西行二日至九州石，又南二日至象石，又西南三日行至占不勞山，山在環王國東二百里海中。又南二日行至陵山，又一日行至門毒國，又一日行至古笪國，又半日行至奔陀浪洲，又兩日行到軍突弄山。又五日行至海硤，蕃人謂之質，南北百里，北岸則羅越國，南岸則佛逝國。佛逝國東水行四五日至訶陵國，南中洲之最大者。又西出硤，三日至葛葛僧祇國，在佛逝西北隅之別島，國人多鈔暴，乘舶者畏憚之。其北岸則箇羅國，箇羅西則哥谷羅國。又從葛葛僧祇四五日行至勝鄧洲，又西五日行至婆露國，又六日行至婆國伽藍洲。又北四日行至師子國，其北海岸距南天竺大岸百里。又西四日行經沒來國，南天竺之最南境，又西北經十餘小國，至婆羅門西境。又西北二日行至拔颶國，又十日行經天竺西境小國五至提颶國。其國有彌蘭大河，一曰新頭河，自北渤崑山來，西流至提颶國，北入於海。又自提颶國西二十日行，經小國二十餘，至提羅盧和國，一曰羅和異國。國人於海中立華表，夜則置炬其上，使舶人夜行不迷。又西一日行至烏剌國，乃大食國之弗利剌河，南入於海。小舟泝流二日至末羅國，大食重鎮也。又西北陸行千里至茂門王所都縛達城。自婆羅門南境從沒來國至烏剌國，皆緣海東岸行，其西岸之西皆大食國。」（註二）

賈耽所記南海路程如此，玆取伯希和所考證之今地釋之，伯希和之考證止於印度南端，其後則採希爾特之說，希說不可從者則採他說。

屯門在大嶼山及香港二島之北，海岸及琵琶洲之間。九州石似即後之七洲(Taya)。象石得爲後之獨珠山(Tinhosa)。占不勞山爲安南之峋嶗占(Culao Cham)。

環王國即昔之林邑，後之占城。陵山得爲安南歸仁府北之 Sa-hoi 岬。門毒國疑指今之歸仁。

古笪乃 Kauthara 之對音，今安南衙莊之梵名也。奔陀浪卽後之賓童龍，梵名 Pāṇḍuranga 之對音，今安南之藩籠(Phannang)省地也。軍突弄山卽後之崑崙山，今 Pulo Condore 也。「海硤蕃人謂之質」，伯希和考作滿剌加硤，希爾特則從 Gerini 說考作星加坡硤。

羅越顯是馬來半島之南端。佛逝國乃室利佛逝國(Śrivijaya)之省稱，當時南海中之大國也，都蘇門答剌島之巴林馮(Palembang)，後稱舊港。(註三)訶陵乃梵語(Kalinga)之省稱，與印度之羯餧伽同名，今爪哇也。葛葛僧祇國疑在 Brouwers 羣島中。箇羅應是九世紀時大食人著錄之 Kalah，疑指 Kedah，地在馬來半島西岸。哥谷羅對音與大食人著錄之 Qaqola 同，疑在 Kedah 之西北或西南一島中。勝鄧洲似在蘇門答剌島之 Deli 或 Langkat 區中。婆露得爲義淨之婆魯師。伽藍洲一名或指翠藍嶼，今 Nicobar 羣島也。師子國卽錫蘭，已見前考。

沒來國指 Malabar 沿岸，疑特指 Quilon，六世紀時 Cosmas 書著錄有 Malé 城，七世紀時玄奘西域記著錄有秣羅矩吒(Malaguta)，一名摩剌耶(Malaya)者，卽其地之梵名也。九世紀時大食人行紀作 Kulam-Malé，宋譯之故臨，元譯之俱蘭，明譯之葛蘭也。拔颶疑指昔之Barygaza，今之Broach。提颭指Daibul或Diul。(註四)今印度河(Indus)大食人名曰Nahr Mihrān，卽彌蘭河之對音；梵名作Sindhu，卽新頭河之對音。渤崑山殆指西域記之鉢露羅(Bolor)，今之Balfi；然得亦爲崑崙之訛。緣梁書卷五四中天竺傳云「國臨大江名新陶(Sindhu)，源出崑崙也。」提羅盧和國桑原隲藏引Magoudi書考作Djerrarah，並引海中立華表夜置炬其上以導船舶事證之。(註五)

烏剌國應指Al-Ubullah。弗利剌河應是Euphrates河。末羅國應指Basra。縛達城應指Bagdad，宋譯作白達，元譯作報達者是已。(註六)大食國，阿剌壁(Arabi)帝國也。

(註一)參看伯希和交廣印度兩道考；希爾特諸蕃志譯註本十頁至十六頁。

(註二)見新唐書地理志卷四三下。

(註三)參看費瑯(G. Ferrand)蘇門答剌古國考。

(註四)參看西域南海史地考證譯叢一一一頁註一二。

(註五)參看唐宋貿易港研究楊鍊譯本二五頁。

(註六)參看唐宋貿易港研究二六至三〇頁；西域南海史地考證譯叢一一一頁。

第七章　唐代往來南海之僧人

賈耽所誌通海夷道，蓋爲當時波斯大食船往來之要道，而於其他航線皆略。前引眞諦傳，六世紀時扶南棱伽修兩國爲佛教東被之兩大站，賈耽時扶南已改爲眞臘，有陸道可通，別有著錄（註一）然於棱伽修則遺而不書，蓋其不在東西往來之要道中也。是欲考當時南海海舶所經諸國，應取釋藏諸傳補之。

玄奘足跡雖未至南海，然於西域記卷十三摩呾吒（Samatata）條後著錄有南海六國「東北大海濱山谷中有室利差呾羅（Srikṣetra）國；次東南大海隅有迦摩浪迦（Kamalanga）國；次東有墮羅鉢底（Dvaravati）國；次東有伊賞那補羅（Iśanapura）國；次東有摩訶瞻波（Mahacampa）國，即此云林邑是也；次西南有閻摩那洲（Yavanadvipa）國。凡此六國，山川道阻，不入其境，然風俗壤界，聲問可知。」案室利差呾羅國即南海寄歸內法傳之室利察呾羅，唐書之驃國，今之

Prome。迦摩浪迦國應爲後之白古（Pegu）。墮羅鉢底國卽南海寄歸內法傳之杜和鉢底，在今Menam江之下流。伊賞那補羅國卽眞臘，今之柬埔寨（Kamboja）。摩訶瞻波卽後之占城，當時據有今安南之中圻南圻。（註二）閻摩那洲國疑是耶婆洲（Yavadvipa）之誤，殆指蘇門答剌大島，蓋當時南海中大洲，除此島或爪哇外莫屬也。（註三）

唐代僧人敍述南海最詳者要爲義淨。淨字文明，姓張氏，范陽人也，年十有五，便萌其志，欲遊西域。咸亨二年（六七一）年三十有七，方遂發足。初至番禺，得同志數十人，及將登舶，餘皆退罷。淨奮勵孤行，備歷艱險，所至之境，皆洞言音，凡遇酋長，俱加禮重；鷲峰雞足，咸遂周遊，鹿苑祇林，並皆瞻矚，諸有聖迹，畢得追尋。經二十五年，歷三十餘國，以天后證聖元年（六九五）乙未仲夏還至洛河。（註四）

淨於其所撰大唐西域高僧傳卷下述其行程云：「于時咸亨二年（六七一）坐夏楊府，初秋忽遇龔州使君馮孝詮，隨至廣府，與波斯舶主期會南行。復蒙使君命往崗州，重爲檀主，及弟孝誕使君存軫使君，郡君甯氏，郡君彭氏等合門眷屬，咸見資贈，爭抽上賄，各捨奇飡，庶無乏於海途，恐有勞於險地，篤如親之惠，順給孤之心，共作歸依，同緣勝境，所以得成禮謁者，蓋馮家之力也。又嶺南法俗，共鯁去留之心，北土英儒，俱懷生別之恨。至十一月遂乃面翼軫，背番禺，指鹿園而遐想，望雞峰而太息。于時廣莫初飈，向朱方而百丈雙挂，離箕創節，棄玄朔而五兩單飛；長截洪溟，似山之濤橫海，斜通巨壑，如雲之浪滔天。未隔兩旬，果之佛逝(Śrivijaya, Palembang)，經停六月，漸學聲明，王贈支持，送往末羅瑜(Malayu, Jambi)國。（原註云：今改爲室利佛逝也。）復停兩月，轉向羯荼(Kedah)，至十二月舉帆還乘王舶，漸向東天矣。從羯荼北行十日餘，至裸人國（Nicobar 島），向東望岸，可一二里許，但見椰子樹檳榔林森然可愛。彼見舶至，爭乘小艇，有盈百數，皆將椰子芭蕉及籐竹器來求市易。其所愛者，但唯鐵焉，大如兩指，得椰子或五或十。丈夫悉皆露體，婦女以片葉遮形。商人戲授其衣，卽便搖手不用。傳聞斯國當蜀川西南界矣。此國既不出鐵，亦寡金銀，但食椰子藷根，無多稻穀，是以盧呵最爲珍貴（原註云：此國名鐵爲盧呵）。其人容色不黑，量等中形，巧織團籐箱，餘處莫能及。若不共交易，便放毒箭，一中之者，無復再生。從茲更半月許，望西北行，遂達耽摩立底（Tāmraliptī, Tamluk)國，卽東印度之南界也。……十載求經，方始旋踵言歸，還耽摩立底，未至之間，遭大劫賊，僅免剸刃之禍，得存朝夕之命。於此升舶，過羯荼國，所將梵本三藏五十餘萬頌，唐譯可成千卷，權居佛逝矣。」

大唐西域求法高僧傳卷下貞固傳云：「淨於佛逝江口升舶，附書憑信廣州，見求墨紙，抄寫梵經，並雇手直。於時商人風便，擧帆高張，遂被載來，求住無路，是知業能裝飾，非人所圖，遂以永昌元年（六八九）七月二十日達於廣府。……所將三藏五十餘萬頌，並在佛逝，終須覆往。……誰能共往收取，隨譯隨受，須得其人。衆僉告曰：有僧貞固……斯爲善伴。……廣府法俗，悉贈資糧，即以其年十一月一日附商舶去番禺，望占波而陵帆，指佛逝以長驅。」

綜觀右文，義淨於六七一年仲冬自廣府發足，次年十二月乘佛逝王舶進向東天，應在六七三年春初達耽摩立底。求經十載，則其重還耽摩立底登舟，得在六八二年或六八三年夏秋間，緣其後來權居佛逝，不逕還本國，必因西南信風已息，計停留佛逝有六年矣。六八九年因風便還廣府，同年冬又偕貞固同至佛逝，後於六九五年仲夏始還至洛，則最後留居佛逝時爲年亦久，合計其往來南海之時間，應有十餘年。南海情形淨必詳悉，惜未留存行傳，今僅在求法高僧傳南海寄歸傳中窺其大略。

南海寄歸內法傳卷一註云：「從那爛陀（Nalanda）東行五百驛，皆名東裔，乃至盡窮有大黑山（Arakan?），計當土蕃（Tibet）南畔，傳云是蜀川西南行可一月餘便達斯嶺。次此南畔逼近海涯有室利察呾羅（Śrikṣetra）國；次東南有郎迦戌（Laṅkāsuka）國；次東有杜和鉢底（Dvaravati）國；次東極至臨邑（Campa）國；並悉極遵三寶。」諸國名本書五六兩章別有考。

同書卷一記南海諸洲云：「從西數之有婆魯師洲，末羅遊洲，即今尸利佛逝國是，莫訶信洲，訶陵洲，呾呾洲，盆盆洲，婆里洲，掘倫洲，佛逝補羅洲，阿善洲，末迦漫洲，又有小洲不能具錄。」又云：「斯乃咸遵佛法多是小乘，唯末羅遊少有大乘耳。諸國周圍，或可百里，或數百里，或可百驛，大海雖難計里，商舶慣者準知。良為掘倫初至交廣，遂使總喚崑崙國焉，唯此崑崙頭捲體黑，自餘諸國與神洲不殊，赤脚敢曼總是其式，廣如南海錄中具述。驩州正南步行可餘半月，若乘船纔五六潮即至上景，南至占波，即是臨邑。此國多是正量，少兼有部。西南一月至跋南國，舊云扶南，先是裸國，人多事天，後乃佛法盛流，惡王今並除滅，迥無僧衆，外道雜居，斯即瞻部南隅，非海洲也。」

義淨所述諸洲，今知婆魯師洲是 Baros；末羅遊洲在 Jambi 河流域；莫訶信洲，爪哇史頌有地名 Mahasin，應是其對音，太平寰海記卷一七七（註五）作摩訶新，今地未詳；訶陵洲應指爪哇，前已有考；呾呾洲盆盆洲疑在馬來半島；婆里洲應是 Bali；餘四洲未詳，疑均在婆里之東也。（註六）

載籍中屢著錄之崑崙國及崑崙奴，茲據義淨之解釋：「良爲掘倫初至交廣，遂使總喚崑崙國焉。」顧載籍中之國以崑崙名者不祇一地，似爲捲髮黑身人之總稱，可取慧琳一切經音義卷八一之解釋證之。其文曰：「崑崙語，上音昆，下音論，時俗語便亦作骨論，南海洲島中夷人也。甚黑，裸形，能馴伏猛獸犀象等。種類數般，卽有僧祇（Zangi）突彌骨堂閤蔑（Khmer）等，皆鄙賤人也。國無禮義，抄劫爲活，愛啖食人如羅刹惡鬼之類也。言語不止，異於諸蕃，善入水，竟日不死。」此文中突彌骨堂雖未詳爲何種，要皆指南海中捲髮黑身之人，故舊唐書卷一九七林邑傳後云：「自林邑以南，捲髮黑身，通號崑崙。」（註七）則昔日崑崙國泛指南海諸國，北至占城，南至爪哇，西至馬來半島，東至婆羅洲（Borneo）一帶，甚至遠達非洲東岸，皆屬崑崙之地也。

義淨大唐求法高僧傳載西行求法之僧人凡六十，而取海道者過半數，茲節錄其關係南海之文於下方：

有新羅僧二人，莫知其諱，發自長安，遠之南海，汎舶至室利佛逝國西婆魯師國，遇疾俱亡。

常慜禪師者，幷州人也，附舶南征，往訶陵國。從此附舶往末羅瑜國，復從此國欲詣中天，然所附商舶載物既重，解纜未遠，忽起滄波，不經半日，遂便沉沒。當沒之時，商人爭上小舶，互相戰鬬。其舶主既有信心，高聲唱言：師來上船。常慜曰：可載餘人我不去也，所以然者，若輕生爲物，順菩提心，亡己濟人，斯大士行。於是合掌西方稱彌陀佛，念念之頃，船沈身沒，聲盡而終。春秋五十餘矣。有弟子一人，不知何許人也，號咷悲泣，亦念西方，與之俱沒。

明遠法師者，益州清城人也，梵名振多提婆，（原註：唐云思天，）振錫南遊，屆於交阯，鼓舶鯨波，到訶陵國，次至師子洲，爲君王禮敬，乃潛形閣內，密取佛牙，望歸本國，以興供養。既得入手，翻被奪將，不遂所懷，頗見陵辱。向南印度，傳聞師子洲人云：往大覺中方，寂無消息，應是在路而終，莫委年幾。

義朗律師者，益州成都人也，與同州僧智岸幷第一人名義玄，俱至烏雷，同附商舶，掛百丈陵萬波。越舸扶南，綴纜郎迦戍，蒙郎迦戍國王待以上賓之禮。智岸遇疾，於此而亡。朗公既懷死別之恨，與弟附舶向師子洲，披求異典，頂禮佛牙，漸之西國。傳聞如此，而今不知的在何所，師子洲既不見，中印度復不聞，多是魂歸異代。年四十餘耳。

會寧律師，益州成都人也，麟德年中（六六四至六六五），杖錫南海，汎舶至訶陵洲，停住三載，遂共訶陵國多聞僧若那跋陀羅（此云智賢）譯經。會寧既譯得阿笈摩本，遂令小僧運期奉表齎經，還至交府，馳驛京兆，奏上闕庭，冀使未聞流布東夏。運期從京還達交阯，告諸道俗，蒙贈小絹數百匹，重詣訶陵，報德智賢，與會寧相見，於是會寧方適西國。比於所在，每察風聞，尋聽五天，絕無蹤緒，準斯理也，即其人已亡，春秋可三十四五矣。

運期師者，交州人也，與曇潤（一作閏）同遊，仗智賢受具。旋迴南海，十有餘年，善崑崙音，頗知梵語，後便歸俗，住室利佛逝國。於今現在，年可四（一作三）十矣。

木叉提婆者，交州人也，（原註：唐云解脫天也）不閑本諱，泛舶南溟，經遊諸國，到大覺寺，徧禮聖蹤，於此而殞，年可二十四五矣。

窺冲法師者，交州人，即明遠室灑也，梵名質呾囉提婆，與明遠同舶而泛南海，到師子洲，向西印度，見玄照師，共詣中土。到王舍城，遘疾竹園，淹留而卒，年三十許。

慧琰師者，交州人也，即行公（註八）之室灑，隨師到僧訶羅國（錫蘭），遂停彼國，莫辨存亡。

智行法師者，愛州人也，梵名般若提婆（原註：唐云慧天），泛南海，詣西天，徧禮尊儀，至弶伽（恆河）河北居信者寺而卒，年五十餘矣。

大乘燈禪師者，愛州人也，梵名莫訶夜那鉢地已波（原註：唐云大乘燈也），幼隨父母汎舶往杜和羅鉢底國，方始出家。後隨唐使剡緒相逐入京，於慈恩寺三藏法師玄奘處進受具戒。居京數載，頗覽經書，而思禮聖蹤，情契西極。遂越南溟，到師子國，觀禮佛牙，備盡靈異。過南印度，復屆東天，往耽摩立底國，既入江口，遭賊破舶，唯身得存。後在俱尸城般涅槃寺而歸寂滅，於時年餘耳順矣。

彼岸法師，智岸法師，並是高昌人也，少長京師，傳燈在念。既而歸心勝理，遂乃觀化中天，與使人王玄廓（註九）相隨。汎舶海中，遇疾俱卒。所將經論，咸在室利佛逝國矣。

曇潤法師，洛陽人也，漸次南行，達於交阯，泛舶南上，期西印度，至訶陵北渤盆國（註一〇）遇疾而終，年三十矣。

義輝論師，洛陽人也，到郎迦戍國，因疾而亡，年三十餘矣。（註一二）

道琳法師者，荊州江陵人也，梵名尸羅鉢頗（原註唐云戒光。）欲尋流討源，遠遊西國，乃杖錫遐逝，鼓舶南溟，越銅柱而屆郎迦，歷訶陵而經裸國。所在國王禮待極致殷厚。經乎數載，到東印度耽摩立底國。……自爾之後，不委何託。淨迴至南海羯茶（Kedah）國，有北方胡至云，有兩僧胡國逢見，說其狀迹，應是其人，與智弘相隨，擬歸故國，聞爲途賊所擁，還乃覆向北天，年應五十餘矣。

曇光律師者，荊州江陵人也。南遊溟渤，望禮西天，承已至訶利雞羅（Harikera）國，在東天之東。年在盛壯，不委何之。

慧命師者，荊州江陵人也。汎舶以行，至占波，遭風而屢遘艱苦，適馬援之銅柱，息上景而歸唐。

善行師者，晉州人，淨之門人也。隨至室利佛逝，有懷中土，既染痼疾，返棹而歸，年四十許。

靈運師者，襄陽人也，梵名般若提婆。與僧哲同遊，越南溟，達西國，於那爛陀畫慈氏眞容，齎以歸唐。

僧哲禪師者，澧州人也，泛舶西域，到三摩呾吒國，住王寺。淨來時，聞尚在，年可四十許。僧哲弟子玄遊者，高麗國人也，隨師於師子國出家，因住彼矣。

智弘律師者，洛陽人，卽聘西域大使王玄策之姪也。與無行禪師，同至合浦升舶，長泛滄溟，風便不通，漂居上景，覆向交州，住經一夏，旣至冬末，復往海濱神灣，隨舶南遊，到室利佛逝國。自餘經歷，具在行禪師傳內。後聞與琳公爲伴，不知今在何所。

無行禪師者，荆州江陵人也，梵名般若提婆（原註：唐云慧天。）與智弘爲伴，東風泛舶，一月到室利佛逝國。國王見從大唐天子處來，倍加欽上。後乘王舶，經十五日達末羅瑜洲，又十五日到羯荼國，至冬末轉舶西行，經三十日到那伽鉢亶那（Nagapattana, Negapatam）。從此泛海，二日到師子洲，觀禮佛牙。從師子洲復東北泛海，一月到訶利雞羅（Harikera, Karikal）國，此國乃是東天之東界，卽贍部洲之地也。義淨見時，春秋五十有六。

法振禪師者，荆州人也。共同州僧乘悟禪師，梁州乘如律師，整帆上景之前，鼓浪訶陵之北，巡歷諸島，漸至羯荼。未久之間，法振遇疾而殞，年可三十五六。旣而一人斯委，彼二情疑，遂附舶東歸，有望交阯，覆至瞻波，（原註：卽林邑國也）乘悟又卒。瞻波人至傳說如此，而未的委，獨有乘如言歸故里。

大津師者，澧州人也。永淳二年（六八三）振錫南海，爰初結旅，頗有多人，及其角立，唯斯一進。乃齎經像與唐使相逐，泛舶月餘，達尸利佛逝洲。停斯多載，解崑崙語，頗習梵書。淨於此見，遂遣歸唐，望請天恩，於西方造寺。遂以天授二年（六九一）（註一二）五月十五日附舶而向長安，附新譯雜經論十卷，南海寄歸內法傳四卷，西域求法高僧傳兩卷。

貞固律師者，鄭地滎川人也，梵名娑羅笈多，（原註：譯爲貞固。）永昌元年義淨因風便還至廣州，所齎梵本盡在佛逝，覓伴共往收取得固偕行。是年十一月一日同附商舶，共之佛逝，後與義淨同返廣府。

貞固弟子一人，俗姓孟，名懷業，梵號僧迦提婆。隨師共至佛逝，解骨崙語，頗學梵書。後戀居佛逝，不返番禺。

道宏者，梵名佛陀提婆，（原註：唐云覺天，）汴州雍丘人也，俗姓靳。與義淨貞固等共至佛逝，同還廣府。

法朗者，梵名達磨提婆，（原註：唐云法天，）襄州襄陽人也。隨義淨同越滄海，經餘一月，屆乎佛

逝。學經三載，梵漢漸通。往訶陵國，在彼經夏遇疾而卒。(註一三)

右錄三十三人並經義淨著錄，尚有數人往來南海，別見諸僧傳中，茲亦薈錄如下：

那提三藏，此言福生，梵言則云布如烏伐邪，中印度人。曾往執師子國，又東南上楞伽山，南海諸國隨緣達化。承脂那東國盛傳大乘，乃搜集經律論五百餘夾，以永徽六年（六五五）創達京師。顯慶元年（六五六），敕往崑崙諸國採取異藥。既至南海，諸王歸敬，為別立寺。龍朔三年（六六三），還返慈恩。其年，南海眞臘國為那提素所化者，奉敬無已，思見其人，合國宗師假途遠請，乃云國有好藥，唯提識之，請自採取。下敕聽往，返迹未由。(註一四)

跋日羅菩提，此云金剛智，南印度摩賴耶（Malaya）國人也。曾遊師子國，登楞伽山，泛海東行，歷佛誓裸人等二十餘國。開元七年（七一九）建於廣州。開元二十年（七三二）卒於洛陽，壽七十一。

阿目佉跋折羅，此云不空金剛，省稱不空，北印度人也。幼隨叔父觀光東國，年十五師事金剛智三藏。智歿，空奉遺旨令往五天並師子國。天寶元年（七四二）冬至南海郡，及將登舟，採訪使召誡番禺界蕃客大首領伊習賓等曰：今三藏往南天竺師子國，宜約束船主，好將三藏幷弟子含光慧誓等二十七人國信等達彼，無令疏失。乃附崑崙船離南海，經訶陵而達師子國。天寶五年（七四六）還京。大曆九年（七七四）卒，春秋七十。（註一五）

般剌若，北印度迦畢試(Kapiśi)國人。泛海東邁，垂至廣州，風飄卻返，抵執師子國之東。又集資糧，重修巨舶，遍歷南海諸國，建中元年（七八〇）至於廣州。

蓮華，中印度人也。興元元年（七八四）杖錫謁德宗，乞鐘一口，歸天竺聲擊。敕廣州鼓鑄畢，令送於南天竺金堆寺。華乃將此鐘於寶軍國，毗盧迦那塔所安置。後以烏荼(Orissa)國王書獻支那天子。（註一六）

慧日，俗姓辛氏，東萊人也。遇義淨三藏，心恆羨慕，遂誓遊西域。始者泛舶渡海，自經三載，東南海中諸國，崑崙佛誓師子洲等經過略遍，乃達天竺。在外總一十八年，方還長安。（註一七）

右錄求法高僧傳續高僧傳宋高僧傳所載往來南海之僧人凡四十人，茲姑舉其行程可考者，行程未詳者尚未計焉。諸傳所記行程，大致與賈耽廣州通海夷道合，惟略其分道耳。行程最詳者爲義淨道琳無行三傳，義淨之行程發自廣州，歷佛逝末羅瑜羯茶裸人耽摩立底；道琳發足地未詳，歷占波訶陵裸國耽摩立底；智弘無行發足合浦，暫住交州，復歷佛逝末羅瑜羯茶那伽鉢亶那等國。又據諸傳綜考當時之發航地，首廣州，次交州，偶亦爲今合浦境內之舊治與欽縣境內之烏雷。止航地或爲蘇門答剌島內之室利佛逝國，或爲印度南端之師子洲，或爲印度東岸之耽摩立底，那伽鉢亶那，訶利雞羅。至廣州與印度間所經諸港，則有交州，占波，馬來半島東岸之郎迦戍，爪哇島內之訶陵，蘇門答剌島內之室利佛逝末羅瑜，馬來半島西岸之羯茶，翠藍嶼中之裸人國。昔之扶南，後之眞臘，雖一見於布如烏伐邪傳，似不復爲海舶維舟之地也。

此姑就僧人往來之行程言之，東西商賈所涖之地，似不僅限於此。廣州爲通商之要港，固不待論，餘若交州，泉州，揚州，甚至長江上游亦爲蕃舶所已經，（註一八）特不及廣州之盛耳。（註一九）

（註一）參看交廣印度兩道考五九至六二頁驩州通眞臘道。

（註二）參看本書第五章。

（註三）參看交廣印度兩道考九五至九六頁。

（註四）見宋高僧傳卷一。

（註五）太平寰宇記卷一七七云：「金（疑爲室或舍之誤）利毗逝國在京西南四萬餘里，經旦旦國，訶陵國，摩訶新國，多隆國，者埋國，婆樓國，多郎婆黃國，摩羅逝（應是遊之誤）國，眞臘國，林邑國，西達廣州。」

（註六）參看費瑯崑崙及南海古代航行考三十至三六頁。

（註七）首先著錄黑身崑崙者，似爲晉書卷三二孝武文李太后傳：「后爲宮人，在織坊中形長而色黑，宮人皆謂之崑崙。」此外關於崑崙之考證者可參看交廣印度兩道考六五至七四頁；崑崙及南海古代航行考；西域南海史地考證譯叢一八七至一八八頁。

（註八）殆指後條之智行法師。

（註九）王玄廓應是王玄策之訛，參看清華學報第八卷第一期王玄策事輯。

（註一〇）此渤盆國與南海寄歸傳之盆盆洲應爲一地。

（註一一）以上並見大唐西域求法高僧傳卷上。

（註一二）一作天授三年則爲六七二年矣。

（註一三）以上並見大唐西域求法高僧傳卷下。

（註一四）見續高僧傳卷五。

（註一五）以上並見宋高僧傳卷一，又卷二十七有舍光傳。

（註一六）以上並見宋高僧傳卷三。

（註一七）見宋高僧傳卷二十九。

（註一八）參看桑原隲藏中國阿剌伯海上交通史二〇至三〇頁；武堉幹唐宋時代上海在中國對外貿易上之地位觀八至十九頁。

（註一九）元開撰唐大和尚東征傳（大正新修大藏經本）載天寶九年（七五〇）「廣州有婆羅門寺三所，並梵僧居住。江中有婆羅門波斯崑崙等舶，不知其數，並載香藥珍寶，積載如山，舶六七丈，師子國、大石國、骨唐國、白蠻、赤蠻等往來居住，種類極多。」資治通鑑卷二三四貞元八年（七九二）六月「嶺南節度使奏：近日海舶珍異，多就安南市易，欲遣判官就安南收市，乞命中使一人與俱。上欲從之，陸贄上言以爲：遠國商販，惟利是求，緩之斯來，擾之則去。廣州素爲衆舶所湊，今忽改就安南，若非侵刻過深，則必招攜失所，曾不內訟，更蕩上心。況嶺南安南，莫非王土，中使外使，悉是王臣，豈必信嶺南而絕安南，重中使以輕外使，所奏望寢不行。」（參看陸宣公奏議卷十八）

第八章 宋代之南海

宋代載籍首先著錄南海之行程者，厥爲宋史卷四八九注輦傳載大中祥符八年（一〇一五）注輦國使臣娑里三文所歷之航路。其文曰「三文離本國，舟行七十七晝夜，歷郍勿丹山（Nagapattana?）娑里西蘭山（Soli Silan?）。至占賓國又行六十一晝夜，歷伊麻羅里山至古羅國，國有古羅山，因名焉。又行七十一晝夜，歷加八山，占不牢山，舟寶龍山至三佛齊國。又行十八晝夜，度蠻山水口，歷天竺山至賓頭狼山，望東西王母塚，距舟所將百里。又行二十晝夜，度羊山，九星山，至廣州之琵琶洲。離本國凡千一百五十日至廣州焉。」

注輦梵名 Cola，阿剌壁文作 Cūliyān，當時譯名不作朱羅而作注輦，殆從阿剌壁語而悉其國名也。唐譯亦作珠利邪。（註一）是乃南印度之古國，與般茶(Pāṇḍya)並屬達羅毘茶(Drāvida)種。（註二）紀元前拔羅婆（Pallava）朝興，併此二國，建都於建志補羅（Kāñcīpura），漢代所通之黃支應是此國。（註三） 七世紀以來拔羅婆常與西方遮婁其（Calukya）朝爭戰，國勢遂衰。（註四） 九世紀初年注輦復興，十世紀初年戰勝摩訶剌佗（Mahārāṣtra）之遮婁其王，大拓疆域。一〇一二至一〇三五或一〇四二年間在位之王名羅闍因陀羅朱羅提婆一世（Rājendra Coladeva I），曾兼併烏茶（Orissa），白古（Pegu）滿剌加（Malaka），兵力所加，且至蘇門答剌島之室利佛逝國，榜葛剌（Bengale）灣之地咸隸其版圖。（註五）當時入貢之注輦王或指此王，然宋史載其國主名羅茶羅乍，則爲前王 Rajaraja 矣，此王在位年始九八五，終一〇一二或一〇一三。足證貢使在道延滯之時甚久，千一百五十日始達廣州，非僞言也。

貢使所歷之地今可考者，注輦是 Coromandel，古羅或是馬來半島之 Kra，三佛齊即蘇門答剌島之 Palembang，天竺山即馬來半島東西海中之 Pulaw Aor，賓頭狼即昔之 Pāndur-anga，今安南之藩籠省。（註六）

宋代私人撰述所言南海最詳者，則爲周去非之嶺外代答。去非字直夫，永嘉人，卷首自序題淳熙戊戌冬十月五日，則成書時在一一七八年矣。卷二海外諸蕃國條云：

「諸蕃國大抵海爲界限，各爲方隅而立國，國有物宜，各從都會以阜通。正南諸國，三佛齊(Palembang)其都會也。東南諸國，闍婆(Java)，其都會也。西南諸國，浩乎不可窮：近則占城(Campa)，眞臘(Kamboja)爲窊裏諸國之都會；遠則麻離拔(Malabar)國，爲大食(Abbassides)諸國之都會；又其外則木蘭皮(Murābiṭ指西班牙南部與非洲北部)國爲極西諸國之都會。三佛齊之南，南大洋海也，海中有嶼萬餘，人莫居之，愈南不可通矣。闍婆之東，東大洋海也，水勢漸低，女人國在焉；愈東則尾閭之所泄，非復人世；稍東北向則高麗百濟耳。西南海上諸國不可勝計，其大略亦可考。姑以交阯定其方隅：直交阯之南，則占城眞臘佛羅安(Beranang在馬來半島南部)也；交阯之西北則大理黑水吐蕃也；於是西有大海隔之，是海也名曰細蘭(Sīlan即錫蘭)，細蘭海中，有一大洲名細蘭國。渡之而西，復有諸國：其南爲故臨(Kūlam, Quilon)國，其北爲大秦國王舍城天竺國。又其西有海曰東大食海，渡之而西，則大食諸國也，大食之地甚廣，其國甚多，不可悉載。又其西有海名西大食海，渡之而西，則木蘭皮諸國，凡千餘。更西則日之所入，不得而聞也。」（註八）

又卷三航海外夷條云：「今天下沿海州郡，自東北而西南，其行至欽州止矣。沿海州郡類有市舶，國家綏懷外夷，於泉廣二州置提舉市舶司；故凡蕃商急難之欲赴愬者，必提舉司也。歲十月，提舉司大設蕃商而遣之；其來也當夏至之後，提舉司征其商而覆護焉。諸蕃國之富盛多寶貨者，莫如大食國，其次闍婆國，其次三佛齊國，其次乃諸國耳。三佛齊國者，諸國海道往來之要衝也；三佛齊之來也，正北行，舟歷上下竺（Pulaw Aor）與交洋（交阯灣）乃至中國之境；其欲至廣者，入自屯門，欲至泉州者，入自甲子門。闍婆之來也，稍西北行，舟過十二子石（Karimata）而與三佛齊海道合於竺嶼之下。大食國之來也，以小舟運，而南行至故臨（Quilon）國，易大舟而東行至三佛齊國，乃復如三佛齊之入中國。其他占城眞臘之屬，皆近在交阯洋之南，遠不及三佛齊國闍婆之半，而三佛齊闍婆又不及大食國之半也。諸蕃國之入中國，一歲可以往返，唯大食必二年而後可。大抵蕃舶風便而行，一日千里，一遇朔風，爲禍不測。幸泊於吾境，猶有保甲之法，苟泊外國，則人貨俱沒。若夫默伽（Mekka）國勿斯里（Misr 今埃及）等國，其遠也不知其幾萬里矣。」

又卷二三佛齊國條云：「三佛齊（Palembang）國在南海之中，諸蕃水道之要衝也，東自闍婆諸國，西自大食故臨諸國，無不由其境而入中國者。」

又同卷闍婆國條云：「闍婆（Java）國又名莆家龍（Pekalongan），在海東南，勢下故曰下岸。廣州自十一月十二月發舶，順風連昏旦一月可到。」

又同卷故臨國條云：「故臨（Quilon）國與大食國相通，廣舶四十日到藍里（Lāmurī 在蘇門答剌島西北角，即後之南巫里）住冬，次年再發舶，約一月始達其國。」

又同卷注輦國條云：「注輦（Coromandel）國是西天南印度也，欲往其國，當自故臨國（Quilon）易舟而行。」（註九）

卷三大食諸國條云：「有麻離拔（Malibar, Malabar）國，廣東自中冬以後發船，乘北風行，約四十日到地名藍里（Lāmurī）……至次冬再乘東北風六十日順風方到。……元祐三年（一〇八八）十一月大食麻囉拔國遣人入貢，即此麻離拔也。」

又同卷云：「大食國西有巨海，海之西有國不可勝計，大食巨艦所可至者，木蘭皮（Murābiṭ）國爾。蓋自大食之陁盤地國（註一〇）發舟，正西涉海一百日而至。」

又同卷西天諸國條云：「其地之西有東大食海，越之而西則大食諸國也。其地之南有洲名曰細蘭（Sīlan, Ceylan）國，其海亦曰細蘭海。」

周去非後詳記海國事者，有諸蕃志，趙汝适提舉福建路市舶時所作，乃親詢海國之事於賈胡，復雜採史傳類書及前人撰述而成者也。所採錄者以嶺外代答之記載爲最多。前有自序，（註一一）後題寶慶元年九月日朝散大夫提舉福建路市舶趙汝适序，則其書成於一二二五年矣。所記既出耳聞，非本親歷，故所述諸國編次先後漫無條理，然其記事在宋史之前，頗足以資參證。茲僅取其所記之海國地名，考其現在方位。（註一二）列舉之先後，自東而西，首列大陸沿岸諸國邑，次列海中諸島。

（一）占城，今安南中圻，土名占波（Campa），國都號新州，今歸仁也。屬國有舊州，烏麗，日麗，越裏，微芮，賓疃龍，烏馬拔，弄容，蒲羅甘兀，亮寶，毗齊。舊州在今茶蕎，賓疃龍乃梵名 Pāṇḍuraṅga 之對音，今藩籠省地，餘皆無考。

（二）眞臘「接占城之南，東至海，西至蒲甘（Pagan），南至加羅希（Grahi），自泉州舟行，順風月餘日可到，其地約方七千餘里，國都號祿兀（Angkor）。」（註一三）「登流眉，波斯蘭，羅斛，三濼，眞里富，麻羅問，綠洋，吞里富，蒲甘，窊裏，西棚，杜懷潯番，皆其屬國也。」準是觀之，宋時之眞臘較今柬埔寨（Kamboja）之地爲廣：羅斛（Lavo）蒲甘旣爲其屬國，而國境南至加羅希，則據有暹羅緬甸之南部與馬來半島之北部矣。

（三）登流眉國。「在眞臘之西，」舊考位置此國於馬來半島之 Ligor，疑爲宋史丹眉流之倒誤，然則與單馬令爲一國矣。

（四）單馬令國，梵名 Tāmbraliṅga 之對音也，又日囉亭國，Yiruḍiṅgan 之對音也，在加羅希之南。

（五）凌牙斯國(註一四)卽古之狼牙修，「自單馬令風帆六晝夜可到，亦有陸程。」此國亦在馬來半島，已見前考。

（六）佛囉安國，「自凌牙斯加四日可到，亦可遵陸。」其鄰蓬豐（Pahang）登牙儂（Trenganu）吉蘭丹（Kelantan）。」舊考此國在 Beranang 地處馬來半島西部。

（七）蒲甘國，卽今 Pagan。據大食人之記載，此國之境界與榜葛剌（Bengale）迦摩縷波

(Assam)兩國爲鄰。

(八)注輦國，梵文作 Coḷa，阿剌璧語作 Cūligyān，又作鎖里(Suli)，又作馬八兒 (Ma'abar)，葡萄牙文作 Choromandel，荷蘭文作 Coromandel。附見之鵬茄囉國，應是明代之榜葛剌 (Bangala, Bengale)。此國古稱鴦伽 (Anga)，(註一五) 一轉爲 Vanga，再轉爲今名 Bangala。

(九)南毗國「在西南之極，自三佛齊便風月餘可到。」舊考謂南毗即麻囉拔(註一六)一帶，而南毗是 Namburi (註一七)之對音。「故臨、胡茶辣、甘琶逸、弼離沙、麻囉華、馮牙囉、麻哩抹、都奴何啞哩喏嗷囉囉哩，皆其共種國也。其國最遠，番舶罕到。」案故臨指 Kūlam (Quilon)；胡茶辣指 Guzerat，甘琶逸指 Cambay，大食語名 Kambāyat；麻囉華指 Malava (Malwa)，馮牙囉或爲 Mangalore；麻哩抹或爲 Malabar；弼離沙未詳；麻哩抹以下國名應有訛誤，要必包括有明代載籍著錄之下里 (Hili) 狠奴兒 (Honore) 二國。「故臨國自南毗舟行，順風五日可到。泉舶四十餘日到藍里住冬，至次年再發，一月始達。……每歲自三佛齊(Palembang)監篦(Kampar）吉陀（Kedah）等國發船博易。」

（十）胡茶辣國卽 Guzerat，大唐西域記卷十一之瞿折羅國也。

（十一）弼斯囉國卽 Basra，賈耽之末羅也。

（十二）甕蠻國今 Oman 也。

（十三）麻嘉國今 Mekka 也。

（十四）層拔國非洲沿岸之 Zanzibar 也。

（十五）弼琶囉國卽 Berbera，今 Somali 沿岸也。

以上皆爲南海及印度洋沿岸之陸地國名，以下爲島國。

（十六）三嶼「乃麻逸（Mait）之屬，曰加麻延巴姥酉巴吉弄等各有種落，散居島嶼，船舟至則出而貿易，總謂之三嶼。」案麻逸指菲律賓，加麻延應是 Calamian；巴姥酉疑爲巴老萬之誤，則爲 Palawan 之對音；與此二島相鄰之大島祇有 Busuanga 可以當之，則巴吉弄傳寫亦有訛誤矣。

（十七）麻逸國「在渤泥之北。」案渤泥指 Borneo，麻逸是 Mait 之對音，猶言黑人之國，指菲律賓羣島中之 Mindaro 島。「三嶼，白蒲延（Babuyan），蒲里嚕（Polillo），里銀東流新里漢等皆其屬也。」諸屬地中祇有兩名可考，餘名應有訛誤，其中或有呂宋（Luzon）之古譯也。

（十八）渤泥國「在泉之東南，去闍婆（Java）四十五日程，去三佛齊（Palembang）四十日程，去占城（Campa）與麻逸（Mindaro）各三十日程，皆以順風為則。」渤泥即 Borneo 島，核以距離，王居應在島之東北，殆為 Brunei 歟？附見之馬喏居島應是明史之美洛居（Maluccas）羣島。

（十九）闍婆國「又名莆家龍（Pekalongan），於泉州為丙巳方，率以冬月發船，蓋藉北風之便，順風晝夜行月餘可到。東至海，水勢漸低，女人國在焉；愈東則尾閭之所泄，非復人世；泛海半月至崑崙國（Goron?）。南至海三日程，泛海五日（註一八）至大食國。西至海四十五日程。北至海四日程。西北泛海十五日至渤泥國，又十日至三佛齊國，又七日至古邏國，又七日至柴歷亭，抵交趾，達廣州。」案莆家龍在今爪哇島北岸，當時商船所聚或國王所居疑在此處。

（二十）蘇吉丹「即闍婆之支國，而接新拖（Sunda），東連打板（Tuban）。」此國應在爪哇島之中部，然亦有考證其爲 Sukadana 之對音，而位置在渤泥島北部或蘇門答剌島之東北者。屬國中可考者曰打板(Tuban)，曰戎牙路(Jangala)，曰麻篱(Bali)，曰底勿(Timor)。丹戎武囉亦作丹重布囉，乃梵語 Tonjongpura 之對音，爪哇人以名渤泥島，然南海中以此爲名者甚衆，未能必其是也。屬國中之琶離疑是麻篱之同名異譯；孫他疑是新拖之同名異譯；故論疑是崑崙之同名異譯。

（二十一）新拖國似在爪哇西部。

（二十二）三佛齊「間於眞臘闍婆之間，(註一九)管州十有五。在泉之正南，冬月順風月餘方至凌牙門(Liṅga)。」「蓬豐(Pahang)登牙儂(Trenganu)凌牙斯加(Laṅkāsuka)吉蘭丹(Kelantan)佛羅安(Beranang)日羅亭(Yirudiṅgan)潛邁(Khmer?)拔沓(Battaks)單馬令(Tāmbraliṅga)加羅希(Grahi)巴林馮(Palembang)新拖(Sunda)監篦(Kāmpar)藍無里(Lāmurī)細蘭(Ceylan)皆其屬國也。」(註二〇)「東接戎牙路」「原註云或作重迦盧(Jangala)。」案戎牙路昔在爪哇東部，今蘇兒把牙(Surabaya)區內。

（二十三）監篦國「其國當路口，舶船多泊此，從三佛齊國風帆半月可到。舊屬三佛齊，後因爭戰，遂自立爲王。……五日水路到藍無里國。」案此國卽爪哇史書中之 Kāmpe，今之 Kāmpar。

（二十四）藍無里國「北風二十餘日到南毗管下細蘭國。」案此國昔在蘇門答剌西北啞齊（Achin）岬附近，昔日海船必經之要港也。大食人昔稱蘇門答剌全島爲 Al-Ramni，舊譯藍里或本於此。

（二十五）晏陀蠻國「自藍無里去細蘭國，如風不順，飄至一所地名晏陀蠻，海中有一大嶼，內有兩山，一大一小，」案 Andaman 島之名首見於此。

（二十六）細蘭國「自藍無里風帆將至其國，必是電光閃爍，知是細蘭也。……歲進貢於三佛齊。」案師子國之別名 Sīlan，舊譯名似以此細蘭爲最古。附見之細輪疊山，亦錫蘭山之別譯，蓋從大食語名 Sirandib 轉出者也。（註二）

（註一）見大唐西域記卷十。

（註二）Drāviḍa 亦作（Dramida），轉作（Damila），故今名此族曰（Tamil）或 Tamoul 也。

（註三）參看本書上編第一章。

（註四）舊唐書卷一九八天竺傳云：天授二年（六九一，册府元龜卷九七〇作天授三年）南天竺王遮婁其拔羅婆並來朝，即指此國也。

（註五）見 Tanjore 此王紀功碑。參考 Epigraphia Indica 第九至十一卷（一九〇七至一九一二年刊）。Kelhorn, Jacobi, Sewell, 諸氏所撰關於注輦般茶朝代諸論文。

（註六）參看費鄉崑崙及南海古代航行考漢譯本一〇五至一一〇頁。

（註七）此處大秦疑指南印度之 Daksināpatha，此言南土今作(Dékhan)者是已。

（註八）去非所聞似不盡爲大食人之說，去非百餘年前報達（Bagdad）人馬蘇的 Mas'ūdī 撰金珠原（一八六一年法文譯本）謂自西至東有七海：曰波斯海，即今波斯灣；曰剌兒海（Lārwī），即今阿剌壁海；曰哈兒康海（Harkand），即今榜葛剌(Bengale)灣；曰箇羅海（Kalah），即今馬來半島東岸與晏陀蠻（Andaman）翠藍嶼（Nicobar）羣島間之海；曰軍徒弄海（Kundrang），指暹羅灣；曰古波海，指今南海西部；曰漲海(Čanikhay)，指今南海東部。去非所謂東大食海乃指阿剌壁海，西大食海殆指地中海矣。

（註九）觀此足見當時注輦無舟直達中國，須繞道而至故臨，然則注輦使臣娑里三文所歷之娑里西蘭山得爲錫蘭山，而娑里二字應是阿剌壁語名注輦人之別稱 Suli 之對音，即瀛涯勝覽所謂鎖里者是已。十一世紀上半葉中，注輦王曾侵入錫蘭，奪取般茶國寶物，因名錫蘭曰娑里西蘭，表示其爲屬國歟？

（註一〇）陁盤地國無考，傳寫應有訛誤，當時波斯灣之海港有 Ubollah, Basra, Siraf, 諸港，而宋代來中國之商人，以來自 Siraf 港者爲最多。桯史卷十一謂：泉州蕃客有名尸羅圍者，諸蕃志卷上大食國條謂有番商曰施那幃，大食人也，皆人以地名。參看桑原隲藏撰唐宋貿易港研究一七至四六頁。

（註一一）此序函海本及學津討源本並闕，惟見藝風藏書記卷三略云：「汝适被命此來，暇日閱諸蕃圖，有所謂石床長沙之險，交洋竺嶼之限，問其志則無有焉。迺詢諸賈胡，俾列其國名，道其風土，與夫道里之聯屬，山澤之蓄產，譯以華言，芟其穢渫，存其事實，名曰諸蕃志。」

（註一二）德國 F. Hirth 同美國 W. W. Rockhill 有合譯本，寫以英文，一九一二年在聖彼得堡出版。惟譯本考證不無舛誤，茲僅擇取其可從者著於篇。

（註一三）參看西域南海史地考證譯叢一二〇至一二三頁。

（註一四）後亦作凌牙斯加，古爪哇語對音作 Laṅgkāsuka。

（註一五）鴦伽國名見正法念處經，參看烈維正法念處經閻浮提洲地誌勘校錄十頁。

（註一六）大唐西域記卷十秣羅矩吒(Malakuta)「國南濱海，有秣剌耶(Malaya)山。」其地因山得名，故梵名秣剌邪婆羅(Malayavāra)猶言秣剌邪國，大食人轉爲 Malaya-bār 歐羅巴人又省稱爲 Malabar，印度西岸之稱也。

（註一七）瀛涯勝覽柯枝（Cochin）條云：「國有五等人，一等名南昆，」此南昆在張昇改訂本中作南毘，則爲國中一

（註一八）五日泛海至大食，應有脫文，否則此大食應指南海中之一大食國。

（註一九）案三佛齊卽室利佛逝時與眞臘分領馬來半島之南北兩部，故此云間於眞臘闍婆之間。

（註二〇）參看費瑯蘇門答剌古國考八至十一頁。

（註二一）細蘭國無專條，此條附見藍無里國後。

第九章　元代之南海

元代海上交通頻繁盛時至置泉州、上海、澉浦、温州、廣東、杭州、慶元市舶司七所以通諸番貨易，（註一）復用兵於安南、緬甸、占城、爪哇諸國使臣往來不絕於道皆非前代之所能及也。惟交通之事不盡經載籍著錄茲僅取其重大者述之：（一）楊庭璧之使馬八兒俱藍等國；（二）史弼等之征爪哇；（三）周達觀之隨使招諭眞臘；（四）汪大淵之附舶歷遊南海。

世祖至元間行中書省左丞唆都等奉璽書十通招諭諸蕃。未幾占城（Campa）馬八兒（Ma'abar, Coromandel）國俱奉表稱藩。餘俱藍（Kūlam, Quilon）諸國未下。行省議遣使十五人往諭之帝曰：非唆都等所可專也若無朕命不得擅遣使。十六年（一二七九）十二月，遣廣東招討司達魯花赤楊庭璧招俱藍；十七年（一二八〇）三月至其國國主令其弟書回回字降表附庭璧以進，約來歲遣使入貢。十月授哈撒兒海牙俱藍國宣慰使偕庭璧再往招諭。十八年（一二八一）

正月自泉州入海，行三月抵僧伽那山(Singhala, Ceylan)舟人以阻風乏糧，勸往馬八兒國，或可假陸路以達俱藍國，從之。四月至馬八兒國新村馬頭登岸，其國宰相私言今算彈 (Sultan) 兄弟五人皆聚加一 (Cail, Kayal) 之地，議與俱藍交兵，及聞天使來，對衆稱本國貧陋，此是妄言；凡回回國金珠寶貝盡出本國，其餘回回盡來商賈，此間諸國皆有降心，若馬八兒既下，我使人持書招之，可使盡降。時哈撒兒海牙與庭壁以阻風不至俱藍，遂還；哈撒兒海牙入朝計事，期以十一月俟北風再舉。至期朝廷遣使令庭壁獨往，十九年（一二八二）二月抵俱藍國，國主及相迎拜璽書；三月遣其臣入貢，時也里可溫 (ärkä'ün) 兀咱兒撒里馬及木速蠻 (musulman) 主馬合麻等亦在其國，聞詔使至，皆相率來告，願納歲幣，遣使入覲；會蘇木達(Sūmūtra)國亦遣使因俱藍主乞降，庭壁皆從其請。四月還至那旺國(Nicobar?)，庭壁復說下其主；至蘇木都剌 (Sūmūtra) 國，國主亦納款，遣其臣入朝。二十年（一二八三）馬八兒國遣使入朝，五月將至上京，帝卽遣使迓諸途。二十三年（一二八六）海外諸蕃國以楊庭壁奉詔招諭，至是皆來降，諸國凡十，曰馬八兒 (Ma'abar)，曰須門那(Sūmanāt)，曰僧急里(Cranganore)，曰南無力 (Lāmurī)，曰馬蘭丹，曰那旺(Nicobar?)，曰丁呵兒(Trenganu)，曰來來(Lata, Lar)，曰急蘭亦䚟(Kelantan?)，曰蘇木都剌(Sūmūtra)遣使貢方物。(註二)

元代用兵海外諸蕃，惟爪哇之役爲大。初室利佛逝國勢強時，南海諸國多爲屬國，爪哇島西部久在役屬之列，島中諸士酋多徙處東部。九二五年前後，士酋名蒲辛多(Mpu Sindok)者，在今Brantas境內首建一重要王國，傳至一〇三五年頃，後裔名愛兒棱加(Airlaṅga)者在位時，分國於二子：一曰戎牙路(Jaṅgala)，在今蘇兒把牙(Surabaya)一帶；一曰葛的里(Kediri)，亦稱答哈(Daha)。十三世紀初年，有酋長名更安格羅(Ken Angrok)者，奪據戎牙路國土，一二二二年時，又併葛的里國，建設杜馬班(Tumapel)王國。末王葛達那加剌(Kertanagara)時，驅室利佛逝人於島外，並佔據蘇門答剌島。一二九二年，葛的里總督札牙迦端(Jayakatwan)叛，殺杜馬班王，元世祖適在斯時用兵爪哇。(註三)

至元二十九年(一二九二)二月，世祖因爪哇黥詔使孟琪面，詔福建行省除史弼亦黑迷失高興平章政事，征爪哇，弼總軍事，亦黑迷失總海道事，會福建江西湖廣三行省兵凡二萬，發舟千艘，給糧一年。十一月三省軍會泉州，十二月自後渚啓行，風急濤湧，舟掀簸，士卒皆數日不能食。過七洲洋，萬里石塘，軍次占城，先遣使諭降南巫里（Lāmurī）速木都剌（Sūmūtra）不魯不都（Pulo Buton?）八剌剌（Perlak）諸小國。明年（一二九三）正月至東董西董山，牛崎嶼，入混沌大洋，橄欖嶼，假里馬答（Karimata），勾闌等山（註四）駐兵伐木造小舟以入。時爪哇國王葛達那加剌已爲札牙迦端（元史作葛郎主哈只葛當）所殺，王婿羅登必闍耶（Raden Vijaya）（即元史之土罕必闍耶）攻札牙迦端不勝，退保麻喏八歇（Majapahit）。（註五）史弼等進至杜並（Tuban）（註六）分軍下岸，水陸並進，弼率水軍自杜並由戎牙路港口至八節澗（Pachekan?），高興亦黑迷失等率馬步軍自杜並陸行，遣軍乘鑽鋒船由戎牙路於麻喏八歇浮梁前進赴八節澗。羅登必闍耶遣使以其國山川戶口及地圖迎降求救。三月一日會軍八節澗，澗上接杜馬班王府，下通莆奔大海，乃爪哇咽喉必爭之地，分軍鎮之。大軍方進，羅登必闍耶遣使來告，札牙迦端追殺至麻喏八歇，請官軍救之。同月七日札牙迦端兵三路攻羅登必闍耶。八日黎明，亦黑迷失等迎敵於西南，不遇；高興等由東南路與敵戰，殺數百人，餘奔潰山谷，日中西南路敵又至，興再戰至晡，又敗之。十五日分軍爲三道，伐葛的里，期十九日會答哈，聽礮聲接戰。水軍泝流而上，亦黑迷失等由西道，興等由東道進，羅登必闍耶軍繼其後。十九日至答哈，國主以兵十餘萬交戰自卯至未，連三戰，敵敗奔潰，擁入河，死者數萬人，殺五千餘人；國主入內城拒守，官軍圍之，且招其降，是夕國主出降，撫諭令還。四月二日遣羅登必闍耶還其地，具入貢禮，以萬戶二人率兵二百護送。十九日羅登必闍耶背叛逃去，留軍拒戰，乘大軍還，夾路攘奪。弼自斷後，且戰且行，行三百里，二十四日得登舟，舟行六十八日，夜達泉州，士卒死者三千餘人，得札牙迦端妻子官屬百餘人，俘獲金寶香布直五十餘萬，並南沒理（Lāmurī）國所上金字表及金銀犀象等物進獻。（註七）元軍既還，羅登必闍耶建立麻喏八歇帝國，迄於十五世紀末年，斥地至於蘇門答剌馬來半島與馬來羣島東部諸地。（註八）

眞臘即今之柬埔寨（Kamboja），古之扶南，元代似未入貢中國，中國曾屢遣使招諭其王歸附。元史卷十六至元十八年（一二八一）十月，詔諭干不昔國來歸附；元史卷十七至元二十九年（一二九二）七月，阿里（Ali）願自修船同張存從征爪哇軍往詔占城干不察；元史卷二一〇至元十九年（一二八二）十二月，招眞臘國使速魯蠻（Sulayman）請往招諭占城。案干不昔干不察並是 Kamboja 之同名異譯，至元十八年（一二八一）之使臣疑卽速魯蠻，此招諭眞臘事之見諸紀傳者也。元貞元年（一二九五）六月，成宗又遣使招諭眞臘，有周達觀者從行，次年發明州，大德元年（一二九七）使還，達觀記所聞見而成眞臘風土記一書，元史未立眞臘傳，是年遣使事亦未見本紀著錄，此記可補元史之佚闕也。全書凡四十則，玆僅錄總敍於後。

「眞臘國或稱占臘，其國自稱曰甘孛智（Kamboja），今聖朝按西番經，名其國曰澉浦只，蓋亦甘孛智之近音也。自溫州開洋，行丁未針，歷閩廣海外諸州港口，過七洲（Paracels）洋，經交趾（Tonkin）洋到占城；又自占城順風可半月到眞蒲，乃其境也。又自眞蒲行坤申針，過崑崙（Pulo-Condor）洋，入港；港凡數十，惟第四港（Mytho）可入，其餘悉以沙淺故不通巨舟，然而彌望皆修藤古木黃沙白葦，倉卒未易辨認，故舟人以尋港爲難事。自港口北行，順水可半月，抵其地曰查南（Kampon Chhnan），乃其屬郡也。又自查南換小舟，順水可十餘日，過半路村佛村（Porsat）渡淡洋（Toulé-sap），可抵其地曰干傍（Kampon），取城五十里。按諸蕃志稱其地廣七千里，其國北抵占城半月路，西南距暹羅半月程，南距番禺（註九）十日程，其東則大海也，舊爲通商來往之國。聖朝誕膺天命，奄有四海，唆都元帥之置省占城也，嘗遣一虎符百戶一金牌千戶，同到本國，竟爲拘執不返。元貞之乙未（一二九五）六月，聖天子遣使招諭，俾余從行。以次年丙申（一二九六）二月離明州，二十日自溫州港口開洋，三月十五日抵占城，中途逆風不利，秋七月始至，遂得臣服。至大德丁酉（一二九七）六月回舟，八月十二日抵四明泊岸。其風土國事之詳，雖不能盡知，然其大略亦可見矣。」（註一〇）

元人南海行紀，今傳世者僅有汪大淵島夷志略一書。大淵字煥章，南昌人，始末未詳，據卷首至正己丑（一三四九）三山吳鑒序，知其人在至正時常附海舶浮海，越數十國，紀所聞見而成此書。此書久無刻本，今所見者有三本：一爲四庫全書所錄之天一閣本，一爲丁氏善本書室本，一爲知服齋叢書本，並錯訛難讀。今人註釋者有三家：一爲沈曾植之島夷志略廣註，一爲日本人藤田豐八之島夷志略校注，一爲美國人 Rockhill 之譯註（見一九一四年通報），然皆不無疏舛。全書著錄之島夷凡九十九條，茲僅著錄南海中今地之可考者於後，其考證訛誤者不錄。

三島，即諸蕃志之三嶼，在今菲律賓羣島中。

也。

麻逸，亦見諸蕃志，文獻通考四裔考闍婆條作摩逸，乃 Mait 之對音，今 Mindoro 島之故名

龍涎嶼，殆指今之 Bras 島。

交阯，今安南北圻及中圻北部。

占城，今安南中圻及南圻地。

民多朗，應是嶺外代答之賓陁陵，在賓童龍附近。

賓童龍，嶺外代答作賓瞳朧，皆是 Pāṇḍuraṅga 之對音，今安南藩籠省地也。

眞臘，今柬埔寨。

丹馬令，卽諸蕃志之單馬令，卽 Tāmbraliṅga 之對音，在馬來半島南部。

麻里嚕，疑是諸蕃志之蒲里嚕，或指呂宋本島東岸之 Polillo，然未能必其是也。

彭坑，卽諸蕃志之蓬豐，今馬來半島之 Pahang。

吉蘭丹，並見諸蕃志，今馬來半島之 Kelantan。

丁家盧，諸蕃志作登牙儂，今馬來半島之 Trenganu。

羅斛，今暹羅南部之 Lophuri。

八節那間，應是元史爪哇傳之八節㵎，那字疑衍。

三佛齊，應指 Jambi，在蘇門答剌島中。

渤泥，首見樊綽蠻書，宋史作勃泥，諸蕃志作渤泥，一作佛泥，今 Borneo。

暹，今暹羅北部。

爪哇，今爪哇島，本條之門遮把逸，即元史爪哇傳之麻喏巴歇，史弼傳之麻喏八歇，瀛涯勝覽之滿者伯夷，均 Majapahit 之同名異譯。

重迦羅，諸蕃志並作戎牙路 (Jańgala)。本條之杜瓶，諸蕃志作打板，元史爪哇傳作杜並足，今 Tuban。

文誕，疑是 Bandan 之對音，指今 Banda。

蘇祿，指今 Sulu，蘇祿譯名首見此書。

龍牙犀角，梁書作狼牙脩，諸蕃志作凌牙斯加，此外尚有其他譯名，並是 Laṅkāsuka 之對音，在今馬來半島北部。

舊港，諸蕃志作巴林馮，今 Palembang。

班卒，諸蕃志作賓窣，皆 Pansūr 或 Fansūr 之譯名，在今蘇門答剌之 Barus。

假里馬打，元史史弼傳作假里馬答，今 Karimata。

文老古，明譯作美洛居，今 Moluccas，此島名首見於是書。

古里地悶，疑是吉里地悶之誤，乃 Gili Timcr 之對音，吉里猶言島也。

龍牙門，諸蕃志作凌牙門(Liṅga)，星加坡之舊海岬也。單馬錫(Tumasik)即星加坡之舊稱。

崑崙山，又名軍屯山，即 Pulo Condore。

東西竺，即 Pulo Aor，此言竹島。

急水灣，在啞齊 (Acheh, Achin) 附近。

淡洋，今 Tamyang，元史世祖至元三十一年本紀作毯洋。

須文答剌，元史作速木都剌(Sūmūtra)，今 Pase 河上之 Samudra 村。

僧加剌，元史作信合納，皆 Singhala 之同名異譯，今錫蘭島也。

勾欄山，元史作勾闌，今 Gelam。

班達里，元史卷九四市舶條禁海商以細貨於馬八兒（Ma'bar）唄喃（Kūlam）梵答剌亦納(Fandaraina)三番國交易，此梵答剌亦納與班達里皆同名異譯，國在印度西岸。

喃哑哩，諸蕃志作藍無里，元史作南巫里，皆 Lambri 或 Lāmurī 之對音。

北溜，即 Maldives 羣島，瀛涯勝覽作溜山國。

下里，即 Hīlī，在今印度西岸之 Cannanore，其城今已無存。

高郎步，在小唄喃條中作高浪阜，均 Colombo 之對音。

大佛山，界於迓里(Galle)高郎步(Colombo)之間，應是今之 Dondera Head。

須文那，元史馬八兒傳作須門那，即 Sumānāt，今 Somnath。

小唄喃，即 Kūlam，今 Quilon。

古里佛，即明史之古里，今 Calicut。

朋加剌，即 Bangala（Bengal），明史作榜葛剌。

萬年港，疑即渤泥（Borneo）島中之 Brunei，明史作文萊。

馬八兒，即 Ma'bar 今 Coromandel。

天堂，西使記作天房國，即默伽（Mekka）。

層搖羅，應從沈氏廣證之說改作層拔羅，即諸蕃志之層拔國，今非洲沿岸之 Zangibar 也。

甘埋里，疑指印度南端之 Comari，梵文原作 Kumari。

羅婆斯，殆指今之翠藍嶼（Nicobar），大食人名此島曰 Laṅgabālūs，藤田謂羅婆斯疑爲婆羅斯（Balūs）之倒誤，亦足以備一說。

烏爹，殆爲西域記之烏茶（Udra），今之 Orissa 也。

（註一）見元史卷九十四市舶門。

（註二）見元史卷二一〇馬八兒等國傳。

（註三）見 Grousset, Histoire de l'Extrême-Orient, t. I, pp. 158—159

（註四）此勾闌山疑是 Gelam 之對音。

（註五）此麻喏八歇在蘇兒把牙之西南，葛的里之東北，後士罕必闍耶建國，即以此地爲國名，瀛涯勝覽作滿者伯夷。

（註六）元史爪哇傳作杜並足，足字疑衍。

（註七）參看元史卷一三一亦黑迷失傳，又卷一六二史弼高興傳，卷二一〇爪哇傳。

（註八）見本章註三引遠東史第一册一五九至一六〇頁。

（註九）番禺二字疑誤，抑有脫文。

（註一〇）參看史地叢考續編四八至一〇四頁眞臘風土記箋註；西域南海史地考證譯叢續編一三三至一三九頁眞臘風土記補註。

第十章　鄭和之下西洋

今日南海以西之地，今名曰印度洋或南洋者，昔概稱曰南海或西南海，惟於暹羅灣南之海特名曰漲海而已。（註一）至於明初則名之曰西洋，故明史卷三二三婆羅傳云：「婆羅（Borneo）又名文萊（Brunei），東洋盡處，西洋所自起也。」耶穌會士東來，又名歐羅巴洲或葡萄牙國爲大西洋，印度或臥亞（Goa）曰小西洋。自古迄今，其名凡三變。明初洪武永樂間奉使西洋之行人中官爲數甚衆，而其名最顯者則爲鄭和，卽俗傳三寶太監或三保太監者是已。（註二）

和姓馬氏，世爲雲南昆陽州人，其先殆爲元初從西域徙居雲南者；永樂時賜姓鄭，爲內官監太監。（註三）成祖欲耀兵異域，示中國富強，命和及其儕王景弘等通使西洋，自永樂三年至宣德七年，和等先後七奉使，歷南海及印度洋沿岸凡三十餘國。隨使者有會稽人馬歡，太倉人費信，應天人鞏珍。玆三人者，歸誌其事，各撰一書；鞏珍西洋番國志已佚而不傳，馬歡瀛涯勝覽費信星槎勝覽尙存。

（註四）參以明實錄明史紀傳，茅元儀武備志載下西洋地圖，及其他明人所撰外紀類之撰述，足以考見鄭和下西洋之盛事也。（註五）

近人研究鄭和下西洋事者，以伯希和之鄭和下西洋考爲最詳，然於明實錄（註六）及新發現之碑文概未徵引，故於鄭和七次下西洋年月多仍明史紀傳之誤。今考錢穀吳都文粹續集第二十卷載婁東劉家港天妃宮石刻通番事蹟記及長樂三峰塔寺石刻天妃靈應記（註七）乃知實錄與明史皆不及碑文之詳確。特重爲考訂於下方。

鄭和第一次奉使在永樂三年（一四〇五）六月己卯，業經明史本紀著錄，核以祝允明前聞記於所載第七次下西洋年月，寶船自劉家河出發之時應在秋後，則明史所著錄者乃奉詔年月，而非出發年月矣。明史鄭和傳云：是年「六月命和及其儕王景弘等通使西洋。將士卒二萬七千八百餘人，多齎金幣，造大舶，修四十四丈，廣十八丈者六十二，自蘇州劉家河泛海至福建。復自福建五虎門揚帆，首達占城，以次徧歷諸番國，宣天子詔，因給賜其君長，不服則以武懾之。五年（一四〇七）九月和等還，諸國使者隨和朝見；和獻所俘舊港（Palembang）酋長，帝大悅，爵賞有差。舊港者，故三佛齊國也，其酋陳祖義剽掠商旅，和使使招諭，祖義詐降，而潛謀邀劫，和大敗其衆，禽祖義，獻俘，戮於都市。」南山寺碑云：「永樂三年統領舟師至古里（Calicut）等國，時海寇陳祖義聚衆三佛齊國，劫掠番商，亦來犯我舟師，即有神兵陰助，一鼓而殄滅之；至五年迴。」則知是役和在永樂三年奉使，永樂五年還京師，然明史及碑文均未明著還京月日。考明實錄卷七一：「永樂五年九月壬子，太監鄭和使西洋諸國還，械至海賊陳祖義等。鄭和至舊港遇祖義等，遣人招諭之，祖義詐降，而潛謀邀劫官軍，和等覺之，整兵隄備。祖義率衆來劫，和出兵與戰，祖義大敗。殺賊黨五千餘人，燒戰船十艘，獲其七艘，及僞銅印二顆，生擒祖義等三人。既至京師，並悉斬之。——蘇門答剌，古里，滿剌加，小葛蘭（Quilon），阿魯(Aru)等國王遣使比者牙滿黑的等來朝貢方物。」又知鄭和還京月日在永樂五年九月初二壬子，而其所歷之地遠至印度西岸。

鄭和第二次奉使，明史鄭和傳謂在永樂六年（一四〇八）九月，然據明史本紀云：「永樂五年（一四〇七）九月癸亥（陰歷十三日）鄭和復使西洋。」又南山寺碑云：「永樂五年，統領舟師，往爪哇、古里、柯枝、暹羅等國，王各以珍寶珍禽異獸貢獻，至七年迴。」碑載第二次奉詔之年與明史本紀合，則和於五年九月初二日還京，同月十三日復奉詔使西洋。明實錄對於此次使西洋事雖無著錄，然卷七一云：「九月乙卯（初五日）命都指揮汪浩改造海運船二百四十九艘，備使西洋諸國，」足以間接證明第二次下西洋奉詔時在五年九月，而明史鄭和傳文有脫漏也。

鄭和第三次奉使，卽鄭和傳之第二次奉使，傳謂在永樂六年（一四〇八）九月。本紀云：「永樂六年九月癸亥鄭和復使西洋。」實錄卷八三云：「九月癸酉太監鄭和賷勅使古里，滿剌加，蘇門答剌，阿魯，加異勒（Kayal），爪哇，暹羅，占城，柯枝，阿撥把丹，小柯蘭（Quilon），南巫里，甘巴里（Koyampadi?）諸國，賜其王錦綺紗羅。」南山寺碑云：「永樂七年（一四〇九）統領舟師往前各國，道經錫蘭山國（Ceylan）其王亞烈苦奈兒（Alagakkonāra）負固不恭，謀害舟師，賴神顯應知覺，遂生擒其王，至九年（一四一一）歸獻，尋蒙恩宥，俾歸本國。」明史與實錄干支微有不合，第三次奉詔使西洋事要在六年九月，復證以南山寺碑，知寶船出發時似在次年春季也。鄭和是役還京年月，明史本紀及明實錄並作永樂九年六月乙巳。實錄卷一一六云：「乙巳，內官鄭和等使西洋諸番國還，獻所俘錫蘭山國王亞烈苦奈兒並其家屬。和等初使諸番至錫蘭山，亞烈苦奈兒侮慢不敬，欲害和，和覺而去。亞烈苦奈兒又不輯睦鄰國，屢邀刼其往來使臣，諸番皆苦之。及和歸，復經錫蘭山；遂誘和至國中，令其子納顏索金銀寶物，不與，潛發番兵五萬餘刼和舟，而伐木拒絕，絕和歸路，使不得相援。和等覺之，卽擁衆回船，路已阻絕。和語其下曰：賊大衆既出，國中必虛，且謂我客軍孤怯，不能有為，出其不意攻之，可以得志。乃潛令人由他道至船，俾官軍盡死力拒之；而躬率所領兵二千餘，由間道急攻王城，破之，生擒亞烈苦奈兒並家屬頭目。番軍復圍城，交戰數合，大敗之，遂以歸。羣臣請誅之，上憫其愚無知，命姑釋之，給與衣食，命禮部議擇其屬之賢者立為王，以承國祀。」考舊鈔本星槎勝覽卷首載費信隨使年月，信此次曾在行中，據云「一於永樂七年（一四〇九）隨正使太監鄭和等往占城、爪哇、滿剌加、蘇門答剌、錫蘭山、小唄喃、柯枝、古里等國開讀賞賜，至永樂九年（一四一一）迴京。」較之前引實錄所列國名，少阿魯、加異勒、暹羅、阿撥把丹、(註八)南巫里、甘巴里六國。考明史暹羅、南巫里、加異勒、甘巴里等傳皆著錄有鄭和是役使諸國之文，殆因費信著錄之國名未全，抑蒞此六國者為分䑸歟？

鄭和第四次奉使，明史本紀作永樂十年（一四一二）十一月丙辰，案是年十一月無丙辰，應是丙申之誤。明實錄卷一三四云：「永樂十年十一月丙申，遣太監鄭和等賫勅往賜滿刺加、爪哇、占城、蘇門答刺、阿魯、柯枝、古里、南渤利（Lambri）、彭亨（Pahang）、急蘭丹（Kelantan）、加異勒、忽魯謨斯（Ormuz）、比刺（Brawa?）、溜山（Maldives）、孫刺（Sunda?）諸國王錦綺紗羅綵絹等物有差。」又卷一六六云：「永樂十三年（一四一五）七月癸卯，鄭和等奉使西洋諸番國還。」與明史本紀記錄年月日合。南山寺碑云：「一永樂十一年（一四一三）統領舟師往忽魯謨斯等國。其蘇門答刺國，有僞王蘇斡刺寇侵本國，其王宰奴里阿比丁遣使赴闕陳訴；就率官兵剿捕，賴神默助，生擒僞王至十三年歸獻。是年滿刺加國王親率妻子朝貢。」碑載之年乃出發年，故較實錄晚一年。擒蘇幹刺或蘇斡刺事，實錄卷一八六記載較詳。據云：「永樂十三年（一四一五）九月壬寅，蘇門答刺國王宰奴里阿必丁遣王子刺查加那因等貢方物。太監鄭和獻所俘蘇門答刺賊首蘇幹刺等。初和奉使至蘇門答刺，賜其王宰奴里阿必丁綵帛等物。蘇幹刺乃前僞王弟，方謀弑宰奴里阿必丁以奪其位；且怒使臣賜不及己，領兵數萬邀殺官軍。和率衆及其國兵與戰，蘇幹刺敗走，追至南渤利國，並其妻子俘以歸。至是獻於行在，兵部尚書方賓言蘇幹刺大逆不道，宜付法以正其罪；遂命刑部按法誅之。」馬歡瀛涯勝覽記載此事尤詳，其文曰：「其蘇門答剌國王，先被那孤兒（Battak）花面王侵掠戰鬬身中藥箭而死。有一子幼小不能與父報仇。其王之妻與衆誓曰：有能報夫死之讎，復全其地者，吾願妻之，共主國事。言訖本處有一漁翁奮志而言，我能報之，遂領兵衆當先殺敗花面王復雪其讎。花面王被殺，其衆退伏，不敢侵擾。王妻於是不負前盟，卽與漁翁配合，稱爲老王，家室地賦之類，悉聽老王裁制。永樂七年，效職進貢方物，而沐天恩。永樂十年，復至其國，其先王之子長成，陰與部領合謀弑義父漁翁，奪其位，管其國。漁翁有嫡子名蘇幹剌，領衆挈家逃去，鄰山自立一寨，不時率衆侵復父讎。永樂十三年正使太監鄭和等統領大䑸寶船到彼，發兵擒獲蘇幹剌，赴闕明正其罪。其王子感荷聖恩，常貢方物於朝廷。」蘇幹剌實錄作前僞王弟，馬歡作先王子，歡爲身親目擊之人，應從其說作前王子。是役也，鄭和等所歷之地不僅遠至忽魯謨斯，且抵非洲東岸麻林（Melinde）木骨都束（Mogedoxu）不剌哇（Brawa）等國。（註九）

鄭和第五次奉使年月，明史鄭和傳云：永樂「十四年（一四一六）冬滿剌加古里等十九國咸遣使朝貢，辭還；復命和等偕往賜其君長。十七年（一四一九）七月還。」本紀云：永樂「十四年十二月丁卯，鄭和復使西洋。」「十七年秋七月庚申，鄭和還。」明實錄卷一八三並著錄鄭和傳略而未詳之十九國名：「永樂十四年丁卯，古里、爪哇、滿剌加、占城、錫蘭山、木骨都束、溜山、喃渤利、不剌哇、阿丹、蘇門答剌、麻林、剌撒、忽魯謨斯、柯枝、南巫里、沙里灣泥、彭亨諸國及舊港宣慰司使臣辭還，悉賜文綺襲衣。遣中官鄭和等賫勅及錦綺紗羅綵絹等物偕往賜各國王。仍賜柯枝國王可亦里印誥，並封其國中之山爲鎮國山，上親製碑文賜之。」（註一〇）實錄所載國名喃渤利南巫里一國重見，實得十八國也。南山寺碑云：「一永樂十五年（一四一七），統領舟師往西域，其忽魯謨斯國進獅子，金錢豹，大西馬；阿丹國進麒麟，番名祖剌法，並長角馬哈獸；木骨都束國進花福祿，並獅子；卜剌哇國進千里駱駝，並駝雞；爪哇古里國進麋里羔獸。若乃藏山隱海之靈物，沉沙棲陸之偉寶，莫不爭先呈獻，或遣王男，或遣王叔王弟，賫捧金葉表文朝貢。」碑載出發年較明史實錄晚一年，與前例正同，蓋史所錄者奉勅年，而碑所記者出發年也。（註一一）

鄭和第六次奉使往返年月，明史本紀云：「永樂十九年（一四二一）春正月癸巳，鄭和復使西洋，二十年（一四二二）八月鄭和還。」（註一二）南山寺碑云：「一永樂十九年統領舟師遣忽魯謨斯等國使臣久侍京師者悉還本國，其各國王益修職貢，視前有加。」碑載出發年月與史文合，則鄭和此次奉命即出發，蓋春季東北季候風將息，不容久待也。惟讀書敏求記西洋番國志條下云：「永樂十九年十月十六日勅內官鄭和孔和卜花唐觀保：今遣內官洪保等，送各番國使臣回還，合用賞賜，即照依坐去數目關給與之，」似鄭和在十九年十月尚未出發。然此次鄭和旅行，證以明史外國傳曾遠至非洲東岸，行程恐不祇一年；疑鄭和先於十九年春率大䑸寶船出發，洪保後於同年十月率分䑸繼往。證以瀛涯勝覽天方條載宣德五年事足以推測得之。其文曰：「宣德五年，（一四三〇）欽蒙聖朝差正使太監內官鄭和等往各番國開讀賞賜，分䑸到古里國時，內官太監洪見本國差人往彼，就選差通事等七人，齎帶麝香磁器等物，附本國船隻到彼，往回一年，買到各色奇貨異寶麒麟獅子駝雞等物，並畫天堂圖眞本回京。」此太監洪某證以南山寺碑應是洪保，第七次所統者既是分䑸，想第六次亦然，未與鄭和所統大䑸同行也。

鄭和第七次旅行前尚有一役不見碑文及明史本紀記載，僅見明史鄭和傳著錄。其文曰：「永樂二十二年（一四二四）正月，舊港酋長施濟孫請襲宣慰使職，和齎勅印往賜之；比還而成祖已晏駕，洪熙元年（一四二五）二月，仁宗命和以下番諸軍守備南京，南京設守備，自和始也。」成祖晏駕，事在永樂二十二年七月辛卯，則和此行往返不過數月，殆以是役僅赴舊港，而非偏歷諸番，碑文故不列於七次旅行之內歟。案鄭和傳「南京設守備自和始」一語，亦頗可疑；明史卷八仁宗本紀云：「永樂二十二年九月戊子始設南京守備，以襄城伯李隆爲之。」卷一四六李濬傳云：「濬卒，子隆嗣，……成祖既遷都，以南京根本地，命隆留守，仁宗卽位，命鎭山海關，未幾復守南京。」則始爲南京守備者，又爲李隆，而非鄭和，此事非檢實錄不能決也。

鄭和第七次旅行，明史本紀佚載其事，惟鄭和傳云：「宣德五年（一四三〇）六月，帝踐阼歲久，而諸番國遠者猶未朝貢；於是和景弘復奉命歷忽魯謨斯等十七國而還。」南山寺碑云：「宣德六年（一四三一）仍統舟師往諸番國，開讀賞賜；駐泊茲港，等候朔風開洋。」此次旅行，詳細行程，備載祝允明前聞記中（註一三）錄誌於下，兼可考見前此六次旅行之里程也。

「宣德五年（一四三〇）閏十二月六日龍灣開舡。十日到徐山打圍，二十日出附子門，二十一日到劉家港。六年（一四三一）二月二十六日到長樂港。（註一四）十一月十二日到福斗山。十二月九日出五虎門。行十六日，二十四日到占城。七年（一四三二）正月十一日開舡。行二十五日，二月六日到爪哇斯魯馬益。(註一五)六月十六日開舡，行十一日，二十七日到舊港。七月一日開舡。行七日，八日到滿剌加。八月八日開舡。行十日，十八日到蘇門答剌。十月十日開舡。行二十六日，(註一六)十一月六日到錫蘭山別羅里。十日開舡。行九日，十八日到古里國。二十二日開舡。行三十五日，十二月二十五日到忽魯謨斯。(註一七)八年（一四三三）二月十八日開船回洋。行二十三日，三月十一日到古里。二十日大䑸船回洋。行十七日，四月六日到蘇門答剌。十二日開船。行九日，二十日到滿剌加。五月十日回到崑崙洋。二十三日到赤坎。二十六日到占城。六月一日開舡。行二日，三日到外羅山。九日見南澳山。十日晚望見望郎回山。六月(註一八)十四日到碕頭洋。十五日到碗碟嶼。二十日過大小赤。二十一日進太倉。七月六日到京。十一日關賜獎衣寶鈔。」

右錄第七次之行程，除古里忽魯謨斯一段外，皆爲「大䑸寶船」之行程：由龍灣至長樂港，由長樂港至占城，由占城到爪哇之蘇兒把牙，由蘇兒把牙到蘇門答剌之舊港或渤淋邦，由舊港到滿剌加，由滿剌加到蘇門答剌西北角之啞齊，由啞齊到錫蘭，由錫蘭到古里；歸程由古里歷經啞齊滿剌加占城等地巡航太倉。然於「分䑸」所至之國未能徧舉今考分䑸出發之地大致有五：

（一）爲昔日占城之新州，今日安南之歸仁。其航線大致有三：一爲赴渤泥島文萊（Brunei）之航線；一爲赴暹羅之航線；一爲赴爪哇島蘇兒把牙之航線。後一線應經過假里馬打（Karimata）麻葉甕（Billiton）兩島之間。大䑸寶船所循者，蓋爲此第三線，自是由蘇兒把牙歷舊港滿剌加啞魯而至蘇門答剌島西北之蘇門答剌港。

（二）爲蘇門答剌港，今Pase河上之Samudra村也。其航線有二：一爲赴榜葛剌之航線；一爲赴錫蘭之航線。茲二航線雖在啞齊分道，似皆經過喃渤利（Lambri）翠藍嶼（Nicobar）兩地，然後分途航行。大䑸寶船所循者，乃後一航線也。

（三）爲錫蘭島之別羅里，此地雖不能必爲今之何地，要在今之高郎步（Colombo）附近。其航線亦有二：一爲西赴溜山（Maldives）羣島之航線；一爲西北赴小葛蘭（Quilon）之航線，亦即大䑸寶船之航線。明史言錫蘭可通非洲東岸之不剌哇（Brawa），殆爲溜山一線之延長線也。

（四）爲小葛蘭。其航線亦有二：一爲巡航非洲東岸木骨都束（Mogedoxu）之線；一爲北赴柯枝（Cochin）之線，大腙寶船卽遵此線經過柯枝而至古里（Calicut）。當時寶船似未北行至阿剌壁人之沙里八丹(Zurfattan, Cannanore)及狠奴兒（Honore）二國。

（五）爲古里。其航線亦有二：一爲西北赴波斯灣口忽魯謨斯島之航線；一爲赴阿剌壁南岸祖法兒（Zufar）（或應加入今地未詳之剌撒，蓋武備志地圖位置此地於阿剌壁半島）阿丹（Aden）等國之航線。當時寶船雖未逕航默伽，所遣通事七人附載之古里船，應亦循此線西北行而抵秩達(Jidda)也。

（註一）此漲海譯名並見大食波斯人撰述中，大食人謂自波斯達中國逾海七，最東之海曰 Čankhay，卽漲海也。

（註二）參看明史眞臘、暹羅、三佛齊、渤泥、滿剌加、蘇門答剌、西洋瑣里、古里、柯枝、榜葛剌、拂菻等傳。

（註三）見瀛繹卷三載李至剛撰馬哈只墓誌銘。

（註四）此二書版本甚多，瀛涯勝覽可參看拙撰瀛涯勝覽校注本，星槎勝覽可參看羅振玉影印天一閣藏舊鈔本。

（註五）關於資料方面者，可參考小說月報第二十卷第一號覺明（向達）撰關於三寶太監下西洋的幾種資料；伯希和撰鄭和下西洋考。

（註六）伯希和在一九三五年通報中撰有補考，曾將明實錄略爲徵引，然尚未完備。

（註七）劉家港碑文係由鄭君鶴聲檢出。拙譯伯希和鄭和下西洋考出版後，承陳幾士先生寄贈南山寺碑拓本一紙，足以考見鄭和七次下西洋年月，茲轉錄於下：

天妃之神靈應記（碑額爲天妃靈應之記六字篆書）

皇明混一海宇，超三代而軼漢唐，際天極地，罔不臣妾。其西域之西，迤北之北，固遠矣，而程途可計；若海外諸番，實爲遐壤，皆捧琛執贄，重譯來朝。皇上嘉其忠誠，命和等統率官校旗軍數萬人，乘巨舶百餘艘，齎幣往賚之，所以宣德化而柔遠人也。自永樂三年，奉使西洋，迨今七次。所歷番國，由占城國，爪哇國，三佛齊國，暹羅國，直踰南天竺錫蘭山國，古里國，柯枝國，抵於西域忽魯謨斯國，阿丹國，木骨都束國，大小共三十餘國。涉滄溟十萬餘里，觀夫海洋，洪濤接天，巨浪如山；視諸夷域，迥隔於煙霞縹渺之間，而我之雲帆高張，晝夜星馳，涉彼狂瀾，若履通衢者，誠荷朝廷威福之致，尤賴天妃之神護祐之德也。神之靈固嘗著於昔時，而盛顯於當代；溟渤之間，或遇風濤，即有神燈燭於帆檣，靈光一臨，則變險爲夷，雖在顚連，亦保無虞。及臨外邦，番王之不恭者，生擒之；蠻寇之侵掠者，勦滅之；由是海道清寧，番人仰賴者，皆神之賜也。神之感應，未易殫舉，昔嘗奏請於朝，紀德太常，建宮於南京龍江之上，永傳祀典。欽蒙御製紀文，以彰靈貺，褒美至矣。然神之靈無往不在；若長樂南山之行宮，余由舟師累駐於斯，伺風開洋，乃於永樂十年奏建以爲官軍祈報之所，既嚴且整。右有南山塔寺，歷歲久深，荒涼頹圮，每就修葺，數載之間，殿堂禪室，弘勝舊規。今年春，仍往諸番，艤舟茲港，復修佛宇神宮，益加華美；而又發心施財，鼎建三清寶殿一所於宮之左，雕粧聖像，粲然一新，鐘鼓供儀，靡不具備。僉謂如是庶足以盡恭事天地神明之心，衆願如斯，咸樂趨事，殿廡宏麗，不日成之，畫棟連雲，如翬如翼。且有青松翠竹，掩映左右，神安人悅，誠勝境也。斯土斯民，豈不咸臻福利哉？人能竭忠以事君，則事無不立；盡誠以事神，則禱無不應。和等上荷聖君寵命之隆，下致遠夷敬信之厚，統舟師之衆，掌錢帛之多，夙夜拳拳，惟恐弗逮，敢不竭忠以國事，盡誠於神明乎？師旅之安寧，往迴之康濟者，烏可不知所自乎？是用著神之德於石，併記諸番往迴之歲月，以貽永久焉。

一永樂三年，統領舟師至古里等國，時海寇陳祖義聚衆三佛齊國，劫掠番商，亦來犯我舟師，卽有神兵陰助，一鼓而殄滅之，至五年迴。

一永樂五年，統領舟師，往爪哇、古里、柯枝、暹羅等國，王各以珍寶珍禽異獸貢獻，至七年迴。

一永樂七年，統領舟師，往前各國，道經錫蘭山國，其王亞烈苦奈兒負固不恭，謀害舟師，賴神顯應知覺，遂生擒其王，至九年歸獻，尋蒙恩宥，俾歸本國。

一永樂十一年，統領舟師，往忽魯謨斯等國，其蘇門答剌國，有僞王蘇斡剌寇侵本國，其王宰奴里阿比丁遣使赴闕陳訴，就率官兵勦捕，賴神默助，生擒僞王，至十三年歸獻。是年滿剌加國王親率妻子朝貢。

一永樂十五年，統領舟師往西域，其忽魯謨斯國，進獅子、金錢豹、大西馬；阿丹國進麒麟，番名祖剌法，並長角馬哈獸；木骨都剌束國進花福祿，並獅子；卜剌哇國進千里駱駝，並駝鷄；爪哇、古里國，進縻里羔獸。若乃藏山隱海之靈物，沉沙棲陸之偉寶，莫不爭先呈獻，或遣王男，或遣王叔王弟，齎捧金葉表文朝貢。

一永樂十九年，統領舟師遣忽魯謨斯等國使臣久侍京師者悉還本國，其各國王益修職貢，視前有加。

一宣德六年，仍統舟師往諸番國，開讀賞賜，駐泊茲港，等候朔風開洋。思昔數次，皆仗神明助祐之功，如是勒記於石。宣德六年歲次辛亥仲冬吉日正使太監鄭和王景弘，副使太監李興、朱良、周滿、洪保、楊眞、張達、吳忠，都指揮朱眞、王衡等立，正一住持楊一初稽首請立石。

（註八）據明史卷三二六甘巴里傳，甘巴里「鄰境有阿撥把丹、小阿蘭二國。」小阿蘭應是小柯蘭之誤，實錄卷八三有此譯名，即別譯作小葛蘭或小唄喃者是已，蓋指今之 Quilon 也。甘巴里舊考有作 Cambay 者，有作 Koyampadi (Coimbatore) 者，其地要在印度境中。則阿撥把丹殆是 Jurfattan 對音傳寫之誤。然伯希和不以此說爲然，而以 Jurfattan 屬明史卷三二六之沙里灣泥。

（註九）永樂十三四年入貢諸國，據實錄卷一六八云：「九月庚申賜蘇門答剌、古里、柯枝、麻林諸番國使臣宴。」又卷一六九云：「十月癸未古里、柯枝、喃渤利、甘巴里、滿剌加、麻林、忽魯謨斯、蘇門答剌諸番國使臣辭歸，悉賜鈔幣及永樂通寶錢有差。」又卷一七〇云：「十一月壬子麻林國及諸番國進麒麟天馬神鹿等物。」又卷一八二云：「永樂十四年十一月戊子古里、爪哇、滿剌加、占城、蘇門答剌、南巫里、沙里灣泥、彭亨、錫蘭山、木骨都束、溜山、喃渤利（即南巫里之重見）、不剌哇、阿丹、麻林、剌撒、忽魯謨斯、柯枝諸國及舊港宣慰司各遣使貢馬及犀象方物。」

（註一〇）參看註九。

（註一一）明實錄卷一九〇載有永樂十五年內官張謙使西洋還一事，其人殆未與鄭和等偕行。其文曰：「永樂十五年六月己亥遣人齎勅往金鄉勞使西洋諸番內官張謙及指揮千百戶旗軍人等。初謙等奉命使西洋諸番，還至浙江金鄉衛海上，猝遇倭寇，時官軍在船者幾百六十餘人，賊可四千，鏖戰二十餘合，大敗賊徒，殺死無算，餘衆遁去。上聞而嘉之，賜勅獎勞官軍，陞賞有差。」

（註一二）余所錄明實錄止於永樂十五年，以後尚待檢對。

（註一三）紀錄彙編本卷二〇二。

（註一四）鄭和每次似須停泊長樂。乾隆長樂縣志卷十祥異志載：「永樂十年壬辰三寶太監駐軍十洋街，人物輳集如市。」又卷四祀典志載：「南山三峯塔寺，明永樂十一年太監鄭和同僧重修。」雖均涉及第四次旅行事，要可推想其餘五次亦曾停舟長樂也。

（註一五）瀛涯勝覽爪哇條云：「蘇魯馬益番名蘇兒把牙，」即此斯魯馬益，皆 Surabaya 之對音。

（註一六）原誤三十六日，茲改正。

（註一七）原誤魯乙忽謨斯，茲改正。

（註一八）六月二字應衍。

下編

第一章 扶南傳

扶南一名，首見三國志呂岱傳，晉書始有傳。（註一）晉書卷九十七扶南傳云：

「扶南西去林邑（Campa）三千餘里，在海大灣中，其境廣袤三千里，有城邑宮室。人皆醜黑，拳髮倮身，跣行，性質直，不爲寇盜，以耕種爲務，一歲種，三歲穫。又好雕文刻鏤，食器多以銀爲之，貢賦以金銀珠香。亦有書記府庫，文字有類於胡，喪葬婚姻略同林邑。其王本是女子，字葉柳，（註二）時有外國人混潰（註三）者，先事神，夢神賜之弓，又教載舶入海，混潰旦詣神祠，得弓，遂隨賈人泛海至扶南外邑。葉柳率衆禦之，混潰舉弓，葉柳懼，遂降之，於是混潰納以爲妻，而據其國。後胤衰微，子孫不紹，其將范尋復世王扶南矣。武帝泰始（二六五——二七四）初，遣使貢獻。太康（二八〇——二八九）中又頻來。穆帝升平（三五七——三六一）初，復有竺旃檀（Candra,Candana）稱王，遣使貢馴象，帝以殊方異獸，恐爲人患，詔還之。」

卷五十七陶璜傳云：

「吳旣平晉，減州郡兵，璜上言曰：交土荒裔，斗絕一方，或重譯而言，連帶山海，又南郡去州，海行千有餘里，外距林邑，纔七百里。夷帥范熊，世爲逋寇，自稱爲王，數攻百姓，且連接扶南，種類猥多，朋黨相倚，負險不賓，往隸吳時，數作寇逆，攻破郡縣，殺害吏。臣以尫駑，昔爲故國所採，偏戍在南，十有餘年，雖前後征討，剪其魁桀，深山僻穴，尙有逋竄。又臣所統之卒，本七千餘人，南土混濕，多有氣毒，加累年征討，死亡減耗，其見在者二千四百二十八人。今四海混同，無思不服，當卷甲消刃，禮樂是務，而此州之人，識義者寡，厭其安樂，好爲禍亂。」

南齊書卷五十八扶南傳云：

「扶南國在日南之南大海西蠻中，廣袤三千餘里，有大江水西流入海。（註四）其先有女人爲王，名柳葉。又有激國人混塡，夢神賜弓二張，教乘舶入海。混塡晨起，於神廟樹下得弓，卽乘舶向扶南。

柳葉見舶，率衆欲禦之，混塡舉弓遥射，貫船一面，通中人，柳葉怖遂降，混塡娶以爲妻。惡其裸露形體，乃疊布貫其首。遂治其國，子孫相傳，至王槃況死，國人立其大將范師蔓。蔓病，姊子旃篡立，殺蔓子金生。十餘年蔓少子長襲殺旃，以刃鑱旃腹曰：汝昔殺我兄，今爲父兄報汝。旃大將范尋又殺長，國人立以爲王，是吳晉時也。晉宋世通職貢，宋末扶南王姓憍陳如(Kaundinya)名闍耶跋摩（Jayavarman），遣商貨至廣州，天竺道人那伽仙（Nagasena）附載欲歸國，遭風至林邑，掠其財物皆盡；那伽仙間道得達扶南，具説中國有聖主受命。永明二年（四八四）闍耶跋摩遣天竺道人釋那伽仙上表，稱扶南國王臣憍陳如闍耶跋摩叩頭啓曰：天化撫育，感動靈祇，四氣調適，伏願聖主尊體起居康御，皇太子萬福，六宮淸休，諸王妃主内外朝臣普同和睦，鄰境士庶，萬國歸心，五穀豐熟，災害不生，土淸民泰，一切安穩。臣及人民國土豐樂，四氣調和，道俗濟濟，竝蒙陛下光化所被，咸荷安泰。又曰：臣前遣使齎雜物行廣州貨易，天竺道人釋那伽仙於廣州因附臣舶，欲來扶南，海中風漂到林邑，國王奪臣貨易，并那伽仙私財，具陳其從中國來此，仰序陛下聖德仁治，詳議風化，佛法興顯，衆僧殷集，法事日盛，王威嚴整，朝望國軌，慈愍蒼生，八方六合，莫不歸伏。如聽其所説，則化鄰諸天，非可爲喩。臣聞之下情踊悅，若暫奉見尊足，仰慕慈恩，澤流小國，天垂所感，率土之民，竝得皆蒙恩祐。是以臣今遣此道人釋那伽仙爲使上表，問訊奉貢，微獻呈臣等赤心，并別陳下情。但所獻輕陋，愧懼惟深，伏願天慈曲照，鑒其丹款，賜不垂責。又曰：臣有奴名鳩酬羅，委臣免走，別在餘處，構結凶逆，遂破林邑，仍自立爲王，永不恭從，違恩負義，叛主之愆，天不容載。伏尋林邑，昔爲檀和之所破，久已歸化，天威所被，四海彌伏，而今鳩酬羅守執奴凶，自專很彊。且林邑扶南鄰界相接，親人是臣奴，猶尚逆去，朝廷遙遠，豈復遵舉。此國屬陛下，故謹具上啓。伏聞林邑頓年表獻簡絕，便欲永隔朝廷，豈有師子坐而安大鼠，伏願遣軍將伐凶逆，臣亦自效微誠，助朝廷翦撲，使邊海諸國一時歸伏。陛下若欲別立餘人爲彼王者，伏聽勅旨，脫未欲灼然興兵伐林邑者，伏願特賜勅在所隨宜以少軍助臣，乘天之威，殄滅小賊，伐惡從善。平蕩之日，上表獻金五婆羅（bhara）。（註五）今經此使，送臣丹誠，表所陳啓，不盡下情，謹附那伽仙并其伴口具啓聞。伏願愍所啓，并獻金縷龍王坐像一軀，白檀像一軀，牙塔二軀，古貝（karpasa）二雙，瑠璃（vaidurya）蘇鉝二口，瑇瑁檳榔柈一枚。那伽仙詣京師，言其國俗事摩醯首羅（Maheśvara）天神，神常降於摩耽山。土氣恆暖，草木不落。其上書曰：吉祥利世間，感攝於羣生，所以其然者，天感化緣明，仙山名摩躭，吉樹敷嘉榮，摩醯首羅天，依此降尊靈，國土悉蒙祐，人民皆安寧，由斯恩被故，是以臣歸情，菩薩行忍慈，本迹起凡基，一發菩提心，二乘非所期，歷生積功業，六度行大悲，勇猛超刼數，財命捨無遺，生死不爲厭，六道化有緣，具修於十地，遺果度人天，功業既已定，行滿登正覺，萬善智圓備，惠日照塵俗，衆生感緣應，隨機授法藥，佛法遍十方，無不蒙濟擢，皇帝聖弘道，興隆於三寶，垂心覽萬機，威恩振八表，國土及城邑，仁風化淸皎，亦如釋提洹，衆天中最超，陛下臨萬民，四海共歸心，聖慈流無疆，被臣小國深。詔報曰：具摩醯降靈，流施彼土，雖殊俗異化，遙深欣讚。知鳩酬羅於彼背叛，竊據林邑，聚凶肆掠，殊宜翦討，彼雖介遐陬，舊修蕃貢，自宋季多難，海譯致壅，皇化惟新，習迷未革，朕方以文德來遠人，未欲便興干戈。王旣款列忠到，遠請軍威，今詔交部，隨宜應接，伐叛柔服，實惟國典，勉立殊効，以副所期。那伽仙屢銜邊譯，頗悉中土闊狹，令其具宣。上報以絳紫地黃碧綠紋綾各五匹。扶南人黠惠知巧，攻略傍邑不賓之民爲奴婢，貨易金銀綵帛。大家男子截錦爲橫幅，女爲貫頭，貧者以布自蔽，鍛金鐶鏆銀食器，伐木起屋，國王居重閣，以木柵爲城。海邊生大箬葉，長八九尺，編其葉以覆屋。人民亦爲閣居，爲船八九丈，廣裁六七尺，頭尾似魚。國王行乘象，婦人亦能乘象，鬬雞及豨爲樂。無牢獄，有訟者，則以金指鐶若雞子，投沸湯中，令探之；又燒鎖令赤，著手上，捧行七步，有罪者，手皆燋爛，無罪者不傷；又令沒水，直者入卽不沈，不直者卽沈也。有甘蔗，諸蔗，安石榴及橘，多檳榔，鳥獸如中國，人性善不便戰，常爲林邑所侵襲，不得與交州通，故其使罕至。」

梁書卷五十四扶南傳云：

「扶南國在日南郡之南，海西大灣中，去日南可七千里，在林邑西南三千餘里，城去海五百里，有大江廣十里，西北流東入於海。其國輪廣三千餘里，土地洿下而平博，氣候風俗大較與林邑同。出金銀銅錫沈木香象牙孔翠五色鸚鵡。其南界三千餘里有頓遜國，（註六）在海崎上，地方千里，城去海十里，有五王，並羈屬扶南。頓遜之東界通交州，其西界接天竺安息徼外諸國，往還交市。所以然者，頓遜迴入海中千餘里，漲海無崖岸，船舶未嘗得經過也。其市東西交會，日有萬餘人，珍物寶貨無所不有。又有酒樹，似安石榴，采其花汁，停甕中數日成酒。頓遜之外大海洲中，又有毘騫國，（註七）去扶南八千里。傳其王身長丈二，頭長三尺，自古來不死，莫知其年。王神聖，國中人善惡及將來事，王皆知之，是知無敢欺者，南方號曰長頸王。國俗有室屋衣服，噉粳米。其人言語小異扶南。有山出金，金露生石上，無所限也。國法刑罪人，並於王前噉其肉。國內不受估客，有往者亦殺而噉之，是以商旅不敢至。王常樓居，不血食，不事鬼神，其子孫生死如常人，唯王不死。扶南王數遣使與書相報答，常遺扶南王純金五十人食器，形如圓盤，又如尾罌，名爲多羅，受五升，又如椀者，受一升。王亦能作天竺書，書可三千言，說其宿命所由，與佛經相似，並論善事。又傳扶南東界卽大漲海，海中有火洲，洲上有諸薄國，國東有馬五洲。復東行漲海千餘里，至自然火洲，其上有樹生火中，洲左近人剝取其皮，紡績作布，極得數尺，以爲手巾，與焦麻無異，而色微青黑，若小垢汚，則投火中，復更精潔，或作燈炷，用之不知盡。扶南國俗本裸體，身被髮，不制衣裳。以女人爲王，號曰柳葉，年少壯健，有似男子。其南曰徼國，有事神鬼者字混塡，夢神賜之弓，乘賈人舶入海。混塡晨起，卽詣廟，於神樹下得弓，便依夢乘船入海，遂入扶南外邑。柳葉人衆見舶至，欲取之，混塡卽張弓射其舶，穿度一面，矢及侍者。柳葉大懼，舉衆降混塡。混塡乃教柳葉穿布貫頭，形不復露。遂治其國，納柳葉爲妻，生子分王七邑。其後王混盤況以詐力間諸邑，令相疑阻，因舉兵攻并之，乃遣子孫中分治諸邑，號曰小王。盤況年九十餘乃死，立中子盤盤，以國事委其大將范蔓。盤盤立三年死，國人共舉蔓爲王。蔓勇健有權略，復以兵威攻伐傍國，咸服屬之，自號扶南大王。乃治作大船，窮漲海，攻屈都昆、（註八）九稚、（註九）典孫（註一〇）等十餘國，開地五六千里。次當伐金隣國，（註一一）蔓遇疾，遣太子金生代行。蔓姊子旃時為二千人將，因篡蔓自立，遣人詐金生而殺之。蔓死時有乳下兒名長，在民間，至年二十，乃結國中壯士襲殺旃。旃大將范尋又殺長而自立。更繕治國內，起觀閣遊戲之。朝旦中晡三四見客。民人以焦蔗龜鳥為禮。國法無牢獄，有罪者先齋戒三日，乃燒斧極赤，令訟者捧行七步。又以金鐶雞卵投沸湯中，令探取之，若無實者，手即焦爛，有理者則不；又於城溝中養鰐魚，門外圈猛獸，有罪者輒以餵猛獸及鰐魚，魚獸不食為無罪，三日乃放之。鰐大者長二丈餘，狀如鼉，有四足，喙長六七尺，兩邊有齒，利如刀劍，常食魚，遇得麞鹿及人亦噉，自蒼梧以南及外國皆有之。吳時（二二二至二八〇）遣中郎康泰宣化從事朱應使於尋國，國人猶裸，唯婦人著貫頭。泰應謂曰：國中實佳，但人褻露可怪耳。尋始令國內男子著橫幅，今干縵也。（註一二）大家乃截錦為之，貧者乃用布。晉武帝太康中（二八〇至二八九）尋遣使貢獻，穆帝升平元年，（三五七）王竺旃檀奉表獻馴象。詔曰：此物勞費不少，駐令勿送。其後王憍陳如（Kauṇḍiṇya），本天竺婆羅門也，有神語曰，應王扶南，憍陳如心悅，南至盤盤，（註一三）扶南人聞之，舉國欣戴，迎而立焉。復改制度，用天竺法。憍陳如死，後王持梨陁跋摩宋文帝世（四二四至四五三）奉表獻方物。齊永明中（四八三至四九三）王闍邪跋摩（Jayavarman）遣使貢獻。天監二年（五〇三）跋摩復遣使送珊瑚像幷獻方物。詔曰：扶南王憍陳如闍耶跋摩，介居海表，世纂南服，厥誠遠著，重譯獻琛，宜蒙酬納，班以榮號，可安南將軍扶南王。今其國人皆醜黑拳髮，所居不穿井，數十家共一池引汲之。俗事天神，天神以銅爲像，二面者四手，四面者八手，手各有所持，或小兒，或鳥獸，或日月。其王出入乘象，嬪侍亦然。王坐則偏踞翹膝，垂左膝至地，以白疊敷前，設金盆香鑪於其上。國俗居喪則剃除鬚髮，死者有四葬：水葬則投之江流，火葬則焚爲灰燼，土葬則瘞埋之，鳥葬則棄之中野。人性貪吝，無禮義，男女恣其奔隨。十年（五一一）十三年（五一四）跋摩累遣使貢獻。其年死，庶子留陁跋摩（Rudravarman）殺其嫡弟自立。十六年（五一七）遣使竺當抱老奉表貢獻。十八年（五一九）復遣使送天竺旃檀瑞像娑羅（śala）樹葉，幷獻火齊珠鬱金（curcuma）蘇合（storax）等香。普通元年（五二〇）中大通二年（五三〇）大同元年（五三五）遣使獻方物。五年（五三九）遣使獻生犀。又言其國有佛髮，長一丈二尺，詔遣沙門釋雲寶迎之。」（註一四）

同卷天竺傳云：

「漢和帝時（八九至一〇五）天竺數遣使貢獻，後西域反叛，遂絕。至桓帝延熹二年（一五九）四年（一六一）頻從日南徼外來獻。魏晉世絕，不復通。唯吳時（二二二至二八〇）扶南王范旃遣親人蘇物使其國，從扶南發投拘利（Takkola?）口，循海大灣中，正西北入，歷灣邊數國，可一年餘到天竺江口，逆水行七千里乃至焉。天竺王驚曰：海濱極遠，猶有此人，卽呼令觀視國內，仍差陳宋等二人以月支馬四匹報旃，遣物等還，積四年方至。其時吳遣中郎康泰使扶南，及見陳宋等，具問天竺土俗云云。」

新唐書卷二二二下扶南傳曰：

「扶南在日南之南七千里，地卑窪，與環王（註一五）同俗，有城郭宮室。王姓古龍，居重觀柵城，楛葉以覆屋。王出乘象。其人黑身鬈髮，倮行，俗不爲寇盜。田一歲種，三歲穫。國出剛金，狀類紫石英，生水底石上，人沒水取之，可以刻玉，扣以羖角乃泮。人喜鬬雞及豬，以金珠香爲稅。治特牧城，俄爲眞臘所幷，益南徙那弗那城。武德（六一八至六二六）貞觀（六二七至六四九）時再入朝。又獻白頭人二，白頭者直扶南西人，皆素首，膚理如脂，居山穴，四面峭絕，人莫得至，與參半國接。」

（註一）見史地叢考續編一至四七頁伯希和撰扶南考。

（註二）後引諸文皆作柳葉。

（註三）後引諸文皆作混塡。

（註四）應從梁書作西北流東入於海，上文四變疑是西灣之誤。

（註五）每婆羅合五百六十斤。

（註六）案 Schlegel 以爲卽 Tenasserim。

（註七）案此國似在 Iraouaddy 江及印度洋沿岸。

（註八）案此名他處未見，僅見有屈都乾，都昆，都軍等名。屈都乾齊書卷九七林邑傳著錄，並見太平御覽卷七九〇，水經注卷三六引林邑記，於屈都乾外，並有屈都之省稱。此處之屈都昆，應卽屈都。考通典卷一八八，及太平御覽卷八八八著錄有邊斗一云班斗國，都昆一云都軍國，拘利一名九離國，比嵩國等四國，「並隋時聞焉，扶南度金鄰大灣，南行三千里有此四國」。顧梁書屈都昆之後，國名九稚，九稚應爲九離之訛，以此證之，屈都昆必爲都昆，此國應在馬來半島。

（註九）案九稚似爲太平御覽卷七九〇之句稚國，南州異物志曰：句稚去典遊八百里，又曰：歌營國在句稚南，觀前註拘利九離等名，殆由離字訛爲稚字也。

（註一〇）案卽頓遜。

（註一一）案此金鄰一名常見中國載籍著錄，太平御覽卷七九〇引異物志曰：金鄰一名金陳，去扶南可二千餘里，地出銀，人民多好獵大象，生則乘騎，死則取其牙齒。又引外國傳曰：從扶南西去金陳二千餘里，到金陳。水經注卷一引竺芝扶南記，謂林陽國陸地距金鄰國二千里。太平御覽卷七八七引康泰扶南土俗曰：扶南之西南有林陽國，去扶南七千里，土地奉佛，有數千沙門。又引南州異物志曰：林陽在扶南西七千餘里。水經注卷三六引竺芝扶南記曰：「晉功臣表所謂金潾清逕，象渚澄源」。康熙字典謂金潾爲交趾地名，然此金潾卽爲金隣也。義淨南海寄歸內法傳亦有此金鄰國名。十八世紀日本僧人迦葉註解，謂卽同傳數見之金洲，則爲梵文之 Suvarnadvipa，今之 Sūmāṭra 矣。

（註一二）案卽馬來語之 Sarong，柬埔寨語之 Sampot。

（註一三）此國元嘉中（四二四——四五三）初有貢使，其地未詳。

（註一四）下文言阿育王寺塔事，茲略。

（註一五）卽昔之林邑，後之占城。

第二章　眞臘傳

眞臘國名始見隋書，先爲扶南屬國，後倂扶南東部而有之，卽後之柬埔寨(Kamboja)也。(註一)

隋書卷八十二眞臘傳云：

「眞臘國在林邑西南，本扶南之屬國也，去日南郡舟行六十日，而南接車渠國，西有朱江國。其王姓刹利（Ksatriya）氏，名質多斯那（Citrasena）。自其祖漸已強盛，至質多斯那遂兼扶南而有之。死，子伊奢那先（Içanasena）代立，居伊奢那城（Içanasena）。（註二）郭下二萬餘家，城中有一大堂，是王聽政之所。總大城三十城，有數千家，各有部帥，官名與林邑（Campa）同。其王三日一聽朝，坐五香七寶牀，上施寶帳。其帳以文木爲竿，象牙金鈿爲壁，狀如小屋，懸金光燄，有同於赤土。前有金香爐，二人侍側。王着朝霞古貝，瞞絡腰腹，下垂至脛；頭戴金寶花冠，被眞珠瓔珞；足履革屣，耳懸金璫；常服白疊，以象牙爲屩，若露髮則不加瓔珞。臣人服製，大抵相類。有五大臣：一曰孤落支，二曰高相憑，三曰婆何多陵，四曰舍摩陵，五曰髯多婁。及諸小臣朝於王者，輒以階下三稽首；王喚上階，則跪，以兩手抱膊，遶王環坐議政事。訖，跪伏而去。階庭門閤侍衛有千餘人，被甲持仗。其國與參半、朱江二國和親，數與林邑、陀桓二國戰爭。其人行止皆持甲仗，若有征伐，因而用之。其俗非王正妻子不得爲嗣。王初立之日，所有兄弟並刑殘之，或去一指，或劓其鼻，別處供給，不得仕進。人形小而色黑，婦人亦有白者，悉拳髮垂耳，性氣捷勁。居處器物，頗類赤土。以右手爲淨，左手爲穢。每旦澡洗，以楊枝淨齒，讀誦經呪，又澡洒乃食，食罷還用楊枝淨齒，又讀經呪。飲食多蘇酪、沙糖、秔粟、米餅，欲食之時，先取雜肉羹與餅相合，手擩而食。娶妻者唯送衣一具，擇日遣媒人迎婦。男女二家各八日不出，晝夜燃燈不息，男婚禮畢，卽與父母分財別居。父母死，小兒未婚者，以餘財與之；若婚畢，財物入官。其喪葬，兒女皆七日不食，剔髮而哭，僧尼道士親故皆來聚會，音樂送之，以五香木燒屍，收灰以金銀瓶盛，送於大水之內。貧者或用瓦，而以彩色畫之。亦有不焚，送屍山中任野獸食者。其國北多山阜，南有水澤，地氣尤熱，無霜雪，饒瘴癘毒蠚。土宜粱稻，少黍粟，果菜與日南、九眞相類。異者有婆那娑樹，無花，葉似柿，實似冬瓜；菴羅樹花葉似棗，實似李；毗野樹花似木瓜，葉似杏，實似楮；婆田羅樹花葉實並似棗而小異；歌畢佗樹花似林檎，葉似榆而厚大，實似李其大如升；自餘多同九眞。海中有魚名建同，四足無鱗，其鼻如象，吸水上噴，高五六十尺；有浮胡魚，其形似䱜，嘴如鸚鵡，有八足。多大魚半身出水，望之如山，每五六月中毒氣流行，卽以白猪白牛白羊於城西門外祠之，不然者五穀不登，六畜多死，人衆疾疫。近都有陵伽鉢婆（Liṅgaparvata）山，上有神祠，每以兵二千人守衛之。城東有神名婆多利，祭用人肉，其王年別殺人以夜祀禱，亦有守衛者千人，其敬鬼如此。多奉佛法，尤信道士，佛及道士並立像於館。大業十二年（六一六）遣使貢獻，帝禮之甚厚，其後亦絕。」

舊唐書卷一百九十七眞臘傳云：

「眞臘國在林邑西北，本扶南之屬國，崑崙之類。在京師南二萬七百里，北至愛州六十日行。其王姓刹利氏，有大城三十餘所，王都伊奢那城。風俗被服，與林邑同。地饒瘴癘毒，海中大魚有時半出，望之如山，每五六月中毒氣流行，卽以牛豕祠中，不者則五穀不登。其俗東向開戶，以東爲上。有戰象五千頭，尤好者飼以飯肉，與隣國戰則象隊在前，於背上以木作樓，上有四人，皆持弓箭。國尙佛道及天神，天神爲大，佛道次之。武德六年（六二三）遣使貢方物。貞觀二年（六二八）又與林邑國俱來朝獻，太宗嘉其陸海疲勞，賜賚甚厚。（註三）南方人謂眞臘國爲吉蔑國，自神龍（七〇五至七〇六）已後，眞臘分爲二半，以南近海，多陂澤處謂之水眞臘，半以北多山阜謂之陸眞臘，亦謂之文單國。高宗（六五〇至六八三）則天（六九〇至七〇四）玄宗（七一三至七五五）朝並遣使朝貢。水眞臘國其境東西南北約員八百里，東至奔陀浪州，西至墮羅鉢底國，南至小海，北接陸眞臘，其王所居城號婆羅提拔。國之東界有小城皆謂之國，其國多衆。元和八年（八一三）遣李摩那等來朝。」（註四）

新唐書卷二二二下眞臘傳云：

「眞臘一曰吉蔑（Khmèr）本扶南屬國。去京師二萬七百里，東距車渠，西屬驃，南瀕海，北與道明接，東北抵驩州。其王刹利伊舍那，貞觀（六二七至六四九）初并扶南，有其地。戶皆東嚮，坐上東。客至屑檳榔龍腦香蛤以進。不飲酒，比之淫，與妻飲房中，避尊屬。有戰象五千，良者飼以肉。世與參半、驃通好，與環王乾陀洹數相攻。自武德（六一八至六二六）至聖曆（六九八至六九九）凡四來朝。神龍（七〇五至七〇六）後分爲二半：北多山阜，號陸眞臘；半南際海，饒陂澤，號水眞臘。半水眞臘地八百里。王居婆羅提拔城。陸眞臘或曰文單，曰婆鏤，地七百里，王號笪屈。開元（七一三至七四一）天寶（七四二至七五五）時，王子率其屬二十六來朝，拜果毅都尉。大曆（七六六至七七九）中副王婆彌及妻來朝，獻馴象十一，擢婆彌試殿中監，賜名賓漢。是時德宗（七八〇至八〇四）初即位，珍禽奇獸悉縱之，蠻夷所獻馴象畜苑中，元會充廷者凡三十二，悉放荊山之陽。及元和（八〇六至八二〇）中，水眞臘亦遣使入貢。文單西北屬國曰參半，武德八年（六二五）使者來。道明者亦屬國，無衣服，見衣服者共笑之，無鹽鐵，以竹弩射鳥獸自給。」

宋趙汝适撰諸蕃志卷上眞臘國條云

「眞臘接占城之南，東至海，西至蒲甘(Pagan)，南至加羅希(Grahi)。自泉州舟行順風月餘日可到，其地約方七千餘里，國都號祿兀(Angkor)，天氣無寒。其王粧束大概與占城同，出入儀從則過之，間乘輦，駕以兩馬或用牛。其縣鎭亦與占城無異，官民悉編竹覆茅爲屋，惟國王鐫石爲室，有靑石蓮花池沼之勝，跨以金橋約三十餘丈，殿宇雄壯，侈麗特甚。王坐五香七寶牀，施寶帳，以紋木爲竿，象牙爲壁。羣臣入朝，先至階下三稽首，升階則跪，以兩手抱膊，遶王環坐，議政事訖，跪伏而退。西南隅銅臺上列銅塔二十有四，鎮以各銅象，各重四千斤。戰象幾二十萬，馬多而小。奉佛謹嚴，日用番女三百餘人舞獻佛飯，謂之阿南，卽妓弟也。其俗淫姦則不問，犯盜則有斬首斷足燒火印胸之刑。其僧道呪法靈甚，僧衣黃者有室家，衣紅者寺居，戒律精嚴。道士以木葉爲衣，有神曰婆多利（Bhadra），祠祭甚謹。以右手爲淨，左手爲穢，取雜肉羹與飯相合，用右手掬而食之。厥土沃壤，田無畛域，視力所及而耕種之。米穀廉平，每兩烏鉛可博米二㪷。土產象牙，暫速細香，粗熟香，黃蠟，翠毛（原註云此國最多）篤耨腦，篤耨瓢，番油，姜皮，金顏香，蘇木，生絲，綿布等物。番商興販用金銀瓷器，假錦，涼傘，皮鼓，酒糖，醯醢之屬博易。登流眉，波斯蘭，羅斛，三濼，眞里富，麻羅問，綠洋，吞里富，蒲甘，窊裏，西棚，杜懷，潯番皆其屬國也。本國舊與占城鄰好，歲貢金兩，因淳熙四年（一一七七）五月望日占城主以舟師襲其國都，請和不許，殺之，遂爲大讐，誓必復怨。慶元己未（一一九九）大舉入占城，俘其主，戮其臣僕，剿殺幾無噍類，更立眞臘人爲主，占城今亦爲眞臘屬國矣。（註五）唐武德（六一八至六二六）中始通中國，國朝宣和二年（一一二〇）遣使入貢。其國南接三佛齊屬國之加羅希。」

宋史卷四百八十九眞臘傳云：

「眞臘國亦名占臘，其國在占城之南，東際海，西接蒲甘，南抵加羅希。其縣鎮風俗同占城。地方七千餘里。有銅臺，列銅塔二十有四，銅象八以鎮其上，象各重四千斤。其國有戰象幾二十萬，馬多而小。政和六年（一一一六）十二月遣進奏使奉化郎將鳩摩僧哥、副使安化郎將摩君明稽𠯆等十四人來貢，賜以朝服。僧哥言萬里遠國，仰投聖化，尙拘卉服，未稱區區嚮慕之誠，願許服所賜。詔從之，仍以其事付史館書諸策。明年（一一一七）三月辭去。宣和二年（一一二〇）又遣郎將摩臘摩禿防來，朝廷官封其王與占城等。建炎二年（一一二八）以郊恩授其王金裒賓深（註六）檢校司徒，加食邑，遂定爲常制。其屬邑有眞里富，在西南隅，東南接波斯蘭，西南與登流眉爲鄰，所部有六十餘聚落。慶元六年（一二〇〇）其國主立二十年矣，遣使奉表貢方物及馴象二，詔優其報賜，以海道遠涉，後勿再入貢。」

明史卷三二四眞臘傳云：

「眞臘在占城南，順風三晝夜可至。隋唐及宋皆朝貢。宋慶元（一一九五至一二〇〇）中滅占城而并其地，因改國名曰占臘。元時仍稱眞臘。（註七）洪武三年（一三七〇）遣使臣郭徵等齎詔撫諭其國。四年（一三七一）其國巴山王忽爾那遣使進表貢方物賀明年（一三七二）正旦詔賜大統曆及綵幣，使者亦賜給有差。六年（一三七三）進貢。十二年（一三七九）王參答甘武者持達志遣使來貢，宴賜如前。十三年（一三八〇）復貢。十六年（一三八三）遣使齎勘合文冊賜其王，凡國中使至，勘合不符者卽屬矯僞，許縶縛以聞。復遣使賜織金文綺三十二，磁器萬九千，其王遣使來貢。十九年（一三八六）遣行人劉敏唐敬偕中官齎磁器往賜。明年敬等還，王遣使貢象五十九，香六萬斤。尋遣使賜其王鍍金銀印，王及妃皆有賜。其王參烈寶毘邪甘菩者，遣使貢象及方物。明年（一三八七）復貢象二十八，象奴三十四人，番奴四十五人，謝賜印之恩。二十二年（一三八九）三貢。明年（一三九〇）復貢。永樂元年（一四〇三）遣行人蔣賓興王樞以卽位詔諭其國。明年（一四〇四）王參烈婆毘牙遣使來朝貢方物。初中官使眞臘，有部卒三人潛遁，索之不得，王以其國三人代之，至是引見。帝曰：華人自逃於彼，何預而責償，且語言不通，風土不習，吾焉用之，命賜衣服及道里費遣還。三年（一四〇五）遣使來貢，告故王之喪，命鴻臚序班王孜致祭。給事中畢進中官王琮齎詔封其嗣子參烈昭平牙爲王，進等還，嗣王遣使偕來謝恩。六年（一四〇八）十二年（一四一四）再入貢使者以其國數被占城侵擾，久留不去，帝遣中官送之還，并敕占城王罷兵修好。十五年（一四一七）十七年（一四一九）並入貢。宣德（一四二六至一四三五）景泰（一四五〇至一四五六）中，亦遣使入貢，自後不常至。其國城隍周七十餘里，幅員廣數千里，國中有金塔金橋殿宇三十餘所。王歲時一會，羅列玉猿孔雀白象犀牛於前，名曰百塔洲。盛食以金盤金椀，故有富貴眞臘之諺。民俗富饒，天時常熱，不識霜雪，禾一歲數稔。男女椎結，穿短衫，圍梢布。刑有劓刖，刺配，盜則去手足。番人殺唐人罪死，唐人殺番人則罰金，無金則鬻身贖罪。唐人者諸番呼華人之稱也，凡海外諸國盡然。婚嫁，兩家俱八日不出門，晝燃燈。人死置於野，任烏鳶食，俄頃食盡者，謂爲福報。居喪但髠其髮，女子則額上剪髮如錢大，曰用此報親。文字以麂鹿雜皮染黑，用粉爲小條畫於上，永不脫落。以十月爲歲首，閏悉用九月，夜分四更。亦有曉天文者，能算日月薄蝕。其地謂儒爲班詰（paṇḍita），僧爲苧姑（chauku），道爲八思。班詰不知讀何書，由此入仕者爲華貫。先時項掛一白線以自別，既貴曳白如故。俗尚釋教，僧皆食魚肉，或以供佛，惟不飲酒。其國自稱甘孛智，後訛爲甘破蔗，萬曆（一五七三至一六一九）後又改爲柬埔寨。」（註八）

（註一）參看史地叢書續編，伯希和撰眞臘風土記箋註，西域南海史地考證譯叢續編戈岱司撰眞臘風土記補註。

（註二）考吉蔑（Khmèr）碑文眞臘之勝扶南者在五五〇年前後，波婆拔摩一世（Bhavavarman I）在位時，指揮戰役者，似爲王弟質多斯那（Citrasena Mahendravarman）（據六〇四年碑。）繼質多斯那而爲王者名伊奢那拔摩（Içanavarman），應是隋書之伊奢那先。伊奢那拔摩在位時建都城名 Vyādhapura，殆卽隋書之伊奢那城。（見六一六年六二六年諸碑。）——參看河內遠東法國學校校刊一九一八年刊第九份 Coedès 撰眞臘古城考。

（註三）據六六四年六六七年碑文，國王闍耶拔摩一世（Jayavarman I）亦曾入貢於唐。——參看同一校刊一九二五年刊第二第三份 Coedès 撰七世紀時柬埔寨之拓地西南。

（註四）眞臘分爲二國時在六七〇年前後。水眞臘據扶南舊境，今安南南圻之地，以 Vyādhapura 爲都城，殆卽隋書之婆羅提拔。陸眞臘據眞臘舊境，今柬埔寨老撾之地，都城在老撾 Tha-kēk 地方附近。——參看同一校刊一九一八年刊 H. Maspero 撰八世紀至十四世紀安南柬埔寨國境考。——八〇二年二國復合爲一，時君臨此國者名闍耶拔摩二世(Jayavarman II Parameçvara, 802-869)似爲室利佛逝國所擁立。

（註五）考美山諸碑，一一九〇年眞臘國王闍耶拔摩七世(Jayavarman VII)取占城都城，掠其神像。諸蕃志作慶元己未（一一九九）通考仍之，皆誤。眞臘既取占婆，分其國爲二，北爲佛逝（Vijaya）南爲賓童龍(Pāṇḍuraṅga)，各立一王主其國事。已而南王併佛逝，眞臘王討之，占城王逃入海，不知所終。嗣後眞臘遂於一二〇三至一二二〇年間併有占婆。一二二〇年又立占城舊王子俾主國事，占城遂自立。——參看同一校刊一九〇四年刊 Finot 輯美山諸碑文——G. Maspero 撰占婆史第七章。

（註六）案一一一二迄一一五二年間王眞臘者名蘇利耶拔摩二世(Sūryavarman II,)在位時曾以舟師攻安南之乂安清華沿岸（一一二八至一一二九年間）並攻取占城都城而擄其王（一一四五）。宋史金裒賓深譯名疑誤。

（註七）元代之眞臘可參看眞臘風土記。

（註八）茲三名皆爲 Kampoja 之同名異譯，關於柬埔寨歷史之研究者，可參考 Aymonier, Le Cambodge, 1904; Le Clère, Histoire de Cambodge, 1904，河內遠東法國學校校刊一九一五年刊第二份吉蔑諸王世系表。

第三章 闍婆傳

印度羅摩延（Ramayana）書首先著錄有 Yavadvipa，脫烈美（Ptolémée）書傳寫作 Iabadiu，後漢書傳寫作葉調，法顯行傳傳寫作耶婆提，是皆蘇門答剌或爪哇古稱之同名異譯。此外太平御覽卷七八八有諸薄，又卷七八八有杜薄，（應是社薄之訛，）疑皆爲 Java 之古譯。案 Java 土名乃從 Yavadvipa 轉出，除諸薄社薄尚有疑義外，中國史書首先著錄者爲宋書之闍婆婆達，闍婆乃其對音，婆達蓋衍文也。稍晚高僧傳卷三則名作闍婆，唐書中闍婆作訶陵，蓋爲 Kalinga 之對音。降至元代，島夷志略始有新譯名曰爪哇。玆鳩輯史傳與記關係此島之文於下方：（註一）

宋書卷九十七闍婆婆達（註二）傳曰：

「闍婆婆達國元嘉十二年（四三五）國王師黎婆達陁阿羅跋摩遣使奉表曰：宋國大主大

吉天子足下，敬禮一切種智，安隱天人師，降伏四魔，成等正覺，轉尊法輪，度脫衆生，教化已周，入于涅槃，舍利流布，起无量塔，衆寶莊嚴，如須彌山，經法流布，如日照明，無量淨僧，猶如列宿。國界廣大，民人衆多，宮殿城郭，如忉利天宮，名大宋揚州大國，大吉天子，安處其中，紹繼先聖，王有四海，閻浮提內，莫不來服，悉以茲水，普飲一切。我雖在遠，亦霑靈潤，是以雖隔巨海，常遙臣屬，願照至誠，垂哀納受，若蒙聽許，當年遣信，若有所須，惟命是獻。伏願信受，不生異想，今遣使主佛大陁婆副使葛抵奉宣微誠，稽首敬禮大吉天子足下，陁婆所啓，願見信受，諸有所請，唯願賜聽，今奉微物，以表微心。」

唐書卷一九七訶陵傳曰：

「訶陵國（Kalinga）（註三）在南方海中洲上居，東與婆利（Bali），西與墮婆登，北與眞臘（Kamboja）接，南臨大海。豎木爲城，作大屋重閣，以椶櫚皮覆之，王坐其中，悉用象牙爲牀。食不用匙筯，以手而撮。亦有文字，頗識星曆。俗以椰樹花爲酒，其樹生花長三尺餘，大如人膊，割之取汁以成酒，味甘，飲之亦醉。貞觀十四年（六四〇）遣使來朝。大曆三年（七六八）四月皆遣使朝貢。元和十年（八一五）遣使獻僧祇童五人，鸚鵡頻伽鳥並異種名寶。以其使李訶內爲果毅，訶內請迴授其弟，詔褒而從之。十三年（八一八）遣使進僧祇女二人，鸚鵡，玳瑁及生犀等。」

新唐書卷二二二下訶陵傳曰：

「訶陵（Kalinga）亦曰社婆（Java）曰闍婆（Java），在南海中，東距婆利（Bali），西墮婆登，南瀕海，北眞臘（Kamboja）。木爲城，雖大屋亦覆以栟櫚，象牙爲牀若席，出瑇瑁黃白金犀象。國最富，有穴自湧鹽，以柳花椰子爲酒，飲之輒醉。宿昔製有文字，知星曆，食無匙筯。有毒女，與接，輒苦瘡，人死屍不腐。王居闍婆城。其祖吉延東遷於婆露伽斯城，旁小國二十八，莫不臣服。其官有三十二大夫，而大坐敢兄爲最貴。山上有郎卑野州，王常登以望海。夏至立八尺表，景在表南二尺四寸。貞觀中（六二七至六四九）與墮和羅（Dvaravati）墮婆登皆遣使者入貢，太宗以璽詔優答。墮和羅丐良馬，帝與之。至上元（六七四至六七五）間，國人推女子爲王，號悉莫，威令整肅，道不舉遺。大食君聞之，齎金一囊置其郊，行者輒避，如是三年。太子過，以足躪金，悉莫怒，將斬之，羣臣固請，悉莫曰：而罪實本於足，可斷趾。羣臣復爲請，乃斬指以徇。大食聞而畏之，不敢加兵。大曆中（七六六至七七九）訶陵使者三至。元和八年（八一三）獻僧祇奴四，五色鸚鵡，頻伽鳥等。憲宗拜內四門府左果毅，使者讓其弟，帝嘉美並官之。訖大和（八〇六至八二〇）再朝貢。咸通（八六〇至八七三）中，遣使獻女樂。墮和羅亦曰獨和羅，南距盤盤，北迦邏舍佛，西屬海，東眞臘。自廣州行五月乃至。國多美犀，世謂墮和羅犀。有二屬國，曰曇陵陀洹。曇陵在海洲中，洹陀一曰耨陀洹，在環王西南海中。與墮和羅接。自交州行九十日乃至。王姓察失利，名婆那，字婆末。無蠶桑，有稻麥麻豆，畜有白象牛羊豬。俗喜樓居，謂爲干欄，以白氎朝霞布爲衣。親喪在室不食，燔屍已，則剔髮，浴於池，然後食。貞觀（六二七至六四九）時並遣使者再入朝，又獻婆律膏白鸚鵡，首有十紅毛齊於翅，因丐馬銅鐘，帝與之。墮婆登在環王南，行二月乃至，東訶陵，西迷黎車（Mleccha），北屬海。俗與訶陵同。種稻月一熟。有文字，以貝多葉寫之。死者實金于口，以釧貫其體，加婆律膏龍腦衆香，積薪燔之。」

諸蕃志卷上闍婆國條曰：

「闍婆國（Java）又名莆家龍（Pekalongan），（註四）於泉州爲丙巳方，率以冬月發船，蓋藉北風之便，順風晝夜行，月餘可到。東至海，水勢漸低，女人國在焉。愈東則尾閭之所泄，非復人世。泛海半月至崑崙國。南至海三日程，泛海五日至大食國。西至海四十五日程。北至海四日程。西北泛海十五日至渤泥國（Borneo），又十日至三佛齊國（Palembang），又七日至古邏國（Kalah），又七日至柴歷亭抵交趾，達廣州。國有寺二，一名聖佛，一名捨身。有山出鸚鵡，名鸚鵡山。其王椎髻，戴金鈴，衣錦袍，躡革履，坐方牀。官吏日謁，三拜而退。出入乘象或腰輿，壯士五七百輩，執兵以從。國人見王皆坐，俟其過乃起。以王子三人爲副王。官有司馬傑落佶連（Rakryan），共治國事，如中國宰相，無月俸，隨時量給土產諸物。次有文吏三百餘員，分主城池帑廩及軍卒。其領兵者，歲給金二十兩。勝兵三萬，歲亦給金有差。土俗婚聘無媒妁，但納黃金於女家以取之。不設刑禁，犯罪者隨輕重出黃金以贖，惟寇盜則寘諸死。五月遊船，十月遊山，或跨山馬，或乘輭兜。樂有橫笛，鼓板，亦能舞。山中多猴，不畏人，呼以霄霄之聲卽出，投以果實，則有大猴先至，土人謂之猴王，先食畢，羣猴食其餘。國中有竹園，有鬬鷄鬬猪之戲。屋宇壯麗，飾以金碧。賈人至者，館之賓舍，飲食豐潔。土人被髮，其衣裝纏胸，下至於膝。疾病不服藥，但禱求神佛。民有名而無姓。尙氣好鬬，與三佛齊有讐，互相攻擊。宋元嘉十二年（四三五）嘗通中國，後絕。皇朝淳化三年（九九二）復修朝貢之禮。其地坦平，宜種植，產稻麻粟豆，無麥：耕田用牛。民輸十一之租，煑海爲鹽。多魚鼈鷄鴨山羊，兼椎馬牛以食。果實有大瓜，椰子，蕉子，甘蔗，芋。出象牙，犀角，眞珠，龍腦，瑇瑁，檀香，茴香，丁香，荳蔻，蓽澄茄，降眞香，花簟，番劍，胡椒，檳榔，硫黃，紅花，蘇木，白鸚鵡。亦務蠶織，有雜色繡絲，吉貝，綾布。地不產茶，酒出於椰子及蝦猱丹樹之中。此樹華人未嘗見，或以桄榔檳榔釀成，亦自清香。蔗糖其色紅白，味極甘美。以銅銀鍮錫雜鑄爲錢，錢六十準金一兩，三十二準金半兩。番商興販，用夾雜金銀及金銀器皿，五色纈絹，皂綾，川芎，白芷，硃砂，綠礬，白礬，硼砂，砒霜，漆器，鐵鼎，青白甆器交易。此番胡椒萃聚，商船利倍蓰之獲，往往冒禁，潛載銅錢博換。朝廷屢行禁止興販，番商詭計，易其名曰蘇吉丹。」（註五）

宋史卷四八九闍婆國傳曰：

「闍婆（Java）國在南海中，其國東至海一月，泛海半月至崑崙國，西至海四十五日；南至海三日；汎海五日至大食國；北至海四日，西北汎海十五日至渤泥（Borneo）國，又十五日至三佛齊（Palembang）國，又七日至古邏（Kalah）國，又七日至柴歷亭，抵交趾，達廣州。其地平坦，宜種植，產稻麻粟豆，無麥，民輸十一之租。煮海爲鹽，多魚鼈鷄鴨山羊，兼椎牛以食。果實有木瓜，椰子，蕉子，蔗芋。出金銀犀牙，箋沉，檀香，茴香，胡椒，檳榔，硫黃，紅花，蘇木，亦務蠶織，有薄絹，絲絞，吉貝布。剪銀葉爲錢博易，官以粟一斛二斗博金一錢。室宇壯麗，飾以金碧。中國賈人至者，待以賓館，飲食豐潔。地不產茶，其酒出於椰子及蝦蝚丹樹。蝦蝚丹樹，華人未嘗見，或以桄榔檳榔釀成，亦甚香美。不設刑禁，雜犯罪者隨輕重出黃金以贖，惟寇盜者殺之。其王椎髻，戴金鈴，衣錦袍，躡革履，坐方牀。官吏日謁，三拜而退。出入乘象或腰輿，壯士五七百人執兵器以從。國人見王皆坐，俟其過乃起。以王子三人爲副王。官有落佶連（Rakryan）四人共治國事，如中國宰相，無月俸，隨時量給土產諸物。次有文吏三百餘員，目爲秀才，掌文簿，總計財貨。又有卑官殆千員，分主城池帑廩及軍卒。其領兵者每半歲給金十兩，勝兵三萬，每半歲亦給金有差。土俗婚聘無媒妁，但納黃金於女家以娶之。五月遊船，十月遊山，有山馬可乘跨，或乘軟兜。樂有橫笛鼓板，亦能舞。土人被髮，其衣裝纏胸以下至於膝。疾病不服藥，但禱神求佛。其俗有名而無姓。方言謂眞珠爲沒爹蝦羅，謂牙爲家囉，謂香爲崐燉盧林，謂犀爲低密。先是宋元嘉十二年（四三五）遣使朝貢，後絕。淳化三年（九九二）十二月其王穆羅茶遣使陀湛，使副蒲亞里，判官李陁那假澄等來朝貢。陁湛云中國有眞主，本國乃修朝貢之禮。國王貢象牙，眞珠，綉花，銷金，及綉絲絞，雜色絲絞，吉貝織雜色絞布，檀香，玳瑁，檳榔，盤犀裝劍，金銀裝劍，藤織花簟，白鸚鵡，七寶飾檀香亭子，其使別貢玳瑁，龍腦，丁香，藤織花簟。先是朝貢使汎舶船，六十日至明州定海縣。掌市舶監察御史張肅先驛奏其使飾服之狀與常來入貢波斯相類。譯者言云今主舶大商毛旭者，建溪人，數往來本國，因假其鄉導來朝貢。又言其國王一號曰夏至馬囉夜（Haji Mahāraja），王妃曰落肩娑婆利。本國亦署置僚屬。又其方言目舶主爲勃荷王，妻曰勃荷比尼贖。其船中婦人名眉珠，椎髻無首飾，以蠻布纏身，顏色青黑，言語不能曉，拜亦如男子膜拜。一子項戴金連鎖子，手有金鉤，以帛帶縈之，名阿嚕。其國與三佛齊有讐怨，互相攻戰。本國山多猴，不畏人，呼以霄霄之聲即出，或投以果實，則其大猴二先至，土人謂之猴王猴夫人，食畢，羣猴食其餘。使既至，上令有司優待，久之使還，賜金帛甚厚，仍賜良馬戎具以從其請。其使云隣國名婆羅門，有善法察人情，人欲相危害者皆先知之。大觀三年（一一〇九）六月遣使入貢，詔禮之如交阯。又有摩逸（Mait）國，（註六）太平興國七年（九八二）載寶貨至廣州海岸。建炎三年（一一二九）以南郊恩，制授闍婆國主懷遠軍節度，琳州管內觀察處置等使，金紫光祿大夫，檢校司空，使持節琳州諸軍事，琳州刺史，兼御史大夫，上柱國，闍婆國王，食邑二千四百戶，實封一千戶，悉里地茶蘭固野，可特授檢校司空，加實邑實封。紹興二年

（一三三二）復加食邑五百戶，實封二百戶。」

島夷志略爪哇條曰：

「爪哇（Java）卽古闍婆（Java）國。門遮把逸山（Majapahit）係官場所居，宮室壯麗，地廣人稠，實甲東洋諸國。舊傳國王係雷震石中而出，令女子爲酋以長之。其田膏沃，地平衍，穀米富饒，倍於他國。民不爲盜，道不拾遺。諺云太平闍婆者此也。俗朴，男子椎髻，裹打布，惟酋長留髮。大德（一二九七至一三〇七）年間亦黑迷失平章史弼高興曾往其地，令臣屬納稅貢，立衙門振綱紀，設鋪兵以遞文書，守常刑，重鹽法，使銅錢。俗以銀錫鍮銅雜鑄如螺甲大，名爲銀錢，以權銅錢。地產青鹽，係曬成。胡椒每歲萬斤，極細堅耐色印布，白鸚鵡之類，藥物皆自他國來也。貨用硝珠金銀青緞色絹青白花碗鐵器之屬。次曰巫崙，曰希苓，曰三打板，曰吉丹，曰孫剌等地，無異產，故附此耳。」（註七）

元史卷二一〇爪哇傳曰：

「爪哇（Java）在海外，視占城（Campa）益遠，自泉南登舟，海行者先至占城而後至其國。其風俗土產不可考，大率海外諸蕃國多出奇寶，取貴於中國。而其人則醜怪，情性語言與中國不能相通。世祖撫有四夷，其出師海外諸蕃者，惟爪哇之役爲大。至元二十九年（一二九二）二月詔福建行省除史弼亦黑迷失高興平章政事，征爪哇，會福建江西湖廣三行省兵凡二萬，設左右軍都元帥府二，征行上萬戶四，發舟千艘，給糧一年，鈔四萬錠，降虎符十，金符四十，銀符百，金衣段百端，用備功賞。亦黑迷失等陛辭，帝曰：卿等至爪哇，明告其國軍民，朝廷初與爪哇通使往來交好，後刺詔使孟右丞之面，以此進討。九月軍會慶元，弼亦黑迷失領省事赴泉州，興率輜重自慶元登舟涉海。十一月福建江西湖廣三省軍會泉州。十二月自後渚啓行。三十年（一二九三）正月至构欄山（Gelam）議方略。二月亦黑迷失孫參政先領本省幕官並招諭爪哇等處宣慰司官曲出海牙楊梓全忠祖萬戶張塔剌赤等五百餘人，船十艘，先往招諭之。大軍繼進於吉利門（Karimon），弼興進至爪哇之杜並足（Tuban），與亦黑迷失等議分軍下岸，水陸並進。弼與孫參政帥都元帥那海萬戶寧居仁等水軍，自杜並足由戎牙路（Jaṅgala）港口至八節澗（Pachekan）。興與亦黑迷失帥都元帥鄭鎮國萬戶脫歡等馬步軍，自杜並足陸行。以萬戶申元爲前鋒，遣副元帥土虎登哥萬戶褚懷遠李忠等乘鑽鋒船，由戎牙路於麻喏巴歇（Majapahit）浮梁前進，赴八節澗期會。招諭爪哇宣撫司官言：爪哇主壻士罕必闍耶（Raden Vijaya）舉國納降，士罕必闍耶不能離軍，先令楊梓甘州不花全忠祖引其宰相昔剌難荅吒耶等五十餘人來迎。三月一日會軍八節澗，澗上接杜馬班（Tumapel）王府，下通莆奔大海，乃爪哇咽喉必爭之地。又其謀臣希寧官沿河泊舟，觀望成敗，再三招諭不降。行省於澗邊設偃月營，留萬戶王天祥守河津。士虎登哥李忠等領水軍，鄭鎮國省都鎮撫倫信等領馬步軍水陸並進。希寧官懼，棄船宵遁，獲鬼頭大船百餘艘，令都元帥那海萬戶寧居仁，鄭珪，高德誠，張受等鎮八節澗海口。大軍方進，士罕必闍耶遣使來告葛郎主（Jayakatwan）追殺至麻喏巴歇，請官軍救之。亦黑迷失張參政先往安慰士罕必闍耶，鄭振國引軍赴章孤接援。興進至麻喏巴歇，卻稱葛郎兵未知遠近，興回八節澗。亦黑迷失尋報賊兵今夜當至，召興赴麻喏巴歇。七日葛郎兵三路攻士罕必闍耶。八日黎明，亦黑迷失孫參政率萬戶李明迎賊於西南，不遇。興與脫歡由東南路與賊戰，殺數百人，餘奔潰山谷。日中西南路賊又至，興再戰至晡，又敗之。十五日分軍爲三道伐葛郎，期十九日會荅哈（Daha），聽礮聲接戰。士虎登哥等水軍泝流而上，亦黑迷失等由西道，興等由東道進，士罕必闍耶軍繼其後。十九日至荅哈，葛郎國主以兵十餘萬交戰，自卯至未連三戰，賊敗奔潰擁入河，死者數萬人。殺五千餘人。國主入內城拒守，官軍圍之，且招其降。是夕國主哈只葛當出降，撫諭令還。四月二日遣土罕必闍耶還其地，具入貢禮，以萬戶捏只不丁甘州不花率兵二百護送。十九日，土罕必闍耶背叛逃去，留軍拒戰，捏只不丁甘州不花省掾馮祥皆遇害。二十四日軍還，得哈只葛當妻子官屬百餘人及地圖戶籍所上金字表以還。事見史弼高興傳。」（註八）

瀛涯勝覽爪哇國條曰：

「爪哇（Java）國者，古名闍婆（Java）國也。其國有四處，皆無城郭。其他國船來，先至一處名杜板（Tuban）；次至一處名新村（Geresik, Grissé）；又至一處名蘇魯馬益（Surabaya）；再至一處名滿者伯夷（Majapahit），國王居之。其王之所居，以磚爲牆，高三丈餘，週圍約有二百餘步。其內設重門，甚整潔。房屋如樓起造，高每三四丈，即布以板，鋪細藤簟或花草席，人於其上盤膝而坐。屋上用硬木板爲瓦，破縫而蓋。國人住屋以茅草蓋之，家家俱以磚砌土庫，高三四尺，藏貯家私什物，居止坐臥於其上。國王之絆，鬅頭或帶金葉花冠，身無衣袍，下圍絲嵌手巾一二條，再用錦綺或紵絲纏之於腰，名曰壓腰。插一兩把短刀，名不剌頭（bĕladau）。赤脚出入，或騎象或坐牛車。國人之絆，男子鬔頭，女子椎髻，上穿衣，下圍手巾。男子腰插不刺頭一把，三歲小兒至百歲老人皆有此刀，皆是兎毫雪花上等鑌鐵爲之，其柄用金或犀角象牙，雕刻人形鬼面之狀，製極細巧。國人男婦皆惜其頭，若人以手觸摸其頭，或買賣之際錢物不明，或酒醉顚狂，言語爭競，便拔此刀刺之，強者爲勝。若戳死人，其人逃避三日不出則不償命，若當時捉住，隨亦戳死。國無鞭笞之刑，事無大小，卽用細藤背縛兩手，擁行數步，則將不刺頭於罪人腰眼或軟肋一二刺卽死。其國風土，無日不殺人，甚可畏也。中國歷代銅錢通行使用。杜板番名賭班（Tuban），地名也。此處約千餘家，以二頭目爲主，其間多有中國廣東及漳州人流居此地，雞羊魚菜甚賤。海灘有一小池，甘淡可飮，曰是聖水。傳言大元時，命將史弼高興征伐闍婆，經月不得登岸，船中之水已盡，軍士失措。其二將拜天祝曰：奉命伐蠻，天若與之則泉生，不與則衆無。禱畢，奮力插鎗海灘，泉水隨鎗插處湧出，水味甘淡，衆飮而得全生，此天賜之助也，至今存焉。於杜板投東行半日許，至新村，番名曰革兒昔（Geresik,Grissé）原係沙灘之地，蓋因中國之人來此㓮居，遂名新村，至今村主廣東人也。約有千餘家，各處番人多到此處買賣，其金子諸般寶石一應番貨多有賣者，民甚殷富。自新村投南船行二十餘里，到蘇魯馬益，番名蘇兒把牙（Surahaya)。其港口流出淡水，自此大船難進，用小船行二十餘里始至其地，亦有村主，掌管番人千餘家，其間亦有中國人。其港口有一洲，林木森茂，有長尾猢猻萬數聚於上，有一黑色老雄獼猴爲主，卻有一老番婦隨伴在側。其國中婦人無子嗣者，備酒飯果餅之類，往禱於老獼猴，其老猴喜，則先食其物，餘令衆猴爭食，食盡隨有二猴來前交感爲驗，此婦回家便卽有孕，否則無子也，甚爲可怪。自蘇兒把牙小船行七八十里到埠頭，名章姑（Changkir），登岸投西南行一日半，到滿者伯夷，卽王之居處也。其處番人二三百家。頭目七八人以輔其王。天氣長熱如夏，田稻一年二熟，米粒細白，芝蔴菉豆皆有，大小二麥絕無。土產蘇木，金剛子，白檀香，肉豆蔻，蓽撥，斑猫，鑌鐵，龜筒，玳瑁。奇禽有白鸚鵡，如母雞大，紅綠鶯哥，五色鶯哥，鷯哥，皆能效人言語，珍珠雞，倒掛鳥，五色花斑鳩，孔雀，檳榔雀，珍珠雀，綠斑鳩之類。異獸有白鹿，白猿猴等畜。其豬羊牛馬鷄鴨皆有，但無驢與鵝耳。果有芭蕉子，椰子，甘蔗，石榴，蓮房。莽吉柿（manggis, mangostine）如石榴樣，皮內如橘囊樣，有白肉四塊，味甜酸，甚可食。郎扱（langsap, jaquier）如枇杷樣，略大，內有白肉三塊，味亦甜酸。甘蔗皮白麄大，每根長二三丈。其餘瓜茄蔬菜皆有，獨無桃李韭菜。國人坐臥無牀凳，吃食無匙筯，男婦以檳榔荖葉聚蜊灰不絕口。欲吃飯時，先將水嗽出口中檳榔渣，就洗兩手干淨，圍坐，用盤滿盛其飯，澆酥油湯汁，以手撮入口中而食，若渴則飲水。遇賓客往來無茶，止以檳榔待之。國有三等人：一等回回人，皆是西番各國爲商流落此地，衣食諸事皆淸致；一等唐人，皆是廣東漳泉等處人竄居此地，食用亦美潔，多有從回回教門受戒持齋者；一等土人，形貌甚醜異，猱頭赤脚，崇信鬼教，佛書言鬼國其中，即此地也。人吃食甚是穢惡，如蛇蟻及諸蟲蚓之類，略以火燒，微熟便吃。家畜之犬與人同器而食，夜則共寢，略無忌憚。舊傳鬼子魔王青面紅身赤髮，止于此地，與一罔象相合，而生子百餘，常啖血爲食，人多被食。忽一日雷震石裂，中坐一人，衆稱異之，遂推爲王，卽令精兵驅逐罔象等衆而不爲害，後復生齒而安焉，所以至今人好兇强，年例有一竹鎗會，但以十月爲春首。國王令妻坐一塔車于前，自坐一車于後。其塔車高丈餘，四面有窗，下有轉軸，以馬前拽而行，至會所兩邊擺列隊武，各執竹鎗一根，其竹鎗實心無鐵刃，但削尖而甚堅利。對手男子各攜妻孥在彼，各妻手執三尺短木棍立於其中，聽鼓聲緊慢爲號，二男子執鎗進步抵戳，交鋒三合，二人之妻各持木棍格之曰：那剌那剌（larak），則退散。設被戳死，其王令勝者與死者家人金錢一箇，死者之妻隨勝者男子而去，如此勝負爲戲。其婚姻之禮，則男子先至女家，成親三日後迎其婦，男家則打銅鼓銅鑼，吹椰殼筒，及打竹筒鼓，并放大銃，前後短刀團牌圍繞；其婦披髮裸體跣足，圍繫絲嵌手巾，打佩金珠聯絡之飾，腕帶金銀寶裝之鐲；親朋隣里以檳榔荖葉線紉草花之類，粧飾綵船而伴送之，以爲賀喜之禮。至家則鳴鑼擊鼓，飲酒作樂，數日而散。凡喪葬之禮，如有父母將死，爲兒女者先問於父母，死後或犬食，或火化，或棄水中，其父母隨心所願而囑之。死後即依遺言所斷送之。若欲犬食者，即擡其屍至海邊，或野外地上，有犬十數來食，盡屍肉無遺爲好，如食不盡，則子女悲號哭泣，將遺骸棄水中而去。又有富人及頭目尊貴之人將死，則手下親厚婢妾先與主人誓曰：死則同往。至死後出殯之日，木搭高棚，下垛柴堆，縱火焚棺，候燄盛之際，其原誓婢妾二三人，則滿頭帶草花，身披五色花手巾，登跳號哭良久，攛下火内，同主屍焚化，以爲殉葬之禮。番人殷富者甚多，買賣交易行使中國歷代銅錢。書記亦有字，如鎖俚(Soli, Čola)字同。無紙筆，用茭蔁(kajang)葉以尖刀刻之。亦有文法，國語甚美軟。斤秤之法，每斤二十兩，每兩十六錢，每錢四姑邦（kubana），每姑邦該官秤二分一氂八毫七絲五忽，每錢該官秤八分七氂五毫，每兩該官秤一兩四錢，每斤該官秤二十八兩。升斗之法，截竹爲升，爲一姑剌（kulak），該中國官升一升八合，每番斗一斗爲一榡黎(nalik)，該中國官斗一斗四升四合。每月至十五十六夜，月圓淸明之夜，番婦二十餘人或三十餘人，聚集成隊，一婦爲首，以臂膊遞相聯綰不斷，于月下徐步而行。爲首者口唱番歌一句，衆皆齊聲和之，到親戚富貴之家門首，則贈以銅錢等物，名爲步月行樂而已。有一等人以紙畫人物鳥獸鷹蟲之類，如手卷樣，以三尺高二木爲畫榦，止齊一頭，其人蟠膝坐於地，以圖畫立地，每展出一段，朝前番語高聲解說此段來歷，衆人圍坐而聽之，或笑或哭，便如說平話一般。國人最喜中國青花磁器，幷麝香銷金紵絲燒珠之類，則用銅錢買易。國王常差頭目以船隻裝載方物進貢中國。」(註九)

明史卷三二四爪哇傳曰：

「爪哇(Java)在占城(Campa)西南。元世祖時遣使臣孟琪往，黥其面，世祖大擧伐之，破其國而還。洪武二年(一三六九)太祖遣使以卽位詔諭其國。其使臣先奉貢於元，還至福建而元亡，因入居京師，太祖復遣使送之還，且賜以大統曆。三年(一三七〇)以平定沙漠頒詔曰：『自古爲天下主者，視天地所覆載，日月所照臨，若遠若近，生人之類，莫不欲其安土而樂生。然必中國安而後四方萬國順附，邇元君妥懽帖木兒荒淫昏弱，志不在民，天下英雄，分裂疆宇。朕憫生民之塗炭，興舉義兵，攘除亂略，天下軍民，共尊朕居帝位，國號大明，建元洪武。前年克取元都，四方底定，占城安南高麗諸國，俱來朝貢。今年遣將北征，始知元君已沒，獲其孫買的里八剌，封爲崇禮侯。朕倣前代帝王治理天下，惟欲中外人民各安其所。又慮諸蕃僻在遠方，未悉朕意，故遣使者往諭，咸使聞知。」九月其王昔里八達剌蒲遣使奉金葉表來朝貢方物，宴賚如禮。五年（一三七二）又遣使隨朝使常克敬來貢上元所授宣敕三道。八年（一三七五）又貢。十年（一三七七）王八達那巴那務遣使朝貢。（註一〇）其國又有東西二王，東番王勿院勞網結，西番王勿勞波務各遣使朝貢，天子以其禮意不誠，詔留其使，已而釋還之。十二年（一三七九）王八達那巴那務遣使朝貢。明年（一三八〇）又貢。時遣使賜三佛齊王印綬，爪哇誘而殺之，天子怒，留其使月餘，將加罪，已遣還，賜敕責之。十四年（一三八一）遣使貢黑奴三百人及他方物。明年（一三八二）又貢黑奴男女百人，大珠八顆，胡椒七萬五千斤。二十六年（一三九三）再貢，明年（一三九四）又貢。成祖卽位，詔諭其國。永樂元年（一四〇三）又遣副使聞良輔行人甯善賜其王絨錦織金文綺紗羅。使者既行，其西王都馬板(Tumapěl)遣使入賀，復命中官馬彬等賜以鍍金銀印，西王遣使謝賜印，貢方物。而東王孛令達哈亦遣使朝貢請印命遣官賜之，自後二王並貢。三年（一四〇五）遣中官鄭和使其國。明年（一四〇六）西王與東王構兵，東王戰敗，國被滅。適朝使經東王地，部卒入市，西王國人殺之，凡百七十人。西王懼，遣使謝罪，帝賜敕切責之，命輸黃金六萬兩以贖。六年（一四〇八）再遣鄭和使其國，西王獻黃金萬兩，禮官以輸數不足，請下其使於獄。帝曰：朕於遠人，欲其畏罪而已，寧利其金耶，悉捐之。自後比年一貢，或間歲一貢，或一歲數貢。中官吳賓鄭和先後使其國，時舊港（Palembang）地有爲爪哇侵據者，滿剌加（Malaka）國王矯朝命索之。帝乃賜敕曰：『前中官吳慶還言王恭待敕使，有加無替。比聞滿剌加國索舊港之地，王甚疑懼。朕推誠待人，若果許之，必有敕諭，王何疑焉。小人浮詞，愼勿輕聽。』十三年（一四一五）其王改名揚惟西沙，遣使謝恩貢方物。時朝使所攜卒有遭風飄至班卒兒（Pančūr, Baros）國者，爪哇人珍班聞之，用金贖還，歸之王所。十六年（一四一八）王遣使朝貢，因送還諸卒。帝嘉之，賜敕獎王，并優賜珍班。自是朝貢使臣大率每歲一至。正統元年（一四三六）使臣馬用良言先任八諦來朝，蒙恩賜銀帶，今爲亞烈秩四品，乞賜金帶，從之。閏六月遣古里（Calicut）蘇門荅剌（Samudra）錫蘭山（Ceylan）柯枝（Cochin）天方（Mekka）加異勒（Cail）阿丹（Aden）忽魯謨斯（Ormuz）祖法兒（Zufar）甘巴里（Koyampadi？）眞臘（Kamboja）使臣偕爪哇使臣郭信等同往。賜爪哇敕曰：『王自我先朝，修職勿怠，朕今嗣，復遣使來朝，意誠具悉。宣德（一四二六至一四三五）時有古里等十一國來貢，今因王使者歸，令諸使同往，王其加意撫卹，分遣還國，副朕懷遠之忱。』五年（一四四〇）使臣回，遭風溺死五十六人，存者八十三人，仍返廣東，命所司廩給，俟便舟附歸。八年（一四四三）廣東參政張琰言：爪哇朝貢頻數，供億費煩，敝中國以事遠人非計，帝納之。其使還，賜敕曰：『海外諸邦，並三年一貢，王亦宜體卹軍民，一遵此制。』十一年（一四四六）復三貢，後乃漸稀。景泰三年（一四五二）王巴剌武（Prabhu）遣使朝貢。天順六年（一四六〇）王都馬班遣使入貢，使者還至安慶，酗酒與入貢番僧鬬，僧死者六人，禮官請治伴送行人罪，使者敕國王自治，從之。成化元年（一四六五）入貢。弘治十二年（一四九九）貢使遭風舟壞，止通事一舟達廣東，禮官請敕所司量予賜賚遣還，其貢物仍進京師，制可。自是貢使鮮有至者。其國近占城，二十晝夜可至。元師西征，以至元二十九年（一二九二）十二月發泉州，明年（一二九三）正月即抵其國，相去止月餘。宣德七年（一四三二）入貢表書一千三百七十六年。蓋漢宣帝元康元年（前六五）乃其建國之始也。（註一一）地廣人稠，性兇悍，男子無少長貴賤皆佩刀，稍忤輒相賊，故其甲兵爲諸番之最。字類瑣里（Soli, Čola）無紙筆，刻於茭葦葉。氣候常似夏，稻歲二稔。無几榻匕箸。人有三種：華人流寓者服食鮮華；他國賈人居久者，亦尙雅潔；其本國人最汚穢，好啖蛇蟻蟲蚓，與犬同寢食，狀黝黑，猱頭赤脚，崇信鬼道。殺人者避之三日卽免罪。父母死舁至野，縱犬食之，不盡則大戚，燔其餘，妻妾多燔以殉。其國一名莆家龍（Pekalongan），又曰下港，曰順塔。萬曆（一五七三至一六一九）時紅毛番（註一二）築土庫於大澗東，佛郎機（註一三）築於大澗西，歲歲互市，中國商旅亦往來不絕。其國有新村（Geresik）最號饒富，中華及諸番商船輻輳，其地寶貨塡溢，其村主卽廣東人。永樂九年（一四一一）自遣使表貢方物。」

同卷闍婆傳曰：

「闍婆古曰闍婆達，宋元嘉（四二四至四五三）時始朝中國，唐曰訶陵，又曰社婆，其王居闍婆城。宋曰闍婆，皆入貢。洪武十一年（一三七八）其王摩那駝喃遣使奉表貢方物，其後不復至。或曰爪哇卽闍婆，然元史爪哇傳不言，且曰其風俗物產無所考。太祖時兩國並時入貢，其王之名不同，或本爲二國，其後爲爪哇所滅，然不可考。」(註一四)

(註一)看參交廣印度兩道考八六至一〇二頁。

(註二)南史作闍婆達，此婆達與達應衍。

(註三)此訶陵確指爪哇。昔日印度移民常以印度古國名名其僑居之地，故恒河以東諸地受印度化者多有梵名，如林邑占城梵名占波(Campa)，雲南梵名健陀羅(Gand ara)或毘提訶(Videha)皆其例，已則爪哇之以訶陵爲名亦無足異，訶陵亦印度國名，大唐西域記作羯餕伽。

(註四)蒲家龍乃爪哇北岸名。

(註五)諸蕃志蘇吉丹條云「蘇吉丹卽闍婆之支國，西接新拖(Sunda)，東連打板(Tuban)，有山峻極名保老岸(Tanjong Pautuman ?)」——參看 Hirth & Rockhill, Chau Ju Kua, pp. 75-87.

(註六)麻逸國名首見諸蕃志，參看本書上編第八章。

(註七)參看島夷志略校注爪哇條後考證，其說間有牽合附會之處，然大致可取。

(註八)參看本書上編第九章。

（註九）參看瀛涯勝覽校注爪哇條，羅登比闍耶襲擊元軍出境後，建設滿者伯夷帝國，自號 Kertarajasa。立國迄於十五世紀末年，國勢甚盛，不僅統治爪哇全島，並斥地至於蘇門答剌馬來半島以及馬來半島東部諸島。嗣後回教輸入，信奉回教諸王聯合共滅滿者伯夷帝國，相傳其時在一五二〇年。繼滿者伯夷帝國而興者為Demak王國，一五六八年 Pajan 王國繼之，一五八六年 Mataram 王國又繼之。自回教輸入以後，佛教遂亡。關於滿者伯夷帝國之領地者，可參考 Ferrand 撰大食波斯突厥文輿記第二冊六五一頁及六六六頁附錄之爪哇史頌及 Pasé 諸王史。

（註一〇）昔里八達剌蒲與八達那巴那務應屬一人，昔里是爪哇語 Seri 之對音，此言吉祥，八剌蒲或巴那務是爪哇語 Prabhu 之對音，此言主君，皆尊號而非人名。考滿者伯夷帝國最盛時代，適當 Hayam Vurruk 一名 Rajasanagara 在位之時，（此王在位始一三五〇迄一三八九）爪哇蘇門答剌馬來羣島東部諸島及馬來半島南部皆隸其版圖，明史所載之國王應指此人。至若東西二王疑指諸小王。

（註一一）案爪哇適用塞迦（Saka）紀元，其元年較晚於西曆紀元七十八年，則其建元之始在漢章帝建初四年，表文之一千三百七十六年當西曆一千四百五十四年，則在景泰五年，疑修史者誤以是年表文作宣德七年（一四三二）也。

（註一二）紅毛番指和蘭，明史卷三二五有傳。

（註一三）佛郎機指葡萄牙，明史卷三二五有傳。

（註一四）案闍婆爪哇本爲同名異譯，殆史官不察，誤分爲兩國，明史不乏其例，如卷三三二西域傳之 Herat 既有哈烈傳，復有黑婁傳，即其例已。

第四章 三佛齊傳

梵文載籍中有地名金洲（Suvarṇadvīpa），證以義淨大唐西域求法高僧傳貞固道宏等傳，知爲室利佛逝（Śrīvijaya）國統治之蘇門答剌島。此島爲印度文化東漸之第一站，而室利佛逝國地處東西交通之要衝，故梵文大食文亦有著錄。大食人名此國曰 Jawaka, Zābag, Śribuza，惟其記載皆不若中國載籍之詳。此國文化雖古，然與中國之交通僅盛於唐宋元明四朝。據義淨之記載，知此國在唐時佛教盛行；據趙汝适諸蕃志，知宋以來名此國曰三佛齊，南海之地爲其屬國者十五；據汪大淵島夷志略知此國都城所在之浡淋邦（Palembang）一名舊港，據明史知洪武九年（一三七六）洪武十年（一三七七）滿者伯夷（Majapahit）已威服三佛齊而役屬之。茲輯史傳與記關係此島之文於下方：（註一）

新唐書卷二二二下室利佛逝傳曰：

「室利佛逝（Śrīvijaya）一曰尸利佛誓。過軍徒弄（Kundrang）山（註二）二千里，地東西千里，南北四千里而遠，有城十四，以二國分總。西曰郎婆露斯，（註三）多金汞砂龍腦。夏至立八尺表，影在表南二尺五寸。國多男子，有橐它，豹文而犀角，以乘且耕，名曰它牛豹。又有獸類野豕，角如山羊，名曰雩，肉味美以饋饍。其王號曷蜜多。咸亨至開元（六七〇至七四一）間數遣使者朝，表爲邊吏侵掠，有詔廣州慰撫。又獻侏儒僧祇女各二及歌舞，官使者爲折衝，以其王爲左威衛大將軍，賜紫袍金鈿帶。後遣子入獻，詔宴于曲江，宰相會册封賓義王，授右金吾衛大將軍還之。」

諸蕃志卷上三佛齊國條曰：

「三佛齊（Śrīvijaya）間於眞臘（Kamboja）闍婆（Java）之間，管州十有五，在泉之正南，冬月順風月餘方至凌牙（Liṅga）門，經商三分之一始入其國。國人多姓蒲（Pu, Mpu），累甓爲城，周數十里。國王出入乘船，身纏縵布，蓋以絹傘，衞以金標。其人民散居城外，或作牌水居，鋪板覆茅。不輸租賦。習水陸戰，有所征伐，隨時調發。立酋長率領，皆自備兵器糗糧，臨敵敢死，伯於諸國。無緡錢，止鑿白金貿易。四時之氣，多熱少寒，豢畜頗類中國。有花酒，椰子酒，檳榔蜜酒，皆非麵糵所醞，飲之亦醉。國中文字用番書，以其王指環爲印，亦有中國文字，上表章則用焉。國法嚴，犯姦男女悉寘極刑。國王死，國人削髮成服，其侍人各願殉死，積薪烈焰，躍入其中，名曰同生死。有佛名金銀山，佛像以金鑄，每國王立，先鑄金形以代其軀。用金爲器皿，供奉甚嚴，其金像器皿各鐫誌示後人勿毁。國人如有病劇，以銀如其身之重施國之窮乏者，亦可緩死。俗號其王爲龍精。（註四）不敢穀食，惟以沙糊（sagu）食之，否則歲旱而穀貴。浴以薔薇露，用水則有巨浸之患。有百寶金冠重甚，每大朝會，惟王能冠之，他人莫勝也。傳禪則集諸子以冠授之，能勝之者則嗣。舊傳其國地面忽裂成穴，出牛數萬成羣奔突入山，人競取食之，後以竹木窒其穴，遂絕。土地所產，瑇瑁，腦子，沉速，暫香，粗熟香，香降眞，丁香，檀香，荳蔻外，有眞珠，乳香，薔薇水，梔子花，膃肭臍，沒藥，蘆薈，阿魏，木香，蘇合油，象牙，珊瑚樹，貓兒睛，琥珀，番布，番劍等，皆大食（Arabes）諸番所產，萃於本國。番商興販，用金銀，甆器、錦、綾、纈絹、糖、鐵、酒、米、乾良薑，大黄，樟腦等物博易。其國在海中，扼諸番舟車往來之咽喉，古用鐵鍊爲限，以備他盜，操縱有機，若商舶至則縱之，比年寧謐，撤而不用。堆積水次，土人敬之如佛，舶至則祠焉。沃以油則光焰如新，鱷魚不敢踰爲患。若商舶過不入，即出船合戰，期以必死，故國之舟輻輳焉。蓬豐（Pahang）登牙儂

(Treṅganu) 淩牙斯加 (Laṅkāsuka) 吉蘭丹 (Kelantan) 佛羅安 (Beranang) 日羅亭 (Yiruḍiṅgam) 潛邁 (Khmer?) 拔沓 (Battak) 單馬令 (Tāmbraliṅga) 加羅希 (Grahi, Jaya) 巴林馮 (Palembang) 新拖 (Sunda) 監篦 (Kāmpar) 藍無里 (Lāmurī) 細蘭 (Silan, Ceylan) 皆其屬國也。其國自唐天祐(九〇四至九〇六)始通中國。皇朝建隆間,(九六〇至九六二)凡三遣貢。淳化三年(九九二)告爲闍婆所侵,乞降詔諭本國,從之。咸平六年(一〇〇三)上言本國建佛寺以祝聖壽,願賜名及鐘,上嘉其意,詔以承天萬壽爲額,併以鐘賜焉。至景德(一〇〇四至一〇〇七)祥符(一〇〇八至一〇一六)天禧(一〇一七至一〇二一)元祐(一〇八六至一〇九三)元豐(一〇七八至一〇八五)貢使絡繹,輒優詔獎慰之。其國東戎牙路 (Jaṅgala)」。(註五)

宋史四八九三佛齊傳曰:

「三佛齊 (Śrīvijaya) 國,蓋南蠻之別種,與占城 (Campa) 爲鄰,居眞臘 (Kamboja) 闍婆 (Java) 之間,所管十五州。土產紅藤,紫礦,箋沉香,檳榔,椰子。無緡錢,土俗以金銀貿易諸物。四時之氣，多熱少寒，冬無霜雪。人用香油塗身。其地無麥，有米及青白豆。雞魚鵝鴨，頗類中土；有花酒，椰子酒，檳榔酒，蜜酒，皆非麴蘖所醞，飲之亦醉。樂有小琴小鼓，崑崙奴踏曲爲樂。國中文字用梵書，（註六）以其王指環爲印，亦有中國文字，上表章卽用焉。累甓爲城，周數十里。用椰葉覆屋，人民散居城外。不輸租賦，有所征伐，隨時調發，立酋長率領，皆自備兵器糧糗。汎海使風二十日至廣州。其王號詹卑，（註七）其國居人多蒲（Pu, Mpu）姓，唐天祐元年（九〇四）貢物，授其使都蕃長蒲訶栗寧遠將軍，建隆元年（九六〇）九月，其王悉利胡大霞里檀（Seri Kuda Haridona ?）遣使李遮帝來朝貢。二年（九六一）夏又遣使蒲蔑貢方物。是冬，其王室利烏耶（Srī Wuja?）遣使茶野伽，副使嘉末吒朝貢。其國號生留，（註八）王李犀林男迷日來亦遣使同至貢方物。三年（九六二）春，室利烏耶又遣使李麗林，副使李鵶末，判官吒吒壁等來貢，迴賜以白犛牛尾，白磁器，銀器，錦線鞍轡二副。開寶四年（九七一）遣使李何末以水晶火油來貢。五年（九七二）又來貢。七年（九七四）又貢象牙，乳香，薔薇水，萬歲棗，褊桃，白沙糖，水晶，指環，瑠璃瓶，珊瑚樹。八年（九七五）又遣使蒲陁漢等貢方物，賜以冠帶器幣。太平興國五年（九八〇）其王夏池（Haji）遣使茶龍眉來。是年潮州言：三佛齊國蕃商李甫誨乘船船載香藥犀角象牙至海口。會風勢不便，飄船六十日至潮州，其香藥悉送廣州。八年（九八三）其王遐至（Haji）遣使蒲押陁羅來貢水晶佛錦布犀牙，香藥。雍熙二年（九八五）舶主金花茶以方物來獻。端拱元年（九八八）遣使蒲押陁黎貢方物。淳化三年（九九二）冬，廣州上言：蒲押陁黎前年自京迴，聞本國爲闍婆所侵，住南海凡一年。今春乘船至占城，偶風信不利，復還，乞降詔諭本國，從之。咸平六年（一〇〇三）其王思離朱囉無尼佛麻調華（Śrīcuḷamaṇivarmadeva）（註九）遣使李加排，副使無陁李南悲來貢，且言本國建佛寺以祝聖壽，願賜名及鐘。（註一〇）上嘉其意，詔以承天萬壽爲寺額，幷鑄鐘以賜，授加排歸德將軍，無陁李南悲懷化將軍。大中祥符元年（一〇〇八）其王思離麻囉皮（Śrīmāravijayottuṅgavarman）（註一一）遣使李眉地，副使蒲婆藍，判官麻河勿來貢，許赴泰山，陪位於朝覲壇，遣賜甚厚。天禧元年（一〇一七）其王霞遲蘇勿吒蒲迷（Haji Sumuṭabhūmi）（註一二）遣使蒲謀西等奉金字表，貢眞珠，象牙，梵夾經，崑崙奴，詔許謁會靈觀，遊太淸寺，金明池，及還，賜其國詔書禮物以慰奬之。天聖六年（一〇二八）八月，其王室離疊華（Śrīdeva）遣使蒲押陀羅歇，及副使判官亞加盧等來貢方物；舊制，遠國使入貢，賜以間金塗銀帶，時特以渾金帶賜之。熙寧十年（一〇七七）使大首領地華伽囉（Devakala）來，以爲保順慕化大將軍，賜詔寵之曰：『吾以聲教覆露方域，不限遠邇，苟知夫忠義而來者，莫不錫之華爵，耀以美名，以寵異其國。爾悅慕皇化，浮海貢琛，吾用汝嘉，併超等秩，以昭忠義之勸。』元豐中（一〇七八至一〇八五）使至者再，率以白金，眞珠，婆律，薰陸香備方物。廣州受表入言，俟報乃護至闕下，天子念其道里遙遠，每優賜遣歸。二年（一〇七九）賜錢六萬四千緡，銀一萬五百兩，官其使羣陀畢羅爲寧遠將軍，官陀旁亞里爲保順郎將。畢羅乞買金帶白銀器物，及僧紫衣師牒，皆如所請給之。三年（一〇八〇）廣州南蕃綱首，以其主管國事國王之女唐字書，寄龍腦及布與提舉市舶孫迥，迥不敢受，言於朝，詔令估直輸之官，悉市帛以報。五年（一〇八二）遣使皮襪，副使胡仙，判官地華加羅來入見，以金蓮花貯眞珠龍腦撒殿；官皮襪爲懷遠將軍，胡仙加羅爲郎將；加羅還至雍邱病死，賻以絹五十匹。六年（一〇八三）又以其使薩打華滿爲將軍，副使羅悉沙文，判官悉理沙文爲郎將。紹聖中（一〇九四至一〇九七）再入貢。紹興二十六年（一一五六）其王悉利麻霞囉蛇（Śrīmaharāja, Seri Maharāja）遣使入貢，帝曰：遠人向化，嘉其誠耳，非利乎方物也。其王復以珠獻宰臣秦檜，詔償其直而收之。淳熙五年（一一七八）復遣使貢方物，詔免赴闕，館於泉州。」

島夷志略三佛齊條曰：

「自龍牙（Linga）門去，五晝夜至其國。人多姓蒲（Pu, Mpu），習水陸戰，官兵服藥，刀兵不能傷，以此雄諸國。其地人烟稠密，田土沃美，氣候暖，春夏常雨。俗淳，男女椎髻，穿青棉布短衫，繫東冲布。喜潔淨，故於水上架屋。採蚌蛤爲鮓，煮海爲鹽，釀秫爲酒。有酋長。地產梅花片腦，中等降眞香，檳榔木，棉布，細花木。貿易之貨，用色絹，紅硝珠，絲布，花布，銅鐵鍋之屬。舊傳其國地忽穴出牛數萬，人取食之，後用竹木塞之乃絕。」

島夷志略舊港條曰：

「自淡港（Sumi Sunsan）入彭家門（Banka），民以竹代舟。道多磚塔。田利倍於他壤，云一年種穀，三年生金，言其穀變而爲金也。後西洋人（註一三）聞其田美，故造舟來，取田內之土骨以歸彼田，爲之脈而種穀，舊港之田，金不復生，亦怪事也。氣候稍熱，男女椎髻，以白布爲捎。煮海爲鹽，釀椰漿爲酒。有酋長。地產黃熟香頭，金顏香，木棉花，冠諸蕃，黃蠟，粗降眞，絕香，鶴頂，中等沉速。貿易之貨用門邦丸珠，四色燒硃，麒麟粒，處甆，銅鼎，五色布，大小水埕，甕之屬。」（註一四）

瀛涯勝覽舊港條曰：

「舊港，卽古名三佛齊（Śrīvijaya）國是也，番名曰浡淋邦（Palembang）屬爪哇（Java）國所轄。東接爪哇國，西接滿剌加（Malaka）國界，南距大山，北臨大海。諸處船來，先至淡港入彭家（Baṅka）門裏，繫船於岸，岸上多磚塔，用小船入港內，則至其國。國人多是廣東漳泉州人逃居此地。人甚富饒，地土甚肥，諺云：一季種穀，三季收稻，正此地也。地方不廣，人多操習水戰。其處水多地少，頭目之家都在岸地造屋而居，其餘民庶皆在木筏上蓋屋居之，用椿纜拴繫在岸，水長則筏浮，不能淹沒，或欲於別處居者，則起椿連屋移去，不勞搬移。其港中朝暮二次暗長潮水。國人風俗婚姻死葬之禮，以至言語及飲食衣服等事，亦皆與爪哇相同。昔洪武（一三六八至一三九八）年間，廣東人陳祖義等全家逃於此處，充爲頭目，甚是豪橫，凡有經過客人船隻，輒便刼奪財物。至永樂五年（一四〇七）朝廷差太監鄭和等統領西洋大䑸寶船到此處，有施進卿者，亦廣東人也，來報陳祖義兒橫等情，被太監鄭和生擒陳祖義等回朝伏誅。就賜施進卿冠帶，歸舊港爲大頭目，以主其地。本人死，位不傳子，是其女施二姐爲王，一切賞罰黜陟皆從其制。土產鶴頂鳥，黃速香，降眞香，沉香，金銀香，黃蠟之類。金銀香中國與他國皆不出，其香如銀匠鈒銀器黑膠相似，中有一塊似白蠟一般在內，好者白多黑少，低者黑多白少，燒其香氣味甚烈，爲觸人鼻，西番并鎖俚（Soli, Čola）人等甚愛此香。鶴頂鳥（buceros）大如鴨，毛黑頸長，嘴尖，其腦蓋骨厚寸餘，外紅裹如黃蠟之嬌，甚可愛，謂之鶴頂。堪作腰刀靶鞘擠機之類。又出一等火雞（casoar）大如仙鶴，圓身簇頸，比鶴頸更長，頭上有軟紅冠，似紅帽之狀，又有二片生於頸中，嘴尖，渾身毛如羊毛稀長，青色，脚長鐵黑，爪甚利害，亦能破人腹，腸出即死，好吃炔炭，遂名火雞，用棍打碎莫能死。又山產一等神獸，名曰神鹿（tapir），如巨猪，高三尺許，前半截黑，後一段白花毛純短可愛，嘴如猪嘴不平，四蹄亦如猪蹄，卻有三跆，止食草木，不食葷腥。其牛，羊，猪，犬，鷄，鴨，并蔬菜瓜果之類，與爪哇一般皆有。彼處人多好博戲，如把龜弈棋鬬雞之類，皆賭錢物，市中交易亦使中國銅錢，并用布帛之類。國王亦每以方物進貢朝廷，逮今未絕。」

明史卷三二四三佛齊傳曰：

「三佛齊（Śrīvijaya）古多干陀利，（註一五）劉宋孝武帝時（四五四至四六四）常遣使奉貢。梁武帝時（五〇二至五四九）數至。宋名三佛齊，修貢不絕。洪武三年（一三七〇）太祖遣行人趙述詔諭其國。明年（一三七一）其王馬哈剌札八剌卜（Mahārāja Prabhu）遣使奉金葉表，隨入貢黑熊，火雞，孔雀，五色鸚鵡，諸香，苾布，兜羅被諸物。詔賜大統曆及錦綺有差；戶部言其貨舶至泉州，宜徵稅，命勿徵。七年（一三七四）王麻那哈寶林邦（Mahārāja Palembaṅ）遣使來貢。八年（一三七五）正月復貢。九月王僧伽烈宇蘭遣使隨詔諭拂菻國朝使入貢。九年（一三七六）怛麻沙那阿者卒，子麻那者巫里（Mahārāja Wuli?）嗣。明年（一三七七）遣使貢犀牛，黑熊，火雞，白猴，紅綠鸚鵡，龜筒，及丁香，米腦諸物。使者言嗣子不敢擅立，請命於朝，天子嘉其義，命使臣齎印敕封爲三佛齊國王。時爪哇（Java）強，已威服三佛齊而役屬之，聞天朝封爲國王與己埒，則大怒，遣人誘朝使邀殺之，天子亦不能問罪，其國益衰，貢使遂絕。三十年（一三九七）禮官以諸蕃久缺貢，奏聞。帝曰：『洪武初諸蕃貢使不絕，邇者安南，占城（Campa）眞臘（Kamboja）暹羅（Siam）爪哇，大琉球，三佛齊，浡泥（Borneo）彭亨（Pahang）百花，蘇門答剌（Sumatra）

西洋等三十國，以胡惟庸作亂（一三八〇），三佛齊乃生間諜，給我使臣至彼。爪哇王聞知，遣人戒飭，禮送還朝。由是商旅阻遏，諸國之意不通，惟安南、占城、眞臘、暹羅、大琉球朝貢如故，大琉球且遣子弟入學。凡諸蕃國使臣來者，皆以禮待之，我視諸國不薄，未知諸國心若何。今欲遣使爪哇，恐三佛齊中途阻之，聞三佛齊本爪哇屬國，可述朕意，移咨暹羅，俾轉達爪哇。』於是部臣移牒曰：『自有天地以來，即有君臣上下之分，中國四裔之防，我朝混一之初，海外諸蕃，莫不來享。豈意胡惟庸謀亂，三佛齊遂生異心，給我信使，肆行巧詐。我聖天子一以仁義待諸蕃，何諸蕃敢背大恩，失君臣之禮。倘天子震怒，遣一偏將將十萬之師，恭行天罰，易如覆手，爾諸蕃何不思之甚。我聖天子嘗曰：安南、占城、眞臘、暹羅、大琉球皆修臣職，惟三佛齊梗我聲教。彼以蕞爾之國，敢倔強不服，自取滅亡，爾暹羅恪守臣節，天朝眷禮有加，可轉達爪哇，令以大義告諭三佛齊，誠能省愆從善，則禮待如初。』時爪哇已破三佛齊，據其國，改其名曰舊港，三佛齊遂亡。國中大亂，爪哇亦不能盡有其地，華人流寓者，往往起而據之。有梁道明者，廣州南海縣人，久居其國，閩粵軍民泛海從之者數千家，推道明爲首，雄視一方，會指揮孫鉉使海外，遇其子，挾與俱來。永樂三年（一四〇五），成祖以行人譚勝受與道明同邑，命偕千戶揚信等齎敕詔之，道明及其黨鄭伯可隨入朝貢方物，受賜而還。四年（一四〇六）舊港頭目陳祖義遣子士良，道明遣從子觀政並來朝。祖義亦廣東人，雖朝貢而爲盜海上，貢使往來者苦之。五年（一四〇七）鄭和自西洋還，遣人詔諭之，祖義詐降，潛謀邀劫。有施進卿者告於和，祖義來襲，被禽，獻於朝，伏誅。時進卿適遣壻邱彥誠朝貢，命設舊港宣慰司，以進卿爲使，錫誥印及冠帶，自是屢入貢。然進卿雖受朝命，猶服屬爪哇，其地狹小，非故時三佛齊比也。二十二年（一四二四）遣使入貢，訴舊印爲火燬，帝命重給，其後期貢漸稀。嘉靖末（一五六六）廣東大盜張璉作亂，官軍已報克獲。萬曆五年（一五七七）商人詣舊港，見璉列市爲蕃舶長，漳泉人多附之，猶中國市舶官云。其地爲諸蕃要會，在爪哇之西，順風八晝夜可至，轄十五州，土沃宜稼，語云一年種穀，三年生金，言收獲盛而貿金多也。俗富好淫。習於水戰，鄰國畏之。地多水，惟部領陸居，庶民皆水居，編筏築室，繫之於樁，水漲則筏浮，無沉溺患，徙則拔樁去之，不費財力。下稱其上曰詹卑，猶國君也。後大酋所居，即號詹卑國（Jambi），改故都爲舊港。初本富饒，自爪哇破滅後，漸致蕭索，商舶鮮至，其地風俗物產，具詳宋史。」

（註一）西文撰述可參考 Ferrand 崑崙及南海古代航行考；蘇門答剌古國考；Coedès 室利佛逝國，見河內遠東法國學校校刊一九一八年刊第六分；Mookerji, Indian Shipping 編。

（註二）軍徒弄山賈耽記廣州通海夷道作軍突弄山（參看本書上編第六章）卽大食人之 Kundrang，今之 Pulo Condore 島，明代載籍中之崑崙山也。

（註三）郎婆露斯伯希和交廣印度兩道考（一二八至一三三頁）採 Kern 之說，考訂爲蘇門答剌西岸之 Baros，亦卽大食人輿記中之 Balūs，義淨之婆魯師洲，然於「郎」字旣未考其對音，亦未斷爲衍文。余以爲此郎婆露斯殆別有所指，考大食人輿記中有 Langabalūs 以名 Nicobar 羣島，卽唐代載籍中之裸人國，明代載籍中之翠藍嶼，疑卽此郎婆露斯之對音。「二國分總」猶言室利佛逝分爲二洲，西洲爲裸人國，東洲爲蘇門答剌。諸蕃志屬國十五，無此島名，疑視其爲本國也。突厥人 Sīdī Alī Čelebī (1554) 行紀名此島曰 Nagabāra，印度 Tanjore 城一〇三〇年所建 Tamil 語文碑，名此島曰 Nakkavāram 應是此突厥語名之所本。

（註四）案 Tamil 語詩及南海故事，闍婆迦島有龍城 (Nāgipura) 及注輦 (Cūliyan, Čola) 王娶龍女 (Nāgī) 生子之事。

（註五）原註作「或作重迦盧」，皆 Jaṅgala 之對音。

（註六）宋史南海諸國傳多錄諸蕃志文，此處諸蕃志原作番書，宋史改作梵書，核以南海出土碑文，室利佛逝國所用文字或爲梵文，或以梵文寫南海語。

（註七）案詹卑一名首見嶺外代答卷二，據載一一七九年三佛齊國遣詹卑國使入貢，則詹卑爲地名，非王名。明史三佛齊傳云：下稱其上曰詹卑，猶國君也，後大酋所居卽號詹卑國。考詹卑卽 Palembang 北 Jambi 河名之對音，謂爲君號，不知何所本。

（註八）朱留疑爲末留之誤，古譯作摩羅遊，Malayu 之對音也。

（註九）此王名見注輦王所立梵文碑，參看蘇門答剌古國考三三頁。

（註一〇）案此與註九引注輦碑文所誌之朱羅摩尼跋摩寺疑同爲一事。

（註一一）此王名亦見註九所引注輦碑。

（註一二）考其對音應是 Haji Sumuṭabhūmi，霞遲宋史同傳亦作夏池或霞至，古爪哇語猶言王；蒲猶言地或國；蘇勿吒乃 Sūmūtra 或 Sumuṭa 之對音，乃今蘇門答剌（Sumatra）島名見於中國載籍之最古記錄，則爲王號，非王名矣。——參看西域南海史地考證譯叢續編一二一至一二五頁。

（註一三）據此知稱印度洋爲西洋始於元代，不僅明代惟然也。

（註一四）島夷志略兩誌此島者，蓋以三佛齊稱全島，以舊港稱巴林馮也。

（註一五）千陁利梁書卷五四有傳，傳僅言國在南海洲上，其俗與林邑扶南略同，未明著其在何洲。明史之比附似本於張燮東西洋考，是書卷三舊港條云：舊港古三佛齊國也，初名千陀利，又名渤淋，然未知其何所本。明人考證史地類多附會之說，未能必室利佛逝國之前，初名千陀利也。考其對音應作 Kandali，梵語猶言芭蕉實，昔日南海似無此國名。

第五章　南海羣島諸國傳

南海以南，太平洋印度洋間，島嶼無數，其間能成爲大國者有二：曰室利佛逝，曰滿者伯夷，具詳本編第三四兩章。此外蘇門答剌爪哇兩島中之支國，與夫其他諸島國曾與中國通而經史傳輿記著錄者，何止數十國，茲特於本章中裒輯其文而比附之。但以今地可考者爲限，餘多不錄，其無事蹟可供參稽如島夷志略所誌諸國，亦僅錄其重要者而已。首蘇門答剌，次爪哇，次爪哇海中諸島，次渤泥，次蘇祿，次菲律賓羣島，次美洛居羣島。

（一）蘇門答剌（Pasè）（註一）

島夷志略須文答剌（Sūmūṭra, Pasè）條曰：

「峻嶺掩抱，地勢臨海，田磽穀少，男女繫布縵，俗薄。其酋長人物修長，一日之間必三變色，或青或黑或赤。每歲必殺十餘人，取自然血浴之，則四時不生疾病，故民皆畏服焉。男女椎髻，繫紅布。土產腦子粗降眞香，味短，鶴頂，斗錫。種茄樹高丈有餘，經三四年不瘁，生茄子以梯摘之，如西瓜大，重十餘斤。貿易之貨用西洋絲布，樟腦，薔薇水，黃油傘，青布五色緞之屬。」

瀛涯勝覽蘇門答剌國條曰：

「蘇門答剌（Sūmūṭra）國，國卽古須文達那（Sūmūṭra）國是也。其處乃西洋之總路，寶船自滿剌加（Malaka）國向西南，好風五晝夜，先到濱海一村名答魯蠻，繫船，往東南十餘里可到。其國無城郭，有一大溪皆淡水流出於海，一日二次潮水長落，其海口浪大，船隻常有沈沒，其國南去有百里數之遠是大深山；北是大海；東亦是大山，至阿魯（Arū）國界：正西邊大海。其山連小國二處，先至那孤兒（Battak）王界，又至黎代（Lidé）王界，其蘇門答剌國王，先被那孤兒花面王侵掠，戰鬬身中藥箭而死。有一子幼小不能與父報仇。其王之妻與衆誓曰：有能報夫死之讐，復全其地者，吾願妻之，共主國事。言訖本處有一漁翁奮志而言，我能報之。遂領兵衆當先殺敗花面王，復雪其讐。花面王被殺，其衆退伏，不敢侵擾。王妻於是不負前盟，卽與漁翁配合，稱爲老王，家室地賦之類，悉聽老王裁制。永樂七年（一四〇九）効職進貢方物，而沐天恩。永樂十年（一四一二）復至其國，其先王之子長成，陰與部領合謀殺義父漁翁，奪其位，管其國。漁翁有嫡子名蘇幹剌（Sekandar）領衆挈家逃去鄰山自立一寨，不時率衆侵復父讎。永樂十三年（一四一五）正使太監鄭和等統領大䑸寶船到彼，發兵擒獲蘇幹剌，赴闕明正其罪。其王子感荷聖恩，常貢方物於朝廷。其國四時氣候不齊，朝熱如夏，暮寒如秋，五月七月間亦有瘴氣。山產硫黃，出於巖穴之中，其山不生草木，土石皆焦黃色。田土不廣，惟種旱稻，一年二熟，大小二麥皆無。其胡椒倚山居住人家置園種之，藤蔓而生，若中國廣東甜菜樣，開花黃白色，結椒成實，生則青，老則紅，候其半老之時，摘採曬十貨賣，其椒粒虛大者，卽此處椒也。每官秤一百斤，彼處賣金錢八十，直銀一兩。果有芭蕉子、甘蔗、莽吉柿、波羅蜜之類。有一等臭果，番名賭爾焉（durian），如中國水雞頭樣，長八九寸，皮生尖刺，熟則五六瓣裂開，若爛牛肉之臭，內有栗子大酥白肉十四五塊，甚甜美可食，其中更皆有子，炒而食之，其味如栗。酸橘甚廣，四時常有，若洞庭獅柑綠橘樣，其味不酸，可以久留不爛。又一等酸子，番名俺拔（amba, mango），如大消梨樣，頗長，綠皮，其氣香烈，欲食簽去其皮，批切外肉而食，酸甜甚美，核如雞子大。其桃李等果俱無。蔬菜有葱蒜薑芥，東瓜至廣，長久不壞，西瓜綠皮紅子，有長二三尺者。人家廣養黃牛，乳酪多有賣者。

羊皆黑色，並無白者。雞無剮者，番人不識扇雞，惟有母雞，雄雞大者七斤，略煮便軟，其味甚美，絕勝別國之雞。鴨脚低矮，大有五六斤者。桑樹亦有，人家養蠶不會繰絲，只會做棉。其國風俗淳厚，言語書記婚喪穿拌衣服等事，皆與滿剌加國相同。其民之居住，其屋如樓，高不鋪板，但用椰子檳榔二木劈成條片，以藤札縛，再鋪藤簟，高八尺，人居其上，高處亦鋪閣柵。此處多有番船往來，所以國中諸般番貨多有賣者。其國使金錢錫錢，金錢番名底那兒（dinar）以七成淡金鑄造，每箇圓徑官寸五分，而底有紋，官秤二分三釐，一曰每四十八箇重金一兩四分。錫錢番名加失，凡買賣恆以錫錢使用。國中一應買賣交易，皆以十六兩爲一斤，數論價以通行四方。」

明史卷三二五蘇門答剌傳曰：

「蘇門答剌（Sūmūṭra）在滿剌加（Malaka）之西，順風九晝夜可至，或言卽漢條枝唐波斯大食二國地，西洋會要也。成祖初遣使以卽位詔諭其國。永樂二年（一四〇四）遣副使聞良輔行人寗善賜其酋織金文綺絨錦紗羅招徠之。中官尹慶使爪哇，便道復使其國。三年（一四〇五）鄭和下西洋，復有賜，和未至，其酋宰奴里阿必丁已遣使隨慶入朝貢方物，詔封爲蘇門答剌國王，賜印誥綵幣襲衣，遂比年入貢，終成祖世不絕。鄭和凡三使其國。先是其王之父與鄰國花面王戰，中矢死。王子年幼，王妻號於衆曰：孰能爲我報仇者，我以爲夫，與共國事。有漁翁聞之，率國人往擊，馘其王而還，王妻遂與之合，稱爲老王。既而王子年長，潛與部領謀殺老王，而襲其位，老王弟蘇幹剌逃山中，連年率衆侵擾。十三年（一四一五）和復至其國，蘇幹剌以頒賜不及己，怒統數萬人邀擊，和勒部卒及國人禦之，大破賊衆，追至南渤利 (Lāmurī) 國，俘以歸，其王遣使入謝。宣德元年（一四二六）遣使入賀。五年（一四三〇）帝以外蕃貢使多不至，遣和及王景弘遍歷諸國。頒詔曰：『朕恭膺天命，祗承太祖高皇帝太宗文皇帝仁宗昭皇帝大統，君臨萬邦，體祖宗之至仁，普輯寧於庶類，已大赦天下，紀元宣德。爾諸蕃國，遠在海外，未有聞知，茲遣太監鄭和王景弘等齎詔往諭，其各敬天道，撫人民，共享太平之福。』凡歷二十餘國，蘇門答剌與焉。明年（一四三一）遣使入貢者再。八年（一四三三）貢麒麟。九年（一四三四）王弟哈利之漢來朝，卒於京，帝憫之，贈鴻臚少卿，賜誥，有司治喪葬，置守塚戶。時景弘再使其國，王遣弟哈尼者罕隨入朝。明年（一四三五）至，言王老不能治事，請傳位於子，乃封其子阿卜賽亦的爲國王，自是貢使漸稀。成化二十二年（一四八六）其使者至，廣東有司驗無印信勘合，乃藏其表於庫，卻還其使，別遣番人輸貢物京師，稍有給賜，自後貢使不至。迨萬曆間（一五七三至一六一九）國兩易姓，其時爲王者人奴也。奴之主爲國大臣，握兵柄。奴桀黠，主使牧象，象肥，俾監魚稅，日以大魚奉其主。主大喜，俾給事左右。一日隨主入朝，見王尊嚴若神，主鞠躬惟謹。出謂主曰：主何恭之甚。主曰：彼王也，焉敢抗。曰，主弟不欲王爾，欲之，主卽王矣。主詫叱退之。他日又進曰：王左右侍衛少，主擁重兵出鎮，必入辭，請以奴從，主言有機事，乞屏左右，王必不疑，奴乘間刺殺之，奉主爲王猶反掌耳。主從之，奴殺王，大呼曰：王不道吾殺之，吾主卽王矣，敢異議者齒此刃，衆懾服不敢動，其主遂篡位，任奴爲心腹，委以兵柄。未幾奴復殺主而代之，乃大爲防衛，拓其宮，建六門，不得闌入，雖勳貴不得帶刀上殿，出乘象，象駕亭而帷其外，如是者百餘，俾人莫測王所在。其國俗頗淳，出言柔媚，惟王好殺，歲殺十餘人，取其血浴身，謂可除疾。貢物有寶石，瑪瑙，水晶，石青，回回青，善馬，犀牛，龍涎香，沉香，速香，木香，丁香，降眞香，刀，弓，錫，鎖服，胡椒，蘇木，硫黃之屬。貨舶至貿易稱平。地本瘠，無麥有禾，禾一歲二稔。四方商賈輻輳，華人往者以地遠價高，獲利倍他國。其氣候朝如夏，暮如秋，夏有瘴氣。婦人裸體，惟腰圍一布。其他風俗類滿剌加，篡弒後易國名曰啞齊（Acheh, Achin)。」

同卷須文達那傳曰；

「須文達那（Sūmūṭra）洪武十六年（一三八三）國王殊旦麻勒兀達盼遣使俺八兒來朝，貢馬二匹，幼苾布十五匹，隔著布入的力布各二匹，花滿直地二，番緜紬直地二，兜羅緜二斤，撒剌八二箇，幼賴革著一箇，撒哈剌一箇，及薔薇水沉香降香速香諸物，命賜王大統曆綺羅寶鈔，使臣襲衣。或言須文達那卽蘇門答剌，洪武時（一三六八至一三九八）所更，然其貢物與王之名皆不同，無可考。」

（二）藍無里（Lāmurī）（註二）

諸蕃志藍無里國條曰：

「藍無里（Lāmurī）國土產蘇木象牙白藤，國人好鬬，多用藥箭。北風二十餘日到南毗（Nambūri）管下細蘭（Ceylan）國。自藍無里風帆將至其國，必有電光閃爍，知是細蘭也，（註三）其王黑身而逆毛，露頂不衣，止纏五色布，躡金線紅皮履，出騎象，或用軟兜，日啖檳榔，煉眞珠爲灰。屋宇悉用貓兒睛及青紅寶珠瑪瑙雜寶粧飾，仍用藉地以行。東西有二殿，各植金樹，柯莖皆用金花，實幷葉則以猫兒睛青紅寶珠等爲之，其下置金椅，以琉璃爲壁。王出朝，早升東殿，晚升西殿，坐處常有寶光，蓋日影照射琉璃與寶樹相映，如霞光閃爍然。二人常捧金盤，從承王所唾檳榔滓，從八月輸金一鎰於官庫，以所承檳榔滓內有梅花腦幷諸寶物也。王握寶珠徑五寸，火燒不煖，夜有光如炬，王日用以拭面，年九十餘顏如童。國人肌膚甚黑，以縵纏身，露頂跣足，以手掬飯，器皿用銅。有山名細輪疊(Sirandib, Pic d' Adam)，頂有巨人跡，長七尺餘，其一在水內，去山三百餘里。其山林木低昂，周環朝拱，產貓兒睛紅玻璃腦青紅寶珠。地產白荳蔻木蘭皮麤細香，番商轉易用檀香丁香腦子金銀甆器馬象絲帛等爲貨，歲進貢于三佛齊(Palembang)。」

島夷志略喃哑哩條曰：

「地當喃哑哩(Lāmuri)(註四)之要衝，大波如山，動盪日月，望洋之際，疑若無地。民居環山，各得其所。男女椎髻，露體，繫布捎。田瘠穀少，氣候暖，俗尚刼掠，亞於牛單錫也。(註五)地產鶴頂龜筒玳瑁降眞香，冠於各番。貿易之貨用金銀鐵器薔薇水紅絲布樟腦青白花碗之屬。夫以舶歷風濤，回經此國，幸而免於魚龍之厄，而又罹虎口，莫能逃之，亦風迅雨之乖時使之然哉，」

瀛涯勝覽南浡里國條曰：

「自蘇門答剌（Pasè）往正西，好風行三晝夜可到。其國邊海，人民止有千家，餘皆是回回人，甚朴實。地方東接黎代（Lidé）王界，西北皆臨大海，南去是山，山之南又是大海。國王亦是回回人。王居屋處，用大木高四丈，如樓起造，樓下俱無裝飾，縱放牛羊牲畜在下，樓上四邊以板折落，甚潔，坐臥食處皆在其上，民居之屋與蘇門答剌國同。其處黃牛水牛山羊雞鴨蔬菜皆少，魚鰕甚賤，米穀少。使用銅錢。山產降眞香，此處至好，名蓮花降，并有犀牛。國之西北海內有大平頂峻山，半日可到，名帽山（Pulo weh?）。其山之西，亦皆大海，正是西洋也，番名那沒嚟（Lāmurī）洋。西來過洋船隻收帆，俱望此山爲准。其邊二丈上下淺水內，生海樹，彼人撈取爲寶物貨賣，卽珊瑚也：其樹大者高二三尺，根頭有一大拇指大，根如墨之沉黑，如玉石之温潤，稍上椏枝婆娑可愛，根頭大處可碾爲帽珠器物。其帽山脚下亦有居民二三十家，各自稱爲王，若問其姓名，則曰阿菰喇楂，我便是王，以答，或問其次，則曰阿菰喇楂，我亦是王，甚可笑也。其國屬南浡里國所轄，其南浡里王常跟寶船將降眞香等物貢於中國。」

明史卷三二五南渤利傳曰：

「南渤利（Lāmurī）在蘇門答剌（Pasé）之西，順風三晝夜可至。王及居民皆回回人，僅千餘家，俗朴實，地少穀，人多食魚蝦。西北海中有山甚高大，曰帽山（Pulo weh?）其西復大海，名那沒黎（Lāmurī）洋，西來洋船俱望此山爲準。近山淺水內生珊瑚樹，高者三尺許。永樂十年（一四一二）其王馬哈麻沙遣使附蘇門答剌使入貢。賜其使襲衣，賜王印誥錦綺羅紗綵幣，遣鄭和撫諭其國。終成祖時比年入貢。其王子沙者罕亦遣使入貢。宣德五年（一四三〇）鄭和遍賜諸國，南渤利（Lāmurī）亦與焉」。

卷三二六南巫里傳曰：

「南巫里（Lāmurī）在西南海中。永樂三年（一四〇五）遣使齎璽書綵幣撫諭其國。六年（一四〇八）鄭和復往使。九年（一四一一）其王遣使貢方物，與急蘭丹（Kelantan）加異勒（Cail）諸國偕來，賜其王金織文綺金繡龍衣銷金幃幔及繖蓋諸物，命禮官宴賜遣之。十四年

「(一四一六)再貢,命鄭和與其使偕行,後不復至。」

(三)那孤兒(Battak)(註六)

島夷志略花面(Battak)條曰:

「其山逶迤,其地沮洳田極肥美,足食有餘。男女以墨汁刺于其面,故謂之花面(Battak),國名因之。氣候倍熱,俗淳,有酋長。地產牛羊雞鴨檳榔甘蔗荖葉木棉。貨用鐵條青布粗碗青處器之屬。舶經其地,不過貿易以供日用而已,餘無可興販也。」

瀛涯勝覽那孤兒國條曰:

「那孤兒王,又名花面王。其地在蘇門答剌西,地里之界相連,止是一大山村,但所管人民皆於面上刺三尖青花爲號,所以稱爲花面王。地方不廣,人民祇有千餘家。田少,人多以耕陸爲生。米糧稀少,猪羊雞鴨皆有,言語動靜與蘇門答剌國相同。土無出產,乃小國也。」

明史卷三二五那孤兒傳曰:

「那孤兒在蘇門答剌之西,壤相接,地狹止千餘家。男子皆以墨刺面爲花獸之狀,故又名花面國。猓頭裸體，男女止單布圍腰，然俗淳。田足稻禾。強不侵弱，富不驕貧，悉自耕而食，無寇盜。永樂中（一四〇三至一四二四）鄭和使其國，其酋長常入貢方物。」

（四）黎代（Lidé）

瀛涯勝覽黎代國條曰：

「黎代之地，亦一小邦也。在那孤兒地界之西；此處南是大山；北臨大海；西連南浡里國爲界。國人三千家，自推一人爲王，以主其事，屬蘇門答剌所轄。土無所產，言語行用與蘇門答剌同。山有野犀牛至多，王亦差人捕獲，隨同蘇門答剌國以進貢于中國。」

明史卷三二五黎代（Lidé）（註七）國傳曰：

「黎代在那孤兒之西南，大山，北大海，西接南渤利。居民三千家，推一人爲主，隸蘇門答剌，聲音風俗，多與之同。永樂中（一四〇三至一四二四）嘗隨其使臣入貢。」

（五）阿魯（Arū）（註八）

瀛涯勝覽啞魯（Arū）國條曰：

「自滿剌加（Malaka）國開船，好風行四晝夜可到。其國有港名淡水港一條，入港到國，南是大山，北是大海，西連蘇門答剌國界，東有平地，堪種旱稻，米粒細小，糧食頗有。民以耕漁爲業，風俗淳朴，國內婚喪等事皆與爪哇（Java）滿剌加國相同。貨用稀少，棉布名考泥，幷米穀牛羊雞鴨甚廣，乳酪多有賣者。其國王國人皆是回回人。山林中出一等飛虎，如貓大，遍身毛灰色，有肉翅，如蝙蝠一般，但前足肉翅生連後足，能飛不遠，人或有獲得者，不服家食卽死。土產黃速香金銀香之類，乃小國也。」

明史卷三二五阿魯傳曰：

「阿魯一名啞魯，近滿剌加，順風三日夜可達。風俗氣候大類蘇門答剌，田瘠少收，盛藝芭蕉椰子爲食。男女皆裸體，以布圍腰。永樂九年（一四一一）王速魯唐忽先遣使附古里（Calicut）諸國入貢，賜其使冠帶綵幣寶鈔，其王亦有賜。十年（一四一二）鄭和使其國。十七年（一四一九）王子叚河剌沙遣使入貢。十九年（一四二一）二十一年（一四二三）再入貢。宣德五年（一四三〇）鄭和使諸蕃，亦有賜，其後貢使不至。」

（六）監篦（Kāmpar）（註九）

諸蕃志監篦國條曰：

「監篦國（Kāmpar）其國當路口，舶船多泊此，從三佛齊（Palembang）國風帆半月可到。舊屬三佛齊，後因爭戰，遂自立爲王。土產白錫象牙眞珠。國人好弓箭，殺人多者，帶符標榜，互相誇詫。五日水路到藍無里（Lāmurī）國。」

（七）碟里（Dělī）（註一〇）

明史卷三二四碟里傳曰：

「碟里(Delī)近爪哇（Java）。永樂三年（一四〇五）遣使附其使臣來貢。其地尙釋教。俗淳少訴。物產甚薄。」

（八）淡洋（Tamiaṅ）（註一一）

島夷志略淡洋條曰：

「港口通官場百有餘里，洋其外海也。內有大溪之水，源二千餘里，奔流衝合於海。其海面一流之水清淡，舶人經過，往往乏水，則必由此汲之，故名曰淡洋（Tamian）過此以往，未見其海岸之水不鹹也。嶺窩有田常熟，氣候熱，風俗淳。男女椎髻，繫溜布。有酋長。地產降眞香，味與亞蘆同。米顆雖小，炊飯則香。貿易之貨用赤金鐵器粗碗之屬。」

（九）呵羅單（註一二）

宋書卷九十七呵羅單國傳云：

「呵羅單國治闍婆洲，元嘉七年（四三〇）遣使獻金剛指鐶，赤鸚鵡鳥，天竺國（Inde）白疊古貝，葉波國（Yava?）（註一三）古貝等物。十年（四三三）呵羅單國王毗沙跋摩奉表曰：『常勝天子陛下，諸佛世尊，常樂安隱，三達六通，爲世間道，是名如來，應供正覺，遺形舍利，造諸塔像，莊嚴國土，如須彌山，村邑聚落，次第羅匝，城廓館宇，如忉利天宮，宮殿高廣，樓閣莊嚴，四兵具足，能伏怨敵，國土豐樂，無諸患難，奉承先王，正法治化，人民良善，慶無不利，處雪山陰，雪水流注，百川洋溢，八味淸淨，周匝屈曲，順趣大海，一切衆生，咸得受用，於諸國土，殊勝第一，是名震旦，大宋揚都，承嗣常勝，大王之業，德合天心，仁廕四海，聖智周備，化無不順，雖人是天，護世降生，功德寶藏，大悲救世，爲我尊主常勝天子，是故至誠五體敬禮。訶羅單國王毗沙跋摩稽首問訊。』其後爲子所簒奪。十三年（四三六）又上表曰：『大吉天子足下，離淫怒癡，哀愍羣生，想好具足，天龍神等，恭敬供養世尊威德，身光明照，如水中月，如日初出，眉間自豪普照十方，其白如雪，亦如月光，清淨如華，顏色照耀，威儀殊勝，諸天龍神之所恭敬，以正法寶，梵行衆僧，莊嚴國土，人民熾盛，安隱快樂，城閣高峻，如乾多山，衆多勇士，守護此城，樓閣莊嚴，道巷平正，著種種衣，猶如天服，於一切國，爲最殊勝，吉揚州城，無憂天主，愍念羣生，安樂民人，律儀淸淨，慈心深廣，正法治化，共養三寶，名稱遠至，一切並聞，民人樂見，如月初生，譬如梵王，世界之主，一切人天恭敬作禮，訶羅單跋摩以頂禮足，猶如現前，以體布地，如殿陛道，供養恭敬，如奉世尊，以頂著地，曲躬問訊，忝承先業，嘉慶無量，忽爲惡子所見爭奪，遂失本國，今唯一心歸誠天子，以自存命，今遣毗紉問訊大家，意欲自往，歸誠宣訴，復畏大海風波不達，今命得存，亦由毗紉，此人忠志，其恩難報，此是大家國，今爲惡子所奪，而見驅擯，意頗忿惋，規欲雪復，伏願大家聽毗紉買諸鎧仗袍襖及馬，願爲料理毗紉使得時還，前遣闍邪仙婆羅訶，蒙大家厚賜，悉惡子奪去，啓大家使知，今奉薄獻，願垂納受。』此後又遣使。二十六年（四四九）太祖詔曰：『訶羅單、媻皇、媻達三國頻越遐海，款化納貢，遠誠宜甄，可竝加除授。』乃遣使策命之曰：『惟汝慕義款化，效誠荒遐，恩之所洽，殊遠必甄，用敷典章，顯玆策授，爾其欽奉凝命，永固厥職，可不愼歟。』二十九年（四五二）又遣長史槃和沙彌獻方物。」

（十）蘇吉丹（註一四）

諸蕃志蘇吉丹條曰：

「蘇吉丹卽闍婆（Java）之支國，西接新拖（Sunda），東連打板（Tuban）。有山峻極，名保老岸（Tanjong Pautuman），番舶未到，先見此山，頂聳五峯，時有雲覆其上。其王以五色布纏頭，跣足，路行蔽以涼傘，或皂或白，從者五百餘人，各持鎗劍鏢刀之屬。頭戴帽子，其狀不一，有如虎頭者，如鹿頭者，又有如牛頭羊頭雞頭象頭獅頭猴頭者。旁插小旗，以五色纈絹爲之。士人男翦髮，女打鬙，皆裹體跣足，以布纏腰。民間貿易用雜白銀鑿爲幣，狀如骰子，上鏤番官印記，六十四隻準貨金一兩，每隻博米三十升或四十升至百升，其他貿易悉用，是名曰闍婆金，可見此國卽闍婆也。架造屋宇與新拖同。地多米穀，巨富之家，倉儲萬餘碩。有樹名波羅蜜，其實如東瓜，皮如栗殼，肉如柑瓣，味極甘美。亦有荔支芭蕉甘蔗，與中國同。荔支曬乾可療痢疾，蕉長一尺，蔗長一丈，此爲異耳。蔗汁入藥，醞釀成酒，勝如椰子。地之所產，大率於闍婆無異。胡椒最多，時和歲豐貨銀二十五兩可博十包至二十包，每包五十升，設有凶歉寇擾，但易其半。採椒之人，爲辛氣薰迫，多患頭痛，餌川芎可愈。蠻婦搽抹及婦人染指甲衣帛之屬，多用硃砂，故番商興販，率以二物爲貨。厚遇商賈，無宿泊飲食之費。其地連百花園、麻東（Padang?）打板（Tuban）禧寧，戎牙路（Jangala）東峙，打綱，黃麻駐，麻篱（Bali）牛論，丹戎武囉（Tanjong pura）底勿（Timor）平牙夷，勿奴孤（Moluku?）皆闍婆之屬國也。打板國東連大闍婆，號戎牙路（原註或作重迦盧）居民架造屋宇，與中國同。其地平坦，有港通舟車往來。產青鹽綿羊鸚鵡之屬。番官勇猛，與東邊賊國爲姻，彼以省親爲名，番舶多遭劫掠之患，甚至俘人，以爲奇貨，每人換金二兩或三兩，以此商貨遂絕。（註一五）打綱（註一六）黃麻駐、麻篱、牛論、丹戎武囉、底勿、平牙夷、勿奴孤等國在海島中，各有地主，用船往來。地罕耕種，國多老樹，內產沙糊，狀如麥麵，土人用水爲圓，大如綠荳，曬乾入包，儲蓄爲糧，或用魚皮肉雜以爲羹。多嗜甘蔗芭蕉，搗蔗入藥，醞釀爲酒。又有尾巴樹，剖其心，取其汁，亦可爲酒。土人壯健凶惡，色黑而紅，裹體文身，剪髮跣足。飲食不用器皿，緘樹葉以從事，食已則棄之。民間博易，止用沙糊，準以升㪷。不識書計。植木為柵，高二丈餘，架屋其上，障蓋與新拖同。土產檀香，丁香，荳蔻，花簟，番布，鐵劍，器械等物。內丹戎武囉，麻篱尤廣袤，多蓄兵馬，稍知書計。土產降眞黃臘細香瑇瑁等物，丹戎武囉亦有之。率不事生業，相尙出海，以舟刼掠，故番商罕至焉。」

明史卷三二四蘇吉丹傳曰：

「蘇吉丹爪哇屬國，後訛為思吉港，國在山中，止數聚落。酋居吉力石（Gersik），其水濁，舟不可泊，商船但往饒洞（Yortan），其地平衍，國人皆就此貿易。其與國有思魯瓦（Surabaya）及猪蠻（Tuban），猪蠻多盜，華人鮮至。」

（十一）新拖（Sunda）

諸蕃志新拖國條曰：

「新拖（Sunda）國有港，水深六丈，舟車出入。兩岸皆民居，亦務耕種。架造屋宇，悉用木植，覆以椶櫚皮，藉以木板，障以藤蔑。男女裹體，以布纏腰，剪髮僅留半寸。山產胡椒，粒小而重，勝於打板

(Tuban)。地產東瓜甘蔗匏荳茄菜。但地無正官，好行剽掠，番商罕至興販。」

（十二）重迦羅（Jaṅgala）（註一七）

島夷志略重迦羅條曰：

「杜瓶（Tuban）之東曰重迦羅（Jaṅgala），與爪哇界相接。間有高山，奇秀不產他木，滿山皆鹽敷樹及楠樹。內一石洞，前後三門，可容一二萬人。田土亞於闍婆，氣候熱，俗淳，男女撮髻，衣長衫。地產綿羊，鸚鵡，細花木棉單，椰子，木棉花紗。貿易之貨用花銀，花宣絹，諸色布。煮海爲鹽，釀秫爲酒。無酋長，年尊者統攝。次曰諸番，相去約數日水程，曰孫陀（Sunda），曰琵琶，曰丹重，曰員嶠，曰彭里。不事耕種，專尚寇掠，與吉陀（Kĕdah）亞崎（Acheh）諸國相通交易，舶人所不及也。」

（十三）婆利（Bali）（註一八）

梁書卷五十四婆利國傳曰：

「婆利國（Bali）在廣州東南海中洲上，去廣州二月日行。國界東西五十日行，南北二十日行，有一百三十六聚。土氣暑熱，如中國之盛夏，穀一歲再熟，草木常榮。海出文螺，紫貝。有石名蚶貝羅，初採之柔軟，及刻削爲物，乾之遂大堅彊。其國人披吉貝如帊，及爲都縵。王乃用斑絲布，以瓔珞繞身，頭著金冠高尺餘，形如弁，綴以七寶之飾，帶金裝劍，偏坐金高坐，以銀蹬支足。侍女皆爲金花雜寶之飾。或持白毦拂及孔雀扇。王出以象駕輿，輿以雜香爲之，上施羽蓋珠簾，其導從吹螺擊鼓。王姓憍陳如，自古未通中國，問其先及年數不能記焉，而言白淨王夫人卽其國女也。天監十六年（五一七）遣使奉表曰：『伏承聖王，信重三寶，興立塔寺，校飾莊嚴，周徧國土。四衢平坦，清淨無穢，臺殿羅列，狀若天宮，壯麗微妙，世無與等。聖主出時，四兵具足，羽儀導從，布滿左右。都人士女，麗服光飾，市廛豐富，充積珍寶。王法清整，無相侵奪，學徒皆至，三乘競集，敷說正法。雲布雨潤，四海流通，交會萬國，長江眇漫，清冷深廣，有生咸資，莫能消穢，陰陽和暢，災厲不作。大梁揚都，聖王無等，臨覆上國，有大慈悲，子育萬民，平等忍辱，怨親無二，加以周窮，無所藏積，靡不照燭，如日之明，無不受樂，猶如淨月。宰輔賢良，羣臣貞信，盡忠奉上，心無異想。伏惟皇帝是我眞佛，臣是婆利國主，今敬稽首禮聖王足下，惟願大王，知我此心，此心久矣，非適今也，山海阻遠，無緣自達，今故遣使獻金席等，表此丹誠。』普通三年（五二二）其王頻伽復遣使珠貝智貢白鸚鵡，青蟲，兜鍪，瑠璃器，吉貝，螺杯，雜香藥等數十種。」

隋書卷八十二婆利傳曰：

「婆利（Bali）國自交阯浮海，南過赤土丹丹，乃至其國。國界東西四月行，南北四十五日行。王姓刹利邪伽名護濫那婆。官曰獨訶邪拏，次曰獨訶氏拏。國人善投輪刀，其大如鏡，中有竅，外鋒如鋸，遠以投人，無不中。其餘兵器與中國略同。俗類眞臘（Kamboja），物產同於林邑（Campa）。其殺人及盜截其手，姦者鏁其足，朞年而止。祭祀必以月晦，盤貯酒肴，浮之流水。每十一月必設大祭。海出珊瑚，有鳥如舍利，解人語。大業十二年（六一六）遣使朝貢，後遂絕。于時南荒有丹丹、盤盤二國，亦來貢方物，其風俗物產大抵相類云。」

舊唐書卷一九七婆利國傳曰：

「婆利國（Bali）在林邑（Campa）東南海中洲上，其地延袤數千里，自交州南渡海，經林邑、扶南、赤土、丹丹數國乃至焉。其人皆黑色，穿耳附璫。王姓刹利耶伽，名護路那婆，世有其位。王戴花形如皮弁，裝以眞珠瓔珞，身坐金牀。侍女有金花寶縷之飾，或持白拂孔雀扇。行則駕象，鳴金擊鼓，吹蠡爲樂。男子皆拳髮，被古貝布，橫幅以繞腰。風氣暑熱，恆如中國之盛夏。穀一歲再熟。有古貝草，緝其花以作布，麄者名古貝，細者名白㲲。貞觀四年（六三〇）其王遣使隨林邑使獻方物。」

新唐書卷二二二下環王（Campa）傳曰：

「婆利（Bali）者直環王東南，自交州汎海，歷赤土、丹丹諸國乃至。地大洲多馬，亦號馬禮（Bali），袤長數千里。多火珠，大者如雞卵，圓白照數尺，日中以艾藉珠，輒火出。產瑇瑁文螺，石坩初取柔可治，既鏤刻即堅。有舍利鳥，通人言。俗黑身朱髮而拳，鷹爪獸牙，穿耳傅璫，以古貝橫一幅繚于腰。古貝，草也，緝其花爲布，粗曰貝，精曰㲲。俗以夜爲市，自掩其面。王姓剎利邪伽，名護路那婆，世居位。繚班絲貝，綴珠爲飾，坐金榻，左右持白拂孔雀翣；出以象駕車，羽蓋珠箔，鳴金擊鼓歈蠡爲樂。其東即羅剎也，與婆利同俗。隋煬帝遣常駿使赤土，遂通中國。赤土西南入海得婆羅，總章二年（六六九）其王旃達鉢遣使者與環王使者偕朝。」

（十四）麻葉甕（Billiton）

明史卷三二三麻葉甕傳曰：

「麻葉甕（Billiton）在西海中。永樂三年（一四〇五）十月遣使齎璽書，賜物，招諭其國，迄不朝貢。自占城（Campa）靈山放舟，順風十晝夜至交欄山（Gelam），其西南即麻葉甕。山峻地平田膏腴，收穫倍他國，煮海爲鹽，釀蔗爲酒。男女椎髻，衣長衫，圍之以布，俗尚節義，婦喪夫，剺面剃髮，絕粒七日，與屍同寢，多死。七日不死則親戚勸以飲食，終身不再嫁，或於焚屍日亦赴火自焚。產玳瑁木綿黃蠟檳榔花布之屬。交欄山甚高廣，饒竹木。元史弼高興伐爪哇，遭風至此山下，舟多壞，乃登山，伐木重造，遂破爪哇。其病卒百餘，留養不歸，後益蕃衍，故其地多華人。（註一九）又有葛卜及速兒米囊二國，亦永樂三年（一四〇五）遣使賜璽書賜物招諭，竟不至。」

（十五）假里馬打（Karimata）（註二〇）

島夷志略假里馬打條曰：

「山列翠屏，闤闠臨溪，田下穀不收，氣候熱，俗澆薄。男女髡頭，以竹布爲桶樣穿之，仍繫以捎罔知廉恥。採蕉實爲食，煮海爲鹽，以適他國易米，每鹽一斤易米一斗。前代地產番羊，高大者可騎，日行五六十里，及紫玳瑁。貿易之貨用琉黃，珊瑚珠，闍婆布，青色燒珠，小花印布之屬。」

（十六）勾欄山（Gelam）（註二一）

島夷志略勾欄山條曰：

「嶺高而樹林茂密，田瘠穀少，氣候熱，俗射獵爲事。國初軍士征闍婆，遭風於山下，輒損舟。一舟幸免，唯存釘灰，見其山多木，故於其地造舟一十餘隻，若檣柁，若帆，若篙，靡不具備，飄然長往。有病卒百餘人不能去者，遂留山中，今唐人與番人叢雜而居之。男女椎髻，穿短衫，繫巫崙布。地產熊，豹，鹿麂皮，玳瑁。貿易之貨用穀米，五色絹，青布，銅器，青器之屬。」

（十七）渤泥（Borneo）（註二二）

諸蕃志渤泥國條曰：

「渤泥（Borneo）在泉之東南，去闍婆（Java）四十五日程，去三佛齊（Palembang）四十日程，去占城（Campa）與麻逸（Mait）各三十日程，皆以順風爲則。其國以板爲城，城中居民萬餘人，所統十四州。王居覆以貝多葉，民舍覆以草。王之服色略倣中國。若裸體跣足，則臂佩金圈，手帶金鍊，以布纏身，坐繩牀，出則施大布單坐其上，衆舁之，名曰軟囊。從者五百餘人，前持刀劍器械，後捧金盤，貯香腦檳榔等從。以戰船百餘隻爲衛。戰鬬則持刀披甲，甲以銅鑄，狀若大筒，穿之於身，護其腹背。器皿多用金，地無麥有麻稻，以沙糊爲糧。又有羊及雞魚。無絲蠶，用吉貝花織成布。有尾巴樹，加蒙樹，椰子樹，以樹心取汁爲酒。富室之婦女皆以花錦銷金色帛纏腰。婚聘先以酒，檳榔次之，指環又次之，然後以吉貝布，或量出金銀成禮。喪葬有棺斂，以竹爲轝，載棄山中。二月始耕則祀之，凡七年則不復祀矣。以十二月七日爲歲節，地多熱。國人宴會，鳴鼓，吹笛，擊鉢歌舞爲樂。無器皿，以竹編貝多葉爲器，食畢則棄之。其國鄰於底門國（Timor）。有藥樹，取其根煎爲膏服之，仍塗其體，兵刃所傷皆不死。土地所出梅花腦，速腦，金脚腦，米腦，黃臘，降眞香，瑇瑁。番商興販用貨金，貨銀，假錦，建陽錦，五色絹，五色茸，琉璃珠，琉璃瓶子，白錫，烏鉛，網墜，牙臂環，臙脂，漆椀楪，青甆器等博易。番舶抵岸三日，其王與眷屬率大人到船問勞，船人用錦藉跳板迎，肅款以酒醴，用金銀器皿祿蓆涼傘等分獻有差。既泊舟登岸，皆未及博易之事，商賈日以中國飲食獻其王，故舟往佛泥（Borneo）必挾善庖者一二輩與俱。朔望並講賀禮，幾月餘方請其王與大人論定物價，價定然後鳴鼓以召遠近之人，聽其貿易，價未定而私貿易者罰。俗重商賈，有罪抵死者罰而不殺。船回日，其王亦釃酒椎牛祖席，酢以腦子番布等，稱其所施。舶舟雖貿易迄事，必候六月望日排辦佛節然後出港，否則有風濤之厄。佛無他像，茅舍數層，規制如塔，下置小龕，罩珠二顆，是謂聖佛。土人云二珠其初猶小，今漸大如拇指矣。遇佛節，其王親供花菓者三日，國中男女皆至。太平興國二年（九七七）遣使蒲牙利等貢腦子，瑇瑁，象牙，檀香。其表緘封數重，紙類木皮而薄，瑩滑色微綠，長數尺，博寸餘，卷之僅可盈握。其字細小，横讀之。譯以華言云：渤泥國王向打稽首拜皇命萬歲萬歲萬萬歲。又言每年修貢易飄泊占城，乞詔占城今後勿留。館其使於禮賓院，優遣之。元豐五年（一〇八二）又遣使來貢，嗣西龍宮什廟日麗胡盧蔓頭蘇勿里馬瞻逾馬喏居海島中，用小船來往，服色飲食與渤泥同。出生香，降眞香，黃蠟，瑇瑁。商人以白瓷器酒米粗鹽白絹貨金易之。」

宋史卷四八九勃泥傳曰：

「勃泥（Borneo）國在西南大海中，去闍婆（Java）四十五日程，去三佛齊（Palembang）四十日程，去占城（Campa）與摩逸（Mait）各三十日程，皆計順風爲則。其國以版爲城，城中居者萬餘人，所統十四州。其王所居屋覆以貝多葉，民舍覆以草。在王左右者爲大人。王坐繩牀，若出即大布單坐其上，衆舁之，名曰阮囊。戰鬬者則持刀被甲，甲以銅鑄，狀若大筒，穿之於身，護其腹背。其地無麥有麻稻，又有羊及雞魚。無蠶絲，用吉貝花織成布。飲椰子酒，昏聘之資先以椰子酒，檳榔次之，指環又次之，然後以吉貝布或量出金銀成其禮。喪葬亦有棺斂，以竹爲轝，載棄山中。二月始耕則祀之，凡七年則不復祀矣。以十二月七日爲歲節。地熱多風雨。國人宴會，鳴鼓，吹笛，擊鈸，歌舞爲樂。無器，並以竹編貝多葉爲器盛食，食訖棄之。其國鄰於底門國。有藥樹，取其根煎爲膏服之，及塗其體，兵刃所傷皆不死。前代未嘗朝貢，故史籍不載。太平興國二年（九七七）其王向打遣使施弩副使蒲亞里判官哥心等賫表貢大片龍腦一家底，第二等八家底，第三等十一家底，米龍腦二十家底，蒼龍腦二十家底，凡一家底並二十兩，龍腦版五，玳瑁殼一百，檀香三橛，象牙六株。表云爲皇帝千萬歲壽，望不責小國微薄之禮。其表以數重小囊緘封之，非中國紙，類木皮而薄，瑩滑色微綠，長數尺，闊寸餘，橫卷之僅可盈握。其字細小，橫讀之，以華言譯之云：「勃泥國王向打稽首拜，皇帝萬歲萬歲萬萬歲，願皇帝萬歲壽。今遣使進貢，向打開有朝廷，無路得到。昨有商人蒲盧歇船泊水口，差人迎到州，言自中朝來，比詣闍婆國遇猛風，破其船，不得去。此時聞自中國來，國人皆大喜，卽造舶船，令蒲盧歇導達入朝貢。每年修貢慮風吹至占城界，望皇帝詔占城今有向打船到，不要留，臣本國別無異物，乞皇帝勿怪。』其表文如是，詔館其使於禮賓院，優賜以遣之。元豐五年（一〇八二）二月其王錫理麻喏復遣使貢方物，其使乞從泉州乘海舶歸國，從之。」

島夷志略浡泥條曰：

「龍山磻礴於其右，基宇雄敞，源田獲利。夏月稍冷，冬乃極熱。俗侈，男女椎髻，以五采繫腰，花錦爲衫。崇奉佛像唯嚴，尤近愛唐人，醉則扶之以歸歇處。民煮海爲鹽，釀秫爲酒。有酋長，仍選其國能算者一人掌文簿，計其出納收稅，無纖毫之差焉。地產降眞黃蠟，玳瑁，梅花片腦，其樹如杉檜，劈裂而取之，必齋浴而後往。貨用白銀赤金色緞牙箱鐵器之屬。」

明史卷三二五浡泥傳曰：

「浡泥（Borneo）宋太宗時（九七六至九九七）始通中國。洪武三年（一三七〇）八月命御史張敬之福建行省都事沈秩往使。自泉州航海閱半年抵闍婆（Java），又踰月至其國，王馬合謨沙傲慢不爲禮，秩責之，始下座拜受詔。時其國爲蘇祿（Sulu）所侵頗衰耗，王辭以貧，請三年後入貢。秩曉以大義，王既許諾，其國素屬闍婆，闍婆人間之，王意中沮。秩折之曰：闍婆久稱臣奉貢，爾畏闍婆反不畏天朝邪。乃遣使奉表箋，貢鶴頂，生玳瑁，孔雀，梅花大片龍腦，米龍腦，西洋布，降眞諸香。八月從敬之等入朝表用金，箋用銀字近回鶻，皆縷之以進。帝喜，宴賚甚厚。八年（一三七五）命其國山川附祀福建山川之次。永樂三年（一四〇五）冬其王麻那惹加那遣使入貢，乃遣官封爲國王，賜印誥敕符勘合錦綺綵幣。王大悅，率妃及弟妹子女陪臣泛海來朝，次福建，守臣以聞，遣中官往宴賚，所過州縣皆宴。六年（一四〇八）八月入都朝見，帝獎勞之，王跪致詞曰：陛下膺天寶命，統一萬方。臣遠在海島，荷蒙天恩，賜以封爵。自是國中雨暘時順，歲屢豐登，民無災厲，山川之間，珍奇畢露，草木鳥獸，亦悉蕃育，國中耆老，咸謂此聖天子覆冒所致。臣願睹天日之表，少輸悃誠，不憚險遠，躬率家屬陪臣詣闕獻謝。帝慰勞再三，命王妃所進中宮箋及方物陳之文華殿。王詣殿進獻畢，自王及妃以下悉賜冠帶襲衣。帝乃饗王於奉天門，妃以下饗於他所，禮訖送歸會同館。禮官請王見親王儀，帝令準公侯禮。尋賜王儀仗，交椅，銀器，傘，扇，銷金鞍馬，金織文綺紗羅綾絹衣十襲，餘賜賚有差。十月王卒於館，帝哀悼輟朝三日，遣官致祭，賻以繒帛，東宮親王皆祭，有司具棺槨明器，葬之安德門外石子岡，樹碑神道，又建祠墓側，有司春秋祀以少牢，謚曰恭順。賜敕慰其子遐旺，命襲封國王。遐旺與其叔父上言，臣國歲供爪哇片腦四十斤，乞敕爪哇罷歲供，歲進天朝。臣今歸國，乞命護送，就留鎮一年，慰國人之望，并乞定朝貢期及傔從人數。帝悉從之，命三年一貢，傔從惟王所遣，遂敕爪哇國免其歲供。王辭歸，賜玉帶一，金百兩，銀三千兩，及錢鈔錦綺紗羅衾褥帳幔器物，餘皆有賜。以中官張謙行人周航護行。初故王言臣蒙恩賜爵，臣境土悉屬職方，乞封國之後山爲一方鎮，新王復以爲言，乃封爲長寧鎮國之山。御製碑文，令謙等勒碑其上。其文曰：『上天佑啓我國家萬世無疆之基，誕命我太祖高皇帝全撫天下，休養生息，以治以教，仁聲義問，薄極照臨，四方萬國，奔走臣服，充湊於庭，神化感動之機，其妙如此。朕嗣守鴻圖，率由典式，嚴恭祗畏，協和所統，無間內外，均視一體，遐邇綏寧，亦克承予意。乃者浡泥國王誠敬之至，知所尊崇，慕尚聲教，益謹益虔，率其眷屬陪臣，不遠數萬里，浮海來朝，達其志，通其欲。稽顙陳辭曰：遠方臣妾，丕冒天子之恩，以養以息，既庶且安，思見日月之光，故不憚險遠，輒敢造庭。又曰：覆我者天，載我者地，使我有土地人民之奉，田疇邑井之聚，宮室之居，妻妾之樂，和味宜服，利用備器，以資其生，強罔敢侵，衆罔敢暴，實惟天子之賜。是天子功德所加，與天地並然，天仰則見，地蹐則履，惟天子遠而難見，誠有所不通，是以遠方臣妾，不敢自外，踰歷山海，躬詣闕廷，以伸其悃。朕曰：惟天惟皇考付予以天下，子養庶民，天與皇考視民同仁，予其承天與皇考之德，惟恐弗堪，弗若汝言。乃又拜手稽首曰：自天子建元之載，臣國時和歲豐，山川之藏，珍寶流溢，草木之無葩蘤者皆華而實，異禽和鳴，走獸蹌舞。國之黃叟咸曰，中國聖人德化漸暨，斯多嘉應。臣土雖遠，實天子之氓，故奮然而來覲也。朕觀其言文貌恭，動不踰則，悅喜禮教，脫略夷習，非超然卓異者不能。稽之載籍，自古遐遠之國奉若天道，仰服聲教，身致帝廷者有之，至於舉妻子兄弟親戚陪臣頓首稱臣妾於階陛之下者，惟浡泥國王一人。西南諸蕃國長未有如王賢者，王之至誠，貫於金石，達於神明，而令名傳於悠久，可謂有光顯矣。茲特錫封王國中之山爲長寧鎭國之山，賜文刻石，以著王休，於昭萬年，其永無斁。系之詩曰：炎海之墟，浡泥所處，煦仁漸義，有順無迕。慺慺賢王，惟化之慕，導以象胥，遹來奔赴。同其婦子，兄弟陪臣，稽顙闕下，有言以陳。謂君猶天，遺以休樂，一視同仁，匪偏厚薄。顧茲鮮德，弗稱所云。浪舶風檣，實勞懇勤。稽古遠臣，順來怒趄，以躬或難，矧爾家室。王心亶誠，金石其堅。西南蕃長，疇與王賢。矗矗高山，以鎭王國，鑱文於石，懋昭王德。王德克昭，王國攸寧，於萬斯年，仰我大明。』（註二三）八年（一四一〇）九月遣使從謙等入貢謝恩。明年（一四一一）復命謙賜其王錦綺紗羅綵絹凡百二十匹，其下皆有賜。十年（一四一二）九月遐旺偕其母來朝，命禮官宴之會同館，光祿寺旦暮給酒饌。明日帝饗之奉天門，王母亦有宴，越二日再宴。賜王冠帶襲衣，王母王叔父以下分賜有差。明年（一四一三）二月辭歸，賜金百，銀五百，鈔三千錠，錢千五百緡，錦四，綺帛紗羅八十，金織文繡文綺衣各一，衾褥幃幔器物咸具。自十三年（一四一五）至洪熙元年（一四二五）四入貢，後貢使漸稀。嘉靖九年（一五三〇）給事中王希文言暹羅、占城、琉球、爪哇、浡泥五國來貢，並道東莞，後因私攜賈客多，絕其貢。正德間（一五〇六至一五二一）佛郎機（Portugal）闌入流毒，概行屏絕，曾未幾年，遽爾議復，損威已甚。章下都察院，請悉遵舊制，毋許混冒。萬曆中（一五七三至一六一九）其王卒無嗣，族人爭立，國中殺戮幾盡，乃立其女爲王。漳州人張姓者，初爲其國那督，華言尊官也，因亂出奔，女主立，迎還之。其女出入王宮，得心疾，妄言父有反謀，女主懼，遣人按問其家，那督自殺，國人爲訟冤，女主悔，絞殺其女，授其子官，後遂不復朝貢，而商人往來不絕。國統十四洲，在舊港（Palembang）之西，自占城四十日可至。初屬爪哇，後屬暹羅，改名大泥（註二四）。華人多流寓其地。嘉靖（一五二二至一五六六）末閩粵海寇遺孽，逋逃至此，積二千餘人。萬曆時（一五七三至一六一九）紅毛番

(Hollande)強商其境，築土庫以居。其入彭湖互市者，所攜乃大泥國文也。諸風俗物產具詳宋史。」

明史卷三二三婆羅傳曰：

「婆羅(Borneo)又名文萊(Brunei)，東洋盡處，西洋所自起也。唐時有婆羅國，高宗時(六五〇至六八三)常入貢。永樂三年(一四〇五)十月遣使者齎璽書綵幣撫諭其王。四年(一四〇六)十二月其國東西二王並遣使奉表朝貢。明年(一四〇七)又貢。其地負山面海，崇釋教，惡殺喜施，禁食豕肉，犯者罪死。王薙髮，裹金繡巾，佩雙劍，出入徒步，從者二百餘人。有禮拜寺，每祭用犧。厥貢玳瑁，瑪瑙，硨磲，珠，白焦布，花焦布，降眞香，黃蠟，黑小廝。萬曆時(一五七三至一六一九)爲王者閩人也，或者鄭和使婆羅，有閩人從之，因留居其地，其後人竟據其國而王之。邸旁有中國碑，王有金印一，篆文，上作獸形，言永樂朝所賜，民間嫁娶必請此印印背上以爲榮。後佛郎機橫舉兵來擊，王率國人走入山谷中，放藥水流出，毒殺其人無算，王得返國。佛郎機遂犯呂宋。」

(十八)蘇祿(Sulu) (註二五)

島夷志略蘇祿條曰：

「其地以石崎山爲保障，山畬田瘠，宜種粟麥。民食沙糊魚鰕螺蛤，氣候半熱。俗鄙薄，男女斷髮，纏皂縵繫小印花布。煮海爲鹽，釀蔗漿爲酒，織竹布爲業。有酋長。地產中等降眞條，黃蠟，玳瑁，珍珠，較之沙里八丹（Jurfattan, Cannanore）（註二六）第三港等處所產，此蘇祿之珠色青白而圓，其價甚昂。中國人首飾用之。其色不退，號爲絕品，有徑寸者。其出產之地大者已直七八百餘錠，中者二三百錠，小者一二十錠。其餘小珠一萬上兩重者，或一千至三四百兩重者，出於西洋之第三港，此地無之。貿易之貨，赤金，花銀，八都剌布，青珠，處器，鐵條之屬。」

明史卷三二五蘇祿傳曰：

「蘇祿（Sulu）地近浡泥（Borneo）闍婆（Java），洪武（一三六八至一三九八）初發兵侵浡泥，大獲，以闍婆援兵至乃還。永樂十五年（一四一七）其國東王巴都葛叭哈剌、西王麻哈剌叱葛剌麻丁、峒王妻叭都葛巴剌卜（註二七）並率其家屬頭目凡三百四十餘人，浮海朝貢，進金縷表文，獻珍珠，寶石，玳瑁諸物。禮之若滿剌加（Malaka），尋並封爲國王，賜印誥襲衣冠帶及鞍馬儀仗器物，其從者亦賜冠帶有差。居二十七日，三王辭歸。各賜玉帶一，黃金百，白金二千，羅錦文綺二百，帛三百，鈔萬錠，錢二千緡，金繡蟒龍麒麟衣各一。東王次德州，卒於館，帝遣官賜祭，命有司營葬，勒碑墓道，謚曰恭定。留妻妾傔從十人守墓，俟畢三年喪遣歸。乃遣使齎敕諭其長子都馬含曰：『爾父知尊中國，躬率家屬陪臣遠涉海道萬里來朝。朕眷其誠悃，已錫王封，優加賜賚，遣官護歸，舟次德州，遭疾殞歿。朕聞之深爲哀悼，已葬祭如禮。爾以嫡長爲國人所屬，宜卽繼承，用綏藩服，今特封爾爲蘇祿國東王。爾尚益篤忠貞，敬承天道，以副眷懷，以繼爾父之志，欽哉。』十八年（一四二〇）西王遣使入貢。十九年（一四二一）東王母遣王叔叭都加蘇里來朝，貢大珠一，其重七兩有奇。二十一年（一四二三）東王妃還國，厚賜遣之。明年（一四二四）入貢，自後不復至。萬曆時（一五七三至一六一九）佛郎機（Portugal）屢攻之，城據山險，迄不能下。其國於古無所考，地瘠，寡粟麥，民率食魚蝦，煮海爲鹽，釀蔗爲酒，織竹爲布。氣候常熱。有珠池，夜望之，光浮水面。土人以珠與華人市易，大者利數十倍。商舶將返，輒留數人爲質，冀其再來。其旁近國名高藥，出玳瑁。』

（十九）三嶼

諸蕃志三嶼條曰：（註二八）

「三嶼（Mait）乃麻逸（Mait）之屬，曰加麻延（Calamian）、巴姥酉（Palawan）、巴吉弄（Busuanga）等，各有種落，散居島嶼，舶舟至，則出而貿易，總謂之三嶼。其風俗大略與麻逸同，每聚落各約千餘家。地多崇岡疊嶂，峭拔如壁，憑高依險，編茅爲屋。山無水源，婦女以首絫擎二三甕，取水於溪，登涉如履平地。窮谷別有種落，號海膽（Aëta），人形而小，眼圓而黃，虬髮露齒，巢於木顛，或三五爲羣，跧伏榛莽，以暗箭射人，多罹其害，投以甆椀，則俯拾忻然跳呼而去。番商每抵一聚落，未敢登岸，先駐舟中流，鳴鼓以招之。蠻賈爭棹小舟，持吉貝、黃蠟、番布、椰心簟等至，與貿易。如議之價未決，必賈豪自至說諭，餽以絹傘甆器藤籠，仍留一二輩爲質，然後登岸互市，交易畢則返其質，停舟不過三四日，又轉而之他。諸蠻之居環繞三嶼，不相統屬，其山倚東北隅，南風時至，激水衝山，波濤迅駛，不可泊舟，故販三嶼者率四五月間即理歸棹。博易用甆器、皂綾、纈絹、五色燒珠、鉛綱墜、白錫爲貨。蒲哩嚕（Polillo）與三嶼聯屬，聚落差盛，人多猛悍，好攻劫。海多鹵股之石，槎牙如枯木，芒刃銛於劍戟，舟過其側，預曲折以避之。產青琅玕、珊瑚樹，然絕難得。風俗博易與三嶼同。」

島夷志略三島條曰：

「居大奇山之東，嶼分鼎峙，有疊山層巒，民傍緣居之。田瘠穀少。俗質朴，氣候差暖，男女間有白者。男頂拳，婦人椎髻，俱披單衣。男子常附舶至泉州經紀，罄其資囊以文其身，旣歸其國，則國人以尊長之禮待之，延之上座，雖父老亦不得與爭焉。習俗以其至唐，故貴之也。民煑海爲鹽，釀蔗漿爲酒。有酋長。地產黃蠟，木棉花布。貿易之貨用銅珠，青白花碗，小花印布，鐵塊之屬。次曰答陪，曰海贍，曰巴弄吉，曰蒲里咾，曰東流里，無甚異產，故附此耳。」

元史卷二一〇三嶼傳曰：

「三嶼國近瑠求。(Formosa) 世祖至元三十年（一二九三）命選人招誘之，平章政事伯顏等言臣等與識者議，此國之民不及二百戶，時有至泉州爲商賈者。去年入瑠求軍船過其國，國人餉以糧食，館我將校，無它志也，乞不遣使，帝從之。」

（二十）麻逸（Mait）（註二九）

諸蕃志麻逸國條曰：

「麻逸國（Mait）在渤泥（Borneo）之北，團聚千餘家，夾溪而居。土人披布如被，或腰布蔽體。有銅佛像散布草野，不知所自。盜少至其境。商舶入港，駐於官場前，官場者，其國闤闠之所也。登舟與之雜處。酋長日用白傘，故商人必賫以爲贐。交易之例，蠻賈叢至，隨篖籮搬取物貨而去，初若不可曉，徐辨認搬貨之人，亦無遺失。蠻賈迺以其貨轉入他島嶼貿易，率至八九月始歸，以其所得準償舶商，亦有過期不歸者，故販麻逸舶回最晚。三嶼、白蒲延（Babuyan）、蒲里嚕（Polillo）、里銀東、流新、里漢等，皆其屬也。土產黃蠟、吉貝、眞珠、瑇瑁、藥檳榔、于達布。商人用甆器、貨金、鐵鼎、烏鉛、五色琉璃珠，鐵針等博易。」

島夷志略麻逸條曰：

「山勢平寬，夾溪聚落，田膏腴，氣候稍暖。俗尙節義，男女椎髻，穿青布衫。凡婦葬夫，則削其髮，絕食七日，與夫同寢，多瀕於死。七日之外不死，則親戚勸以飲食，或可全生，則終身不改其節。甚至喪夫而焚尸，則赴火而死。酋豪之喪，則殺奴婢二三千人以殉葬。民煮海爲鹽，釀糖水爲酒。地產木棉、黃蠟、玳瑁、檳榔、花布。貿易之貨用銅鼎、鐵塊、五采紅布、紅絹、牙錠之屬。蠻賈議價，領去博易土貨，然後准價，舶商守信，始終不爽約也。」

（二十一）呂宋（Luzon）（註三〇）

明史卷三二三呂宋傳曰：

「呂宋（Luzon）居南海中，去漳州甚近。洪武五年（一三七二）正月遣使偕瑣里（Soli）諸國來貢。永樂三年（一四〇五）十月遣官齎詔撫諭其國。八年（一四一〇）與馮嘉施蘭入貢，自後久不至。萬曆四年（一五七六）官軍追海寇林道乾至其國，國人助討有功，復朝貢。時佛郎機（Espagne）強與呂宋互市，久之見其國弱可取，乃奉厚賄遺王，乞地如牛皮大建屋以居，王不虞其詐而許之。其人乃裂牛皮聯屬至數千丈，圍呂宋地，乞如約。王大駭，然業已許諾，無可奈何，遂聽之，而稍徵其稅如國法。其人既得地，卽營室築城，列火器，設守禦具，爲窺伺計，已竟乘其無備，襲殺其王，逐其人民而據其國，名仍呂宋，實佛郎機也。先是閩人以其地近，且饒富商，販者至數萬人，往往久居不返，至長子孫。佛郎機既奪其國，其王遣一酋來鎭，慮華人爲變，多逐之歸，留者悉被其侵辱。二十一年（一五九三）八月酋郎雷敝裏系勝侵美洛居（Moluccas），役華人二百五十助戰。有潘和五者爲其啃官，蠻人日酣臥，而令華人操舟，稍怠輒鞭撻，有至死者。和五曰：叛死，箠死，等死耳，否亦且戰死，曷若刺殺此酋以救死，勝則揚帆歸，不勝而見縛，死未晚也。衆然之，乃夜刺殺其酋，持其首大呼，諸蠻驚起，不知所爲，悉被刃，或落水死。和五等盡收其金寶甲仗，駕舟以歸，失路之安南，爲其國人所掠，惟郭惟太等三十二人附他舟獲還。時酋子郎雷貓吝駐朔霧，聞之，率衆馳至，遣僧陳父冤，乞還其戰艦金寶，戮仇人以償父命。巡撫許孚遠聞於朝，檄兩廣督撫以禮遣僧，置惟太於理，和五竟留安南不敢返。初，酋之被戮也，其部下居呂宋者盡逐華人於城外，毁其廬，及貓吝歸，令城外築室以居。會有傳日本來寇者，貓吝懼交通爲患，復議驅逐，而孚遠適遣人招還，蠻乃給行糧遣之。然華商嗜利，趨死不顧，久之復成聚。其時礦稅使者四出，奸宄蠭起言利。有閻應龍、張嶷者，言呂宋機宜山素產金銀，採之歲可得金十萬兩，銀三十萬兩，以三十年（一六〇二）七月詣闕奏聞，帝卽納之，命下，舉朝駭異。御史溫純疏言：『近中外諸臣爭言礦稅之害，天聽彌高，今雲南李鳳至汙辱婦女六十六人，私運財賄至三十巨舟，三百大扛，勢必見戮於積怒之衆，何如及時撤之，猶不失威福操縱之柄。緬以寶井故，提兵十萬將犯內地，西南之蠻岌岌可憂，而閩中奸徒又以機易山事見告，此其妄言，眞如戲劇。不意皇上之聰明，而誤聽之。臣等驚魂搖曳，寢食不寧。異時變與禍起，費國家之財不知幾百萬，倘或剪滅不早，其患又不止費財矣。臣聞海澄市舶高寀已歲徵三萬金，決不遺餘力而讓利，卽機宜越在海外，亦決無遍地金銀，任人採取之理，安所得金十萬銀三十萬以實其言。不過假借朝命，闌出禁物，勾引諸番，以逞不軌之謀，豈止煩擾公私貽害海澄一邑而已哉。昔年倭患，正緣奸民下海私通，大姓設計勒價，致倭賊憤恨，稱兵犯順。今以朝命行之，害當彌大，及乎兵連禍結，諸奸且效汪直曾一本輩故智，負海稱王，擁兵列寨，近可以規重利，遠不失為尉佗，於諸亡命之計得矣，如國家大患何。乞急寘於理，用消禍本。」言官金忠士曹於汴朱吾弼等亦連章力爭，皆不聽。事下，福建守臣持不欲行，而迫於朝命，乃遣海澄丞王時和百戶干一成偕嶷往勘。呂宋人聞之大駭，華人流寓者謂之曰：天朝無他意，特是奸徒橫生事端，今遣使者按驗，俾奸徒自窮，便於還報耳。其酋意稍解，命諸僧散花道旁，若敬朝使，而盛陳兵衞迓之。時和等入，酋為置宴，問曰：天朝欲遣人開山，山各有主，安得開，譬中華有山，可容我國開耶。且言樹生金豆，是何樹所生。時和不能對，數視嶷。嶷曰：此地皆生，何必問豆何自。上下皆大笑，留嶷欲殺之，諸華人共解，乃獲釋歸。時和還任，卽病悸死，守臣以聞，請治嶷妄言罪。事已止矣，而呂宋終自疑，謂天朝將襲取其國，諸流寓者爲内應，潛謀殺之。明年聲言發兵侵旁國，厚價市鐵器，華人貪利，盡鬻之，於是家無寸鐵。酋乃下令，錄華人姓名，分三百人爲一院，入即殲之。事稍露，華人羣走菜園，酋發兵攻，衆無兵仗，死無算。奔大崙山，蠻人復來攻，衆殊死鬬，蠻兵少挫。酋旋悔，遣使議和，衆疑其僞，撲殺之。酋大怒，斂衆入城，設伏城旁，衆饑甚，悉下山攻城。伏發，衆大敗，先後死者二萬五千人。酋尋出令，諸所掠華人貲悉封識貯庫，移書閩中守臣，言華人將謀亂，不得已先之，請令死者家屬往取其孥與帑。巡撫徐學聚等亟告變於朝，帝驚悼，下法司議奸徒罪。三十二年（一六〇四）十二月議上，帝曰：嶷等欺誑朝廷，生釁海外，致二萬商民盡膏鋒刃，損威辱國，死有餘辜，即梟首傳示海上。呂宋酋擅殺商民，撫按官議罪以聞。學聚等乃移檄呂宋，數以擅殺罪，令送死者妻子歸，竟不能討也。其後華人復稍稍往，而蠻人利中國互市，亦不拒，久之復成聚。時佛郎機已併滿剌加，益以呂宋，勢愈強，横行海外，遂據廣東香山澳，築城以居，與民互市，而患復中於粤矣。」

（二十二）文老古（Moluccas）（註三一）

島夷志略文老古條曰：

「益溪通津，地勢卑窄，山林茂密。田瘠稻少。氣候熱。俗薄。男女椎髻，繫花竹布爲捎。以象齒樹之內室爲供養之具。民煮海爲鹽，取沙糊爲食。地產丁香，其樹滿山，然多不常生，三年中間或二年熟。有酋長。地每歲望唐舶販其地，往往以五梅雞雛出，必唐船一隻來，二雞雛出必有二隻，以此占之，如響斯應。貿易之貨用銀鐵，水綾，絲布，巫崙八節那澗布，土印布，象齒，燒珠，青甆器，埕器之屬。」

明史卷三二三美洛居傳曰：

「美洛居（Moluccas）俗訛爲米六合，居東海中，頗稱饒富。酋出威儀甚備，所部合掌伏道旁。男子削髮，女椎結。地有香山，雨後香墜，沿流滿地，居民拾取不竭，其酋委積充棟，以待商舶之售。東洋不產丁香，獨此地有之，可以辟邪，故華人多市易。萬曆時（一五七三至一六一九）佛郎機來攻，其酋戰敗請降，乃宥令復位，歲以丁香充貢，不設戍兵而去。已紅毛番橫海上，知佛郎機兵已退，乘虛直抵城下，執其酋語之曰：若善事我，我爲若主，殊勝佛郎機也。酋不得已聽命復位如故。佛郎機酋聞之大怒，率兵來攻，道爲華人所殺，語具呂宋傳。時紅毛番雖據美洛居，率一二歲率衆返國，既返復來。佛郎機酋子既襲位，欲竟父志，大舉兵來襲，值紅毛番已去，遂破美洛居，殺其酋，立己所親信主之。無何紅毛番至，又破其城，逐佛郎機所立酋，而立美洛居故王之子。自是歲構兵，人不堪命。華人流寓者遊說兩國，令各罷兵，分國中萬老高山爲界，山以北屬紅毛番，南屬佛郎機，始稍休息，而美洛居竟爲兩國所分。」

（二十三）古里地悶（Tīmūr, Timor）（註三二）

島夷志略古里地悶條曰：

「居加羅（Jaṅgala）（註三三）之東北，山無異木，唯檀樹爲最盛。以銀鐵碗，西洋絲布，色絹之屬爲之貿易也。地謂之馬頭，凡十有二所，有酋長。田宜穀粟，氣候不齊，朝熱而夜冷。風俗淫濫，男女斷髮，穿木棉短衫，繫占城布。市所酒肉價廉。婦不知恥。部領目縱食而貪酒色之餘。臥不覆被。至染疾者多死，倘在番苟免，回舟之際，櫛風沐雨，其疾發而爲狂熱，謂之陰陽交，交則必死。昔泉之吳宅發舶稍衆，百有餘人，到彼貿易，既畢，死者十八九，間存一二，而多羸弱乏力。駕舟隨風回船，或時風恬浪息，黃昏之際，則狂魂蕩唱，歌舞不已，夜半則添炬燁耀，使人魂遊而膽寒，吁，良可畏哉。然則其地互市，雖萬倍之利何益，昔柳子厚謂海賈以利易生，觀此有甚者乎。」

（註一）案今 Sumatra 在晚近始爲全島之稱，蓋由 Sūmūṭra 一名所轉出。其先原爲島北岸之國名，今在 Pasè 河上之 Samudra 村，宋史首先著錄其譯名曰蘇勿吒，（參看前章註十二）島夷志略譯名作須文答剌，元史譯名作速木都剌，修明史者不知蘇門答剌與須文達那是同名異譯，因析爲兩傳，其實指一地也。此島名稱在波斯載籍中首先著錄者爲爪哇（Jāwa），雖名爪哇，實指蘇門答剌全島，剌史德丁（Rašīdu-d-Dīn）（一三一〇）書云：過藍無里（Lāmurī）有地名 Sūmūṭra，即指蘇門答剌城也。

（註二）藍無里大食文名稱首見於十三世紀時人賽德（Ibn Saīd）書，作 Lāmurī。此書亦名全島曰爪哇。馬可波羅書作 Lambri。漢譯名：諸蕃志首作藍無里，島夷志略作喃哑哩，瀛涯勝覽國名作南浡里，海名作那沒嚟，明史亦不解南巫里與南渤利爲同名異譯，亦兩傳之。

（註三）下文言錫蘭國事，殆有錯簡，誤接於藍無里傳後。

（註四）島夷志略廣證云，此下疑脫洋字。

（註五）牛單錫應爲單馬錫之誤，單馬錫乃 Tumasik 之對音，今星加坡也。

（註六）諸蕃志三佛齊傳（參看本編第四章）屬國十五，中有拔沓（Battak）即此國也。那孤兒對音未詳，一三六五年爪哇史頌中有國名 Nagor，然地在馬來半島，與蘇門答剌之那孤兒方位不符。

（註七）明史黎代並誤黎伐，茲改正。

（註八）阿魯剌史德丁書作 Arū，Sīdī Alī Čelebī（一五五四）書作 Arūh，據云：蘇門答剌東岸海亦不深，阿晉港周圍海水尤淺。

（註九）監篦卽蘇門答剌東岸之 Kampar。元史世祖本紀有乾伯國，疑指此國。

（註一〇）碟里應爲 Delī 之對音，在今淡洋之南，別有同名之國，明史譯名作底里，卽今印度都城，亦寫作 Delhi

（註一一）淡洋在啞齊之南，乃 Tamian 之對音。元史成宗本紀作毯陽。

（註一二）呵羅單對音未詳，「治闍婆洲」，則應在爪哇島中。舊考謂其爲馬來半島之 Kelantan 者，誤也。惟蘇門答剌島有地名 Karitan，得亦爲呵羅單古名之遺存於今者，然則此闍婆亦可解作蘇門答剌島矣。隋書卷八二赤土傳云：「南訶羅旦國」，殆指同一國也。

（註一三）考一三六五年爪哇史頌（Nāgarakrētāgama），其中 Jāwa 與 Yāwa 並列，皆指後之爪哇島，足證古寫之對音可作闍婆，亦可作葉波，惟不能必其爲今之爪哇，抑今之蘇門答剌也。

（註一四）蘇吉丹既西接新拖，東連打板，應在爪哇中部，舊考謂其對音是 Sukatana 而指渤泥洲南部爪哇人之僑居地，似誤。蘇門答剌島東南亦有地名 Sukadana，亦不得謂爲中國載籍中之蘇吉丹也。

（註一五）原註「賊國丹重布囉、琶離、孫他、故論是也」案此丹重布囉應是前文爪哇屬國中之丹戎武囉。爪哇人稱渤泥洲爲 Tanjongpura，殆指此洲；琶離應是前文爪哇屬國中之麻篱，今 Bali 也；孫他應指新拖，今之 Sunda 也；故論疑指 Gurun 島，別譯作崑崙者是已。

（註一六）三寶瓏（Samarang）舊名作 Takang，殆其對音。

（註一七）諸蕃志蘇吉丹條戎牙路原註「或作重迦盧」皆 Jangala 之對音也。

（註一八）古之婆利與本章註十五之毯離麻偈應是 Bali 之同名異譯。太平御覽卷七八七引扶南土俗傳云：「諸薄國東有馬五洲」伯希和謂諸薄殆指爪哇，其東之大洲舍 Bali 莫屬，馬五殆爲馬立之譌，與新唐書「婆利亦號馬禮」之譯音亦符，參看交廣印度兩道考九〇頁。

（註一九）交欄山元史作勾欄山，參看本書上編第九章。

（註二〇）元史史弼傳作假里馬答，參看本書上編第九章。

（註二一）參看本章註十九。明史交欄山附見麻葉甕傳後。

（註二二）渤泥首見蠻書作渤泥，應是大食人之 Burni，今之 Borneo。爪哇史頌名 Burunen。爪哇僑民名此州曰 Tanjong pura，參看本章註十五。明史作婆羅，雖指同一地域，然婆羅譯名出新唐書卷二二二下環王（Campa）傳。傳云：「赤土西南入海得婆羅……」此婆羅不得爲渤泥，明史之附會不一而足，此其一端也。

（註二三）尤侗外國傳卷三渤泥傳碑文與明史頗異，疑史官有所改竄，如尤傳之「稽古遠夷」，明史作「稽古遠臣」，可以證已。

（註二四）案大泥應是 Patani 之省稱，吉蘭丹在其境內，則地在馬來半島東岸，東西洋考始誤以大泥爲渤泥，史官仍其誤，後文所言皆馬來半島事，與渤泥無涉也。

（註二五）案蘇祿即今 Sulu 羣島，爪哇史頌作 Solot。中國載籍譯名殆以此爲首見。

（註二六）沙里八丹 Philipps 考作 Masulipatam，藤田豐八以爲是 Solipatam 之對音，指 Negapatam，即大唐西域求法高僧傳無行傳中之那伽鉢亶那；（參看上編第七章）伯希和考作大食語之 Jurfattan，今 Cannanore，今從其說。

（註二七）東西洋考卷五蘇祿傳云：「其國東王巴都葛叭答剌，西王巴都葛叭蘇哩，峒王巴都葛叭剌卜各率其妻子酋目來朝……三王者東王爲長，西王亞之，峒王又亞之。」記載與明史異。明史殆有脫誤。

（註二八）參看上編第八章諸蕃志三嶼條。

（註二九）參看上編第八章諸蕃志麻逸條。

（註三〇）呂宋譯名始見吾學編。

（註三一）案 Moluccas 之譯名首見島夷志略。Sīdī Alī Čelebī 書作 Molūkū。

（註三二）諸蕃志闍婆條作底勿，渤泥條作底門，東西洋考作遲悶池悶。據 Gerini 說，古里乃吉里之訛，吉里乃 gili 之對音，南海語猶言島也。

（註三三）星槎勝覽所載傳聞之國，幾盡採諸島夷志略，其古里地悶條云：「其國在重迦羅之東，」則加羅之上應脫重字。

第六章　馬來半島諸國傳

馬來半島諸國名見史傳與記，今可考者凡十一國，僅知國在半島而難確定其方位者四：曰丹丹，亦作單單；曰盤盤；曰赤土；曰狼牙脩，亦作凌牙斯，龍牙犀角。確知其方位者七：曰佛囉安；曰單馬令，亦作丹馬令，丹眉流；曰彭坑，亦作彭亨；曰吉蘭丹，亦作急蘭丹；曰丁家盧，亦作丁機宜；曰滿剌加；曰柔佛。此姑就史書與記中有傳者錄之，其他異名可考者，則分疏於各傳之後。

（一）丹丹（註一）

梁書卷五十四丹丹國傳曰：

「丹丹國中大通二年（五三〇）其王遣使奉表曰：『伏承聖主，至德仁治，信重三寶，佛法興顯，衆僧殷集，法事日盛，威嚴整肅，朝望國執，慈愍蒼生，八方六合，莫不歸服，化隣諸天，非可言喻，不任慶躍，若暫奉見尊足，謹奉送牙像及塔各二軀，幷獻火齊珠，吉貝，雜香藥等。』大同元年（五三五）

復遣使獻金銀瑠璃雜寶香藥等物。」

新唐書卷二二二下單單傳曰：

「單單在振州東南，多羅磨之西，亦有州縣。木多白檀。王姓刹利，名尸陵伽，日視事，有八大臣，號八坐。王以香塗身，冠雜寶瓔，近行乘車，遠乘象。戰必吹蠡擊鼓。盜無輕重皆死。乾封（六六六至六六七）總章（六六八至六六九）時獻方物。羅越（註二）者北距海五千里，西南哥谷羅（Kakula），（註三）商賈往來所湊集，俗與墮羅鉢底（Dvaravati）同，歲乘舶至廣州，州必以聞。」

（二）盤盤（註四）

梁書卷五十四盤盤國傳曰：

「盤盤國宋文帝元嘉（四二四至四五三）孝武孝建（四五四至四五六）大明（四五七至四六四）中並遣使貢獻。大通元年（五二七）其王使使奉表曰：『揚州閻浮提震旦天子，萬善莊嚴，一切恭敬，猶如文淨無雲，明耀滿目，天子身心清淨，亦復如是。道俗濟濟，並蒙聖王光化，濟度一切，永作舟航，臣聞之慶善。我等至誠敬禮常勝天子足下，稽首問訊，今奉薄獻，願垂哀受。』中大通元年（五二九）五月累遣使貢牙像及塔，幷獻沉檀等香數十種。六年（五三四）八月復遣使送菩提國眞舍利及畫塔，幷獻菩提樹葉詹糖等香。」

舊唐書卷一九七盤盤國傳曰：

「盤盤國在林邑（Campa）西南海曲中，北與林邑隔小海，自交州船行四十日乃至。其國與狼牙修（Laṅkāsuka）國爲鄰，皆學婆羅門書，甚敬佛法。貞觀九年（六三五）遣使來朝貢方物。」

新唐書卷二二二下盤盤傳曰：

「盤盤在南海曲，北距環王（Campa）限少海，與狼牙修接，自交州海行四十日乃至。王曰揚粟翨。其民瀕水居，比木爲柵，石爲矢鏃。王坐金龍大榻，諸大人見王，交手抱肩以跽。其臣曰敦郎索濫，曰崑崙帝也，曰崑崙敦和，曰崑崙敦諦索甘，亦曰古龍，古龍者崑崙聲近耳。在外曰那延，猶中國刺史也。有佛道士祠，僧食肉，不飲酒，道士謂爲貪，不食酒肉。貞觀中（六二七至六四九）再遣使朝。其東南有箇羅，亦曰哥羅富沙羅。王姓矢利波羅，名米失鉢羅。（註五）累石爲城，樓闕宮室茨以草。州二十四。

其兵有弓矢矟殳，以孔雀羽飾纛。每戰以百象爲一隊，一象百人，鞍若檻，四人執弓矟在中。賦率輸銀二銖。無絲紵，惟古貝。畜多牛少馬。非有官不束髮。凡嫁娶納檳榔爲禮，多至二百盤，婦已嫁，從夫姓。樂有琵琶，橫笛，銅鈸，鐵鼓，蠡。死者焚之，取燼貯金罌沉之海。東南有拘蔞密海，行一月至。南距婆利（Bali）行十日至。東距不述，行五日至。西北距文單，行六日至。與赤土墮和羅（Dvaravati）同俗。永徽中（六五〇至六五五）獻五色鸚鵡。」

（三）赤土（註六）

隋書卷八十二赤土傳曰：

「赤土國扶南之別種也，在南海中，水行百餘日而達，所都土色多赤，因以爲號。東波羅剌國，西婆羅娑國，南訶羅旦國，北拒大海，地方數千里，其王姓瞿曇氏，名利富多塞，不知有國近遠，稱其父釋王位出家爲道，傳位於利富多塞，在位十六年矣。有三妻，並鄰國王之女也。居僧祇城，有門三重，相去各百許步，每門圖畫飛仙仙人菩薩之像，縣金花鈴毦。婦女數十人，或奏樂，或捧金花，又飾四婦人，容飾如佛塔邊金剛力士之狀，夾門而立。門外者持兵杖，門內者執白拂，夾道垂素網綴花。王宮諸屋悉是重閣北戶。北面而坐，坐三重之榻，衣朝霞布，冠金花冠，垂雜寶瓔珞，四女子立侍左右，兵衛百餘人，王榻後作一木龕，以金銀五香木雜鈿之，龕後懸一金光燄，夾榻又樹二金鏡，鏡前並陳金甕，甕前各有金香爐，當前置一金伏牛，牛前樹一寶蓋，蓋左右皆有寶扇。婆羅門等數百人，東西重行，相向而坐。其官有薩陀迦羅一人，陀拏達叉二人，迦利密迦三人，共掌政事，俱羅末帝一人掌刑法，每城置那邪迦（nayaka）一人，鉢帝十人。其俗等皆穿耳剪髮，無跪拜之禮，以香油塗身。其俗敬佛，尤重婆羅門。婦人作髻於項後，男女通以朝霞朝雲雜色布爲衣。豪富之室，恣意華靡，唯金鏁非王賜不得服用。每婚嫁擇吉日，女家先期五日作樂飲酒，父執女手以授壻，七日乃配焉。既娶則分財別居，惟幼子與父同居。父母兄弟死則剔髮素服，就水上構竹木爲棚，棚內積薪，以屍置上，燒香建幡，吹蠡擊鼓以送之，縱火焚薪，遂落於水，貴賤皆同，惟國王燒訖收灰，貯以金瓶，藏於廟屋。冬夏常溫，雨多霽少，種植無時，特宜稻穄白豆黑麻，自餘物產多同於交阯。以甘蔗作酒，雜以紫瓜根，酒色黃赤，味亦香美，亦名椰漿爲酒。煬帝卽位，募能通絕域者。大業三年（六〇七）屯田主事常駿，虞部主事王君政等請使赤土，帝大悅，賜駿等帛各百匹，時服一襲，而遣齎物五千段以賜赤土王。其年十月駿等自南海郡乘舟，晝夜二旬，每値便風，至焦石山而過，東南泊陵伽鉢拔多洲，西與林邑（Campa）相對，上有神祠焉。又南行至師子石，自是島嶼連接。又行二三日，西望見狼牙須國之山，於是南達雞籠島至於赤土之界。其王遣婆羅門鳩摩羅以舶三十艘來迎，吹蠡擊鼓，以樂隋使，進金鏁以纜駿船，月餘至其都。王遣其子那邪迦請與駿等禮見，先遣人送金盤，貯香花幷鏡鑷，金合二枚貯香油，金瓶八枚貯香水，白疊布四條，以擬供使者盥洗。其日未時，那邪迦又將象二頭持孔雀蓋以迎使人，幷致金花金盤以藉詔函，男女百人奏蠡鼓，婆羅門二人導路至王宮。駿等奉詔書上閣，王以下皆坐，宣詔訖，引駿等坐，奏天竺樂，事畢，駿等還館。又遣婆羅門就館送食，以草葉爲盤，其大方丈。因謂駿曰：今是大中國人，非復赤土國矣。飲食疎薄，願爲大國意而食之。後數日請駿等入宴，儀衛導從如初見之禮，王前設兩牀，牀上並設草葉盤，方一丈五尺，上有黃白紫赤四色之餅，牛羊魚鼈豬蝳蝐之肉百餘品。延駿升牀，從者坐於地席，各以金鍾置酒，女樂迭奏，禮遣甚厚。尋遣那邪迦隨駿貢方物，幷獻金芙蓉冠龍腦香，以鑄金爲多羅葉，隱起成文以爲表，金函封之。令婆羅門以香花奏蠡鼓而送之。既入海，見綠魚羣飛水上。浮海十餘日，至林邑東南，並山而行，其海水闊千餘步，色黃氣腥，舟行一日不絕，云是大魚糞也。循海北岸，達於交阯。駿以六年（六一〇）春與那邪迦於弘農謁帝，帝大悅，賜駿等物二百段，俱授秉義尉，那邪迦等官賞各有差。」

（四）狼牙脩（Laṅkāsuka）（註七）

梁書卷五十四狼牙脩國傳曰：

「狼牙脩（Laṅkāsuka）國在南海中，其界東西三十日行，南北二十日行，去廣州二萬四千里。土氣物產與扶南略同，偏多箋沉婆律香等。其俗男女皆袒而被髮，以吉貝爲干縵。其王及貴臣乃加雲霞布覆胛，以金繩爲絡帶，金鐶貫耳。女子則被布，以瓔珞繞身。其國累磚爲城，重門樓閣。王出乘象，有幡毦旗鼓，罩白蓋，兵衛甚設。國人說立國以來四百餘年，後嗣衰弱，王族有賢者，國人歸之。王聞知，乃加囚執，其鏁無故自斷，王以爲神，因不敢害，乃斥逐出境。遂奔天竺（Inde），天竺妻以長女，俄而狼牙王死，大臣迎還爲王。二十餘年死，子婆伽達多立。天監十四年（五一五）遣使阿撤多奉表曰：「大吉天子足下，離淫怒癡，哀愍衆生，慈心無量，端嚴相好，身光明朗，如水中月，普照十方，眉間白毫，其白如雪，其色照耀，亦如月光，諸天善神之所供養，以供正法。寶梵行衆增莊嚴，都邑城閣，高峻如乾陀山，樓觀羅列，道途平正。人民熾盛，快樂安穩，著種種衣，猶如天服。於一切國，爲極尊盛，天王愍念羣生，民人安樂，慈心深廣，律儀清淨，正法化治，供養三寶，名稱宣揚，布滿世界，百姓榮見，如月初生，譬如梵王，世界之主，人天一切，莫不歸依。敬禮大吉天子足下，猶如現前，忝承先業，慶嘉無量，今遣使問訊，大意欲自往復，畏大海風波不達，今奉薄獻，願大家曲垂領納。」

諸蕃志凌牙斯國條曰：

「凌牙斯（Laṅkāsuka）國自單馬令（Tāmbraliṅga）風帆六晝夜可到，亦有路程。地主纏縵跣足，國人剪髮，亦纏縵。地產象牙，犀角，速暫香，生香，腦子。番商興販用酒，米，荷池，纈絹，瓷器等爲貨，各先以此等物準金銀，然後打博，如酒壹墱準銀一兩，準金二錢，米二墱準銀一兩，十墱準金一兩之類。歲貢三佛齊（Palembang）國。」

島夷志略龍牙犀角（Laṅkāsuka）條曰：

「峯嶺内平而外聳，民環居之，如蟻附坡。厥田下等。氣候半熱。俗厚，男女椎髻，齒白，繫麻逸（Mait）布。俗以結親爲重，親戚之長者，一日不見面，必攜酒持物以問勞之。爲長夜之飲，不見其醉。民煑海爲鹽，釀秫爲酒，有酋長。地產沈香，冠於諸番，次鶴頂降眞，蜜糖，黃熟香頭。貿易之貨土印布，八都剌布，青白花碗之屬。」

（五）佛囉安（Beranang）（註八）

諸蕃志佛囉安國條曰：

「佛囉安（Beranang）國自凌牙斯加（Laṅkāsuka）四日可到，亦可遵陸。其國有飛來佛二尊，一有六臂，一有四臂，賊舟欲入其境，必爲風挽回，俗謂佛之靈也。佛殿以銅爲瓦，飾之以金。每年以六月望日爲佛生日，動樂鐃鈸，迎導甚都，番商亦預焉。土產速暫香，降眞香，檀香，象牙等。番以金銀，甆鐵，漆器酒，米，糖，麥博易，歲貢三佛齊（Palembang）。其鄰蓬豐（Pahang）登牙儂（Trenganu）吉蘭丹（Kelantan）類此。」

（六）單馬令（Tāmbraliṅga）（註九）

諸蕃志單馬令國條曰：

「單馬令（Tāmbraliṅga）國，地主呼爲相公，以木作柵爲城，廣六七尺，高二丈餘，上堪征戰。

國人乘牛，打鬃跣足。屋舍官場用木，民居用竹，障以葉，繫以藤。土產黃蠟，降眞香，速香，烏樠木，腦子，象牙，犀角。番商用絹傘，雨傘，荷池，纈絹，酒，米，鹽，糖，甆器，盆鉢，麤重等物，及用金銀爲盤盂博易。日囉亭(Yirudingan)潛邁拔沓加囉希(Grahi)類此。本國以所得金銀器糾集日囉亭等國類聚獻入三佛齊國。」

宋史卷四八九丹眉流國傳曰：

「丹眉流(Tāmbraliṅga)國東至占臘(Kamboja)五十程，南至羅越水路十五程，西至西天三十五程，北至程良六十程，東北至羅斛(Lophuri)二十五程，東南至闍婆(Java)四十五程，西南至程若十五程，西北至洛華二十五程，東北至廣州一百三十五程。其俗以版爲屋，跣足衣布，無紳帶，以白紵纏其首。貿易以金銀。其主所居，廣袤五里，無城郭。出則乘象車，亦有小驅。地出犀象，鍮石，紫草，蘇木諸藥。四時炎熱，無雪霜。未嘗至中國。咸平四年(一〇〇一)國主多須機遣使打吉馬，副使打腊，判官皮泥等九人來貢木香千斤，鍮鑞各百斤，胡黃連三十五斤，紫草百斤，紅氈一合，花布四段，蘇木萬斤，象牙六十一株。召見崇德殿，賜以冠帶服物，及還，又賜多須機詔書以敦獎之。」

島夷志略丹馬令條曰：

「地與沙里佛宗安（Beranang）爲鄰國。山平亘，田多，食粟有餘，新收者復留以待陳，俗節儉。氣候溫和。男女椎髻，衣白衣衫，繫青布縵。定婚用緞錦白錫若干塊。民煑海鹽，釀小米爲酒。有酋長。產上等白錫，朱腦，龜筒，鶴頂，降眞香及黃熟香頭。貿易之貨用甘理布，紅布，青白花碗、鼓之屬。」

（七）彭坑（Pahang）

島夷志略彭坑條曰：

「石崖週匝崎嶇，遠如平寨。田沃，穀稍登。氣候半熱。風俗與丁家廬（Trengganu）小異。男女椎髮，穿長布衫，繫單布梢。富貴女頂帶金圈數四，常人以五色焇珠爲圈以束之。凡講婚姻，互造換白銀五錢重爲準。民煑海爲鹽，釀椰漿爲酒。有酋長。地產黃熟香頭，沉速，打白香，腦子，花錫，粗降眞。貿易之貨用諸色絹，闍婆布，銅鐵器，漆磁器，鼓板之屬。」

明史卷三二五彭亨傳曰：

「彭亨（Pahang）在暹羅（Siam）之西。洪武十一年（一三七八）其王麻哈剌惹答饒遣使齎金葉表貢番奴六人及方物，宴賚如禮。永樂九年（一四一一）王巴剌密瑣剌達羅息泥遣使入貢。十年（一四一二）鄭和使其國。十二年（一四一四）復入貢。十四年（一四一六）與古里（Calicut）爪哇（Java）諸國偕貢，復命鄭和報之。其國土田沃，氣候常温，米粟饒足，煮海爲鹽，釀椰漿爲酒。上下親狎，無寇賊，然惑於鬼神，刻香木爲像，殺人祭賽以禱災祈福。所貢有象牙，片腦，乳香，速香，檀香，胡椒，蘇木之屬。至萬曆時（一五七三至一六一九）有柔佛（Johore）國副王子娶彭亨王女，將婚，副王送子至彭亨，彭亨王置酒，親戚畢會。婆羅（Borneo）國王子爲彭亨王妹壻，舉觴獻副王，而手指有巨珠甚美，副王欲之，許以重賄，王子靳不予。副王怒，即歸國，發兵來攻，彭亨人出不意不戰自潰，王與婆羅王子奔金山。浡泥（Borneo）國王，王妃兄也，聞之，率衆來援，副王乃大肆焚掠而去。當是時，國中鬼哭三日，人民半死。浡泥王迎其妹歸彭亨，王隨之，而命其長子攝國，已王復位，次子素凶悍，遂毒殺其父，弑其兄自立。」

（八）吉蘭丹（Kelantan）

島夷志略吉蘭丹條曰：

「地勢博大，山瘠而田少，夏熱而倍收，氣候平熱。風俗尙禮，男女束髮，繫短衫布皂縵，每遇四時節序生辰婚姻之類，衣紅布長衫爲慶。民煑海爲鹽，織木棉爲業。有酋長。地產上等沈速，粗降眞香，黃蠟，龜筒，鶴頂，檳榔。外有小港，索遷極深，水鹹魚美。出花錫。貨用塘頭市布，占城布，青盤花碗，紅綠焇珠，琴阮，鼓板之屬。」

明史卷三二六急蘭丹條曰：

「急蘭丹（Kelantan）永樂九年（一四一一）王麻哈剌查苦馬兒遣使朝貢。十年（一四一二）命鄭和齎敕獎其王，賚以錦綺紗羅綵帛。」

（九）丁家盧（Treñganu）

島夷志略丁家盧條曰：

「三角嶼對境港已通其津要，山高曠田中下，下民食足。春多雨，氣候微熱。風俗尙怪，男女椎髻，穿綠頡布短衫，繫遮里絹。刻木爲神，殺人血和酒祭之，每水旱疫厲，禱之則立應，及婚姻病喪，則卜其吉凶，亦驗。今酋長主事貪禁，勤儉守土。地產降眞，腦子，黃蠟，玳瑁。貨用青白花磁器，占城布，小紅絹，斗錫，酒之屬。」

明史卷三二五丁機宜傳曰：

「丁機宜（Treṅganu）爪哇（Java）屬國也。幅員甚狹，僅千餘家。柔佛（Johore）黠而雄，丁機宜與接壤，時被其患，後以厚幣求婚，稍獲寧處。其國以木爲城，酋所居旁列鐘鼓樓，出入乘象。以木月爲歲首。性好潔，酋所食啖，皆躬自割烹。民俗類爪哇，物產悉如柔佛。酒禁甚嚴，有常稅，然大家皆不飲，唯細民無籍者飲之，其曹偶成非笑。婚者男往女家，持其門戶，故生女勝男。喪用火葬。華人往商，交易甚平，自爲柔佛所破，往者亦鮮。」

（十）滿剌加（Malaka）（註一〇）

瀛涯勝覽滿剌加國條曰：

「自占城（Campa）向正南，好風船行八日到龍牙門（Liṅga），入門往西行，二日可到此處舊不稱國，因海有五嶼之名，遂名曰五嶼。無國王，止有頭目掌管。此地屬暹羅（Siam）所轄，歲輸金四十兩，否則差人征伐。永樂七年己丑（一四〇九）上命正使太監鄭和等統齎詔勅，賜頭目雙臺銀印冠帶袍服。建碑封城，遂名滿剌加國，是後暹羅莫敢侵擾。其頭目蒙恩爲王，挈妻子赴京朝謝，貢進方物，朝廷又賜與海船，回國守土。其國東南是大海，西北是老岸連山，皆沙滷之地。氣候朝熱暮寒，田瘦穀薄，人少耕種。有一大溪河水，下流從王居前過大海，其王於溪上建立木橋，上造橋亭二十餘間，諸物買賣俱在其上。國王國人皆從回回教門，持齋受戒誦經。其王服用以細白番布纏頭，身穿細花青布長衣，其樣如袍，脚穿皮鞋，出入乘轎。國人男子方帕包頭，女人撮髻腦後，身體微黑，下圍白布手巾，上穿色布短衫。風俗淳朴。房屋如樓閣之制，上不鋪板，但高四尺許之際，以椰子樹劈成片條，稀布於上，用藤縛定，如羊棚樣，自有層次，連牀就榻，盤膝而坐，飲臥廚灶，皆在上也。人多以漁爲業，用獨木刳舟泛海取魚。土產黃速香、烏木、打麻兒（damar）香、花錫之類。打麻兒香本是一等樹脂流出入土，掘出如松香瀝青之樣，火燒卽着，番人皆以此爲點照當燈。番船造完，則用此物熔塗於縫，水莫能入，甚好，彼地之人多採取此物以轉賣他國。內有明淨好者，卻似金珀一樣，名損都盧廝（Sindarus）番人做成帽珠而賣，今水珀卽此物也。花錫有二處山塢錫場，王命頭目主之，差人淘煎，鑄成斗樣，以爲小塊輸官。每塊重官秤一斤八兩或一斤四兩，每十塊用藤縛爲小把，四十塊爲一大把，通市交易皆以此錫行使。其國人言語并書記婚姻之禮，頗與爪哇同。山野有一等樹，名沙孤（sagu）樹，鄉人以此物之皮，如中國葛根擣浸澄濾其粉作丸，如菉豆大，晒乾而賣，其名曰沙孤米，可以作飯喫。海之洲渚岸邊，生一等水草，名茭蔁，葉長如刀茅樣，似苦筍，殼厚，性軟，結子如荔枝樣，雞子大。人取其子釀酒，名茭蔁酒，飲之亦能醉人。鄉人取其葉織成細簟，止闊二尺，長丈餘，爲席而賣。果有甘蔗，巴蕉子，波羅蜜，野荔枝之類，菜，葱，薑，蒜，芥，東瓜，西瓜，皆有。牛，羊，雞，鴨雖有而不多，價亦甚貴，其水牛一頭直銀一斤以上，驢馬皆無。其海邊水內常有鼉龍傷人，其龍高三四尺，四足，滿身鱗甲，背刺排生，龍頭獠牙，遇人卽嚙。山出黑虎，比中國黃虎略小，其毛黑，亦有暗花紋，其黃虎亦間有之。國中有虎化爲人，入市混人而行，自有識者，擒而殺之。如占城屍頭蠻，此處亦有。凡中國寶船到彼，則立排柵，如城垣，設四門更鼓樓，夜則提鈴巡警。內又立重柵，如小城，蓋造庫藏倉厫，一應錢糧頓在其內。去各國船隻回到此處取齊，打整番貨，裝載船內，等候南風正順，於五月中旬開洋回還。其國王亦自採辦方物，挈妻子帶領頭目駕船跟隨寶船赴闕進貢。」

明史卷三二五滿剌加傳曰：

「滿剌加在占城南，順風八日至龍牙門（Linga），又西行二日即至，或云即古頓遜，唐哥羅富沙。永樂元年（一四〇三）十月遣中官尹慶使其地，賜以織金文綺銷金帳幔諸物，其地無王，亦不稱國，服屬暹羅，歲輸金四十兩爲賦。慶至宣示盛德及招徠之意，其酋拜里迷蘇剌（Parameśvara）大喜，遣使隨慶入朝貢方物。三年（一四〇五）九月至京師，帝嘉之，封爲滿剌加國王，賜誥印綵幣襲衣黃蓋，復命慶往。其使者言王慕義，願同中國列郡，歲効職貢，請封其山爲一國之鎮，帝從之，製碑文勒山上，末綴以詩曰：『西南巨海中國通，輸天灌地億載同，洗日浴月光景融，兩岸露石花木儂，金花寶鈿生青紅，有國於此民俗雍，王好善意思朝宗，願比內郡依華風，出入導從張蓋重，儀文裼襲禮虔恭，大書貞石表爾忠，爾國西山永鎮封，山居海伯翕扈從，皇考陟降在彼穹，後天監視之彌隆，爾衆子孫萬福崇。』慶等再至，其王益喜，禮待有加。五年（一四〇七）九月遣使入貢，明年（一四〇八）鄭和使其國，旋入貢。九年（一四一一）其王率妻子陪臣五百四十餘人來朝，抵近郊，命中官海壽禮部郎中黃裳等宴勞，有司供張會同館，入朝奉天殿，帝親宴之，妃以下宴他所，光祿日致牲牢。上尊賜王金繡龍衣二襲，麒麟衣一襲，金銀器帷幔衾裯悉具，妃以下皆有賜。將歸，賜王玉帶儀仗鞍馬，賜妃冠服，瀕行賜宴奉天門，再賜玉帶儀仗鞍馬，黃金百，白金五百，鈔四十萬貫，錢二千六百貫，錦綺紗羅三百匹，帛千匹，渾金文綺二，金織通袖膝襴二。妃及子姪陪臣以下宴賜有差，禮官餞於龍江驛，復賜宴龍潭驛。十年（一四一二）夏其姪入謝，及辭歸，命中官甘泉偕往，旋又入貢。十二年（一四一四）王子母幹撒干的兒沙（Muhammad Iskandar Šah）來朝，告其父訃，即命襲封，賜金幣。嗣後或連歲或間歲入貢以爲常。十七年（一四一九）王率妻子陪臣來朝謝恩，及辭歸，訴暹羅見侵狀，帝爲賜敕諭暹羅，暹羅乃奉詔。二十二年（一四二四）西里麻哈剌（Śrī Mahāraja）以父沒嗣位，率妻子陪臣來朝。宣德六年（一四三一）遣使者來言暹羅謀侵本國，王欲入朝，懼爲所阻，欲奏聞，無能書者，令臣三人附蘇門答剌貢舟入訴。帝命附鄭和舟歸國，因令和齎敕諭暹羅，責以輯睦鄰封，毋違朝命。初三人至，無貢物，禮官言例不當賞。帝曰：遠人越數萬里來，愬不平，豈可無賜。遂賜襲衣綵幣如貢使例。八年（一四三三）王率妻子陪臣來朝，抵南京，天已寒，命俟春和北上，別遣人齎敕勞賜王及妃。洎入朝，宴賚如禮。及還，有司爲治舟，王復遣其弟貢駝馬方物。時英宗已嗣位，而王猶在廣東，賜敕獎王，命守臣送還國，因遣古里（Calicut）眞臘（Kamboja）等十一國使臣附載偕還。正統十年（一四四五）其使者請賜王息力八密息瓦兒丟八沙（Sri Parameśvara Deva šah）護國敕書，及蟒服傘蓋，以鎮服國人。又言王欲親詣闕下，從人多，乞賜一巨舟，以便遠涉，帝悉從之。景泰六年（一四五五）速魯檀無荅佛哪沙（Muzaffar šah）貢馬及方物，請封爲王，詔給事中王暉往。已復入貢，言所賜冠帶燬於火，命製皮弁服、紅羅常服及犀帶紗帽予之。天順三年（一四五九）王子蘇丹芒速沙（Mansur šah）遣使入貢，命給事中陳嘉猷等往封之。越二年，禮官言嘉猷等浮海二日至烏猪洋，遇颶風舟壞，飄六日至淸瀾守禦所獲救，敕書無失，諸賜物悉沾水，乞重給，令使臣復往，從之。成化十年（一四七四）給事中陳峻册封占城王，遇安南兵據占城，不得入，以所齎物至滿剌加，諭其王入貢。其使者至，帝喜，賜敕嘉獎。十七年（一四八一）九月貢使言：成化五年（一四六九）貢使還，飄抵安南境，多被殺，餘黥爲奴，幼者加宮刑。今已據占城地，又欲吞本國。本國以皆爲王臣，未敢與戰。適安南貢使亦至，滿剌加使臣請與廷辯。兵部言事屬旣往，不足深較。帝乃因安南使還，敕責其王，幷諭滿剌加，安南復侵陵，卽整兵待戰。尋遣給事中林榮、行人黃乾亨册封王子馬哈木沙（Mahmud šah）爲王，二人溺死，賜官賜祭，予蔭恤其家，餘敕有司海濱招魂祭，以恤其家。復遣給事中張晟行人左輔往，晟卒於廣東，命守臣擇一官爲輔副，以終封事。正德三年（一五〇八）使臣端亞智等入貢，其通事亞劉本江西萬安人蕭明舉，負罪逃入其國，賂大通事王永序班張字，謀往浡泥索寶，而禮部吏侯永等亦受賂，僞爲符印，擾郵傳。還至廣東，明舉與端亞智輩爭言，遂與同事彭萬春等刧殺之，盡取其財物。事覺，逮入京，明舉凌遲，萬春等斬，王永減死，罰米三百石，與張字侯永並戍邊，尚書白鉞以下皆議罰。劉瑾因此罪江西人，減其解額五十名，仕者不得任京職。後佛郎機強，舉兵侵奪其地，王蘇端媽末（Mahmud）出奔，遣使告難。時世宗嗣位，敕責佛郎機，令還其故土，諭暹羅諸國王以救災恤鄰之義，迄無應者，滿剌加竟爲所滅。時佛郎機亦遣使朝貢請封，抵廣東。守臣以其國素不列王會，羈其使以聞，詔予方物之直遣歸，後改名麻六甲（Malaka）云。

滿剌加所貢物有瑪瑙，珍珠，玳瑁，珊瑚樹，鶴頂，金母，瑣服，白苾布，西洋布，撒哈剌，犀角，象牙，黑熊，黑猿，白麂，火雞，鸚鵡，片腦，薔薇露，蘇合油，梔子花，烏爹泥，沈香，速香，金銀香，阿魏之屬。有山出泉，流爲溪，土人淘沙取錫，煑成塊曰斗錫。田瘠少收，民皆淘沙捕魚爲業。氣候朝熱暮寒。男女椎髻，身體黝黑，間有白者，唐人種也。俗淳厚，市道頗平，自爲佛郎機所破，其風頓殊，商舶稀至，多直詣蘇門答剌，然必取道其國，率被邀刼，海路幾斷，其自販於中國者則直達廣東香山澳，接跡不絕云。」

（十一）柔佛（Johore）

明史卷三二五柔佛傳曰：

「柔佛（Johore）近彭亨（Pahang），一名烏丁礁林。永樂中（一四〇三至一四二四）鄭和遍歷西洋，無柔佛名，或言和曾經東西竺山，今此山正在其地，疑即東西竺。萬曆間其酋好構兵，鄰國丁機宜（Trengganu）彭亨屢被其患，華人販他國者，多就之貿易，時或邀至其國。國中覆茅爲屋，列木爲城，環以池。無事通商於外，有事則召募爲兵，稱强國焉。地不產穀，常易米於鄰壤。男子薙髮徒跣佩刀，女子蓄髮椎結，其酋則佩雙刀。字用茭葦葉，以刀刺之。婚姻亦論門閥。王用金銀爲食器，羣下則用磁，無匕筯，俗好持齋，見星方食，節序以四月爲歲首。居喪婦人薙髮，男子則重薙，死者皆火葬。所產有犀象，玳瑁，片腦，沒藥，血竭，錫，蠟，嘉文簟，木棉花，檳榔，海菜，窩燕，西國米，蓋吉柿之屬。始其國吉寧仁爲大庫，忠於王，爲王所倚信，王弟以兄疏己，潛殺之，後出行墮馬死，左右咸見吉寧仁爲祟，自是家家祀之。」

(註一)隋書婆利傳云：「自交阯浮海南過赤土丹丹乃至其國，」足證丹丹在赤土婆利間。又據隋書赤土傳云：「赤土在狼牙須國之南，」此狼牙須卽古之狼牙脩，地在馬來半島，則丹丹國之位置應亦在馬來半島中，舊考位在 Natuna 島誤也。唐書有單單，太平寰宇記卷一七七有旦旦，應亦是此國名之同名異譯。南海寄歸內法傳卷一有呾呾州，疑亦指此國。參看本書上編第五第七兩章；交廣印度兩道考九七至九八頁，又一一一頁。

(註二)羅越顯在馬來半島之南端，應指今之柔佛 (Johore)。參看本書上編第六章，又交廣印度兩道考六四至七五頁。

(註三)據賈耽誌通海夷道云：「箇羅西哥谷羅國，」(參看本書上編第六章)，前考以 Kĕdah 當此箇羅，則哥谷羅應在 Kĕdah 之西，屢見於大食人輿記之 Kākula 卽此國也。Ibn Batuta 稱哥谷羅 (Kākula) 吉蔑 (Kamāra) 並在 Mul Jāwa 境內。今人考訂之說不一，尚難確定其位置也。

(註四)唐書謂此國與狼牙脩之國爲鄰，則亦應在馬來半島中。義淨南海寄歸內法傳作「盆盆州」。

(註五)此名應是梵文 Parameśvara 之對音，修史者不察，妄析一名爲二。

(註六)參看本書上編第五章。

(註七)狼牙脩諸蕃志作凌牙斯或凌牙斯加，島夷志略作龍牙犀角，續高僧傳拘那羅陀傳作棱伽修(參看上編第四章)，隋書赤土傳作狼牙須(參看上編第五章)南海寄歸內法傳作郎迦戍，爪哇史頌作 Lĕṅkasuka，其地應在馬來半島北部，殆跨有東西兩岸之地。

（註八）佛囉安業經諸蕃志譯註（二六頁）考訂在馬來半島西岸 Langat 河上之 Beranang。

（註九）宋史作丹眉流，島夷志略作丹馬令，即 Tambralinga）之對音，此地亦名 Sri Dharmara janagara，今之 Ligor 是已。新唐書訶陵傳墮和羅有屬國名曇陵，疑指此國。

（註一〇）滿刺加建國於十五世紀初年，拜里迷蘇刺疑歿於一四一四年；子母幹撒干的兒沙繼立，疑歿於一四二四年；子西里麻哈刺繼立，疑歿於一四四四年；子息力八密息瓦兒丢八沙繼立，在位不久死，弟無剳佛哪沙繼立，疑沒於一四五六年；子芒速沙繼立，歿年無考；子阿老瓦丁沙(Alaud-Din ŝah)繼立，明史失載，歿於一四八八年；子馬哈木沙繼立，歿於一五三〇年；子阿老瓦丁沙(Alaud-Din ŝah) 於一五六四年歿於啞齊。參看 Winstedt, History of Malaya 三七至四四頁及後附滿刺加諸王世系表。

第七章　印度沿海諸國傳

印度諸國自漢以來與中國通，或遵陸，或循海，本章所錄者，以沿海諸國在史書與記中有傳者為限，雖有傳而方位未詳如宋書天竺迦毗黎國之類亦不錄。

(一)天竺

後漢書天竺傳見本書上編第一章。

梁書卷五四中天竺國傳曰：

「中天竺(Inde)國在大月支(Indo-Scythes)東南數千里，地方三萬里，一名身毒(Sindhu)。漢世張騫使大夏(Bactrie)，見邛竹杖蜀布，國人云市之身毒，身毒卽天竺，蓋傳譯音字不同，其實一也。從月支高附以西，南至西海，東至槃越，列國數十，每國置王，其名雖異，皆身毒也。漢時羈屬月支，其俗土著與月支同，而卑濕暑熱，民弱畏戰，弱於月支。國臨大江，名新陶(Sindhu, Indus)，源出崑崙，分爲五江，總名曰恆水（Gangā）。其水甘美，下有眞鹽，色正白如水精。土俗出犀，象，貂，鼲，瑇瑁，火齊，金，銀，鐵，金縷織成，金皮罽，細摩白疊，好裘，毾㲪。火齊狀如雲母，色如紫金，有光耀，別之則薄如蟬翼，積之則如紗縠之重沓也。其西與大秦（Roma）安息（Parthie）交市海中，多大秦珍物，珊瑚，琥珀，金碧珠璣，琅玕，鬱金，蘇合。蘇合是合諸香汁煎之，非自然一物也。又云大秦人採蘇合，先笮其汁以爲香膏，乃賣其滓與諸國賈人，是以展轉來達中國，不大香也。鬱金獨出罽賓（Kaśmīra）國，華色正黃而細，與芙蓉華裏被蓮者相似。國人先取以上佛寺，積日香槁，乃糞去之，賈人從寺中徵顧，以轉賣與佗國也。漢桓帝延熹九年（一六六）大秦王安敦（Marc-Aurèle）遣使自日南徼外來獻，漢世唯一通焉。其國人行賈，往往至扶南、日南、交趾，其南徼諸國人少有到大秦者。孫權黃武五年（二二六）有大秦賈人字秦論來到交趾，交趾太守吳邈遣送詣權，權問方土謠俗，論具以事對。時諸葛恪討丹陽，獲黝歙短人，論見之曰：大秦希見此人。權以男女各十人，差吏會稽劉咸送論，咸於道物故，論乃徑還本國。漢和帝時（八九至一〇五）天竺數遣使貢獻，後西域反叛，遂絕。至桓帝延熹二年（一五九）四年（一六一）頻從日南徼外來獻。魏晉世絕不復通，唯吳時（二二二至二八〇）扶南王范旃遣親人蘇物使其國，從扶南發投拘利口，循海大灣中正西北入，歷灣邊數國，可一年餘到天竺江口，逆水行七千里乃至焉。天竺王驚曰：海濱極遠，猶有此人。卽呼令觀視國內，仍差陳宋等二人以月支馬四匹報旃，遣物等還，積四年方至。其時吳遣中郎康泰使扶南，及見陳宋等，具問天竺土俗，云佛道所興國也。人民敦厖，土地饒沃，其王號茂論（Murundas）。所都城郭，水泉分流，繞于渠塹，下注大江。其宮殿皆雕文鏤刻，街曲市里，屋舍樓觀，鍾鼓音樂，服飾香華，水陸通流，百賈交會，奇玩珍瑋，恣心所欲。左右嘉維（Kapilavastu）舍衛（Sravasti）葉波等十六大國，去天竺或二三千里，共尊奉之，以爲在天地之中也。天監（五〇二至五一九）初，其王屈多（Gupta）遣長史竺羅達奉表曰：「伏聞彼國，據江傍海，山川周固，衆妙悉備，莊嚴國土，猶如化城，宮殿莊飾，街巷平坦，人民充滿，歡娛安樂。大王出遊，四兵隨從，聖明仁愛，不害衆生。國中臣民，循行正法，大王仁聖，化之以道，慈悲羣生，無所遺棄，常修淨戒，式導不及，無上法船，沉溺以濟，百官氓庶，受樂無恐，諸天護持，萬神侍從，天魔降服，莫不歸仰。王身端嚴，如日初出，仁澤普潤，猶如大雲，於彼震旦，最爲殊勝。臣之所住國土，首羅天守護，令國安樂，王王相承，未曾斷絕。國中皆七寶形像，衆妙莊嚴，臣自修檢，如化王法，臣名屈多，奕世王種，惟願大王，聖體和平。今以此國，羣臣民庶，山川珍重，一切歸屬，五體投地，歸誠大王。使人竺達多，由來忠信，是故今遣。大王若有所須珍奇異物，悉當奉送，此之境土，便是大王之國。王之法令善道，悉當承用。願二國信使往來不絕，此信返還，願賜一使，具宣聖命，備勑所宜，款至之誠，望不空返，所白如允，願加採納，今奉獻琉璃唾壺雜香吉貝等物。』」

唐書卷一九八天竺國傳曰：

「天竺國卽漢之身毒國，或云婆羅門地也。在葱嶺西北，周三萬餘里，其中分爲五天竺：其一曰中天竺，二曰東天竺，三曰南天竺，四曰西天竺，五曰北天竺，地各數千里，城邑數百。南天竺際大海。北天竺拒雪山，四周有山爲壁，南面一谷通，爲國門。東天竺東際大海，與扶南林邑鄰接。西天竺與罽賓波斯相接。中天竺據四天竺之會，其都城（Paṭaliputra）周迴七十餘里，北臨禪連河，云昔有婆羅門領徒千人肄業於樹下，樹神降之，遂爲夫婦。宮室自然而立，童僕甚盛，於是使役百神，築城以統之，經日而就。此後有阿育王（Aśoka）復役使鬼神，累石爲宮闕，皆雕文刻鏤，非人力所及。阿育王頗行苛政，置炮烙之刑，謂之地獄，今城中見有其跡焉。中天竺王姓乞利咥氏，或云刹利氏，世有其國，不相篡弑。厥土卑溼暑熱，稻歲四熟，有金剛似紫石英，百鍊不銷，可以切玉。又有旃檀鬱金諸香，通於大秦，故其寶物或至扶南交阯貿易焉。百姓殷樂，俗無簿籍，耕王地者輸地利。以齒貝爲貨。人皆深目長鼻。致敬極者舐足摩踵。家有奇樂倡伎。其王與大臣多服錦罽，上爲螺髻於頂，餘髮剪之使拳。俗皆徒跣。衣重白色，唯梵志種姓披白疊以爲異。死者或焚屍取灰，以爲浮圖，或委之中野以施禽獸，或流之於河以飼魚鱉，無喪紀之文。謀反者幽殺之，小犯罰錢以贖罪，不孝則斷手刖足，截耳割鼻，放流邊外。有文字，善天文算曆之術。其人皆學悉曇章，云是梵天法，書於貝多樹葉以紀事。不殺生飲酒，國中往往有舊佛跡。隋煬帝時（六〇五至六一六）遣裴矩應接西蕃諸國，多有至者，唯天竺不通，帝以爲恨。當武德中（六一八至六二六）其國大亂，其嗣王尸羅逸多（Harṣa Śilāditya）練兵聚衆，所向無敵，象不解鞍，人不釋甲，居六載而四天竺之君皆北面以臣之。威勢遠振，刑政甚肅。貞觀十五年（六四一）尸羅逸多自稱摩伽陀（Magadha）王，遣使朝貢。太宗降璽書慰問，尸羅逸多大驚，問諸國人曰：自古曾有摩訶震旦使人至吾國乎，皆曰未之有也。乃膜拜而受詔書，因遣使朝貢。太宗以其地遠，禮之甚厚，復遣衛尉丞李義表報使。尸羅逸多遣大臣郊迎，傾城邑以縱觀，焚香夾道，逸多率其臣下東面拜受勅書，復遣使獻火珠及鬱金香菩提樹。貞觀十年（六三六）沙門玄奘至其國，將梵本經論六百餘部而歸。（註一）先是遣右率府長史王玄策使天竺，其四天竺國王咸遣使朝貢。會中天竺王尸羅逸多死，國中大亂，其臣那伏帝阿羅那順簒立，乃盡發胡兵以拒玄策。玄策從騎三十人與胡禦戰不敵，矢盡，悉被擒，胡並掠諸國貢獻之物。玄策乃挺身宵遁走至吐蕃（Tibet）發精銳一千二百人，並泥婆羅（Nepala）國七千餘騎以從玄策。玄策與副使蔣師仁率二國兵進至中天竺國城，連戰三日大破之，斬首三千餘級，赴水溺死者且萬人，阿羅那順棄城而遁，師仁進擒獲之，虜男女萬二千人，牛馬三萬餘頭匹，於是天竺震懼，俘阿羅那順以歸。（註二）二十二年（六四八）至京師，太宗大悅，命有司告宗廟，而謂羣臣曰：夫人耳目玩於聲色，口鼻耽於臭味，此乃敗德之源，若婆羅門不劫掠我使人，豈爲俘虜耶。昔中山以貪寶取弊，蜀侯以金牛致滅，莫不由之。拜玄策朝散大夫。是時就其國得方士那羅邇娑婆寐（Nārāyanasvāmin），自言壽二百歲，云有長生之術。太宗深加禮敬，館之於金飈門內，造延年之藥，令兵部尚書崔敦禮監主之。發使天下採諸奇藥異石，不可稱數，延歷歲月，藥成服竟不效，後放還本國。太宗之葬昭陵也，刻石像阿羅那順之形，列於玄闕之下。五天竺所屬之國數十，風俗物產略同。有伽沒路（Kāmarūpa）國，其俗開東門以向日。王玄策至，其王發使貢以奇珍異物及地圖，因請老子像及道德經。那揭陀（Nagarahara）國有醯羅城（Hila），中有重閣藏佛頂骨及錫杖。貞觀二十年（六四六）遣使貢方物。天授二年（六九一）東天竺王摩羅拔摩（Malavarman）西天竺王尸羅逸多，南天竺王遮婁其拔羅婆（Calukya Pallava）北天竺王婁其那那，中天竺王地婆西那，並來朝獻。景龍四年（七一〇）南天竺國復遣使來朝。景雲元年（七一〇）復遣使貢方物。開元二年（七一四）西天竺復遣使貢方物。八年（七二〇）南天竺國遣使獻五色能言鸚鵡。其年南天竺國王尸利那羅僧伽請以戰象及兵馬討大食及吐蕃等，仍求有以名其軍。玄宗甚嘉之，名軍爲懷德軍。九月南天竺王尸利那羅僧伽寶多拔摩爲國造寺，上表乞寺額，勅以歸化爲名賜之。十一月遣使册利那羅伽寶多爲南天竺國王，遣使來朝。十七年（七二九）六月北天竺國藏沙門僧密多獻質汗等藥。十九年（七三一）十月中天竺國王伊沙伏摩遣其大德僧來朝貢。二十九年（七四一）三月中天竺王子李承恩來朝，授游擊將軍放還。天寶中（七四二至七五五）累遣使來。」

新唐書卷二二一上天竺傳曰：

「天竺國漢身毒國也，或曰摩伽陀，曰婆羅門。去京師九千六百里，都護治所二千八百里。居葱嶺南，幅員三萬里，分東西南北中五天竺，皆城邑數百。南天竺瀕海，出師子，豹，𤟤，橐它，犀，象，火齊，琅玕，石密，墨鹽。北天竺距雪山，圜抱如壁，南有谷，通爲國門。東天竺際海，與扶南林邑接。西天竺與罽賓波斯接。中天竺在四天竺之會，都城曰茶鎛和羅城，濱迦毗黎河。有別城數百，皆置長。別國數十，置王曰舍衞，（Śravasti）曰迦沒路（Kāmarūpa），開戶皆東嚮，曰迦尸（Kaśi）或曰波羅奈（Vārā-nasī），亦曰波羅那斯（Vārānasī）。其畜有稍割牛，黑色，角細長四尺許，十日一割，不然困且死，人歃其血，或曰壽五百歲，牛壽如之。中天竺王姓乞利咥氏，亦曰刹利（Kṣatriya）世有其國，不簒殺。土溽熱，稻歲四熟，禾之長者沒橐它。以貝齒爲貨，有金剛，旃檀，鬱金。與大秦、扶南、交趾相貿易。人富樂，無簿籍。耕王地者乃輸稅。以舐足摩踵爲致禮。家有奇樂倡伎。王大臣皆服錦罽，爲螺髻於頂，餘髮翦使卷。男子穿耳垂璫，或懸金耳環者爲上，類徒跣，衣重白。婦人頂飾金銀珠纓絡。死者燔骸，取灰建窣堵，或委野中及河，餌鳥獸魚鼈，無喪紀。謀反者幽殺之，小罪贖錢，不孝者斷手足劓耳鼻，徙於邊。有文字，善步曆，學悉曇章，妄曰梵天法，書貝多葉以紀事。尙浮圖法，不殺生飮酒。國中處處指曰佛故跡也。信盟誓，傳禁咒，能致龍起雲雨。隋煬帝時（六〇五至六一六）遣裴矩通西域諸國，獨天竺拂菻不至爲恨。武德中（六一八至六二六）國大亂，王尸羅逸多勤兵戰無前，象不弛鞍，士不釋甲，因討四天竺，皆北面臣之。會唐浮屠玄奘至其國，尸羅逸多召見曰：而國有聖人出，作秦王破陣樂，試爲我言其爲人。玄奘粗言太宗神武，平禍亂，四夷賓服狀。王喜曰：我當東面朝之。貞觀十五年（六四一）自稱摩伽陀王，遣使者上書。帝命雲騎尉梁懷璥持節尉撫。尸羅逸多驚問國人，自古亦有摩訶震旦使者至吾國乎？皆曰無有，戎言中國爲摩訶震旦。乃出迎，膜拜，受詔書，戴之頂。復遣使者隨入朝。詔衛尉丞李義表報之，大臣郊迎，傾都邑縱觀，道上焚香，尸羅逸多率羣臣東面受詔書，復獻火珠鬱金菩提樹。二十二年（六四八）遣右衛率府長史王玄策使其國，以蔣師仁爲副。未至，尸羅逸多死，國人亂，其臣那伏帝阿羅那順自立，發兵拒玄策。時從騎纔數十，戰不勝，皆沒，遂剽諸國貢物。玄策挺身奔吐蕃西鄙，檄召鄰國兵，吐蕃以兵千人來，泥婆羅以七千騎來。玄策部分進戰茶鎛和羅城，三日破之，斬首三千級，溺水死萬人。阿羅那順委國走，合散兵復陣，師仁禽之，俘斬千計。餘衆奉王妻息阻乾陀衛江，師仁擊之大潰，獲其妃王子，虜男女萬二千人，雜畜三萬，降城邑五百八十所。東天竺王尸鳩摩送牛馬三萬餽軍，及弓刀寶纓絡，迦沒路國獻異物，拜上地圖，請老子象。玄策執阿羅那順獻闕下，有司告宗廟。帝曰：夫人耳目玩聲色，口鼻耽臭味，此敗德之原也。婆羅門不劫吾使者，寧至俘虜耶。擢玄策朝散大夫。得方士那邏邇娑婆寐，自言壽二百歲，有不死術。帝改館使治丹，命兵部尚書崔敦禮護視。使者馳天下采怪藥異石，又使者走婆羅門諸國。所謂畔茶法水者，出石臼中，有石象人守之，水有七種色，或熱或冷，能銷草木金鐵，人手入輒爛，以槖它髑髏轉注瓠中。有樹名咀賴羅，葉如梨，生窮山崖腹，前有巨虺守穴，不可到，欲取葉者以方鏃矢射枝則落，爲羣鳥銜去，則又射乃得之，其詭譎類如此。後術不驗，有詔聽還，不能去，死長安。高宗時(六五〇至六八三)盧伽逸多（Lokaditya）者東天竺烏茶（Odra）人，亦以術進，拜懷化大將軍。乾封二年（六六七）五天竺皆來朝。開元時（七一三至七四一）中天竺遣使者三至，南天竺一，獻五色能言鳥，乞師討大食吐蕃，丐名其軍。玄宗詔賜懷德軍。使者曰：蕃夷惟以袍帶爲寵。帝以錦袍金革帶魚袋并七事賜之。北天竺一來朝。」

宋史卷四九〇天竺國傳曰：

「天竺國舊名身毒，亦曰摩伽陀，復曰婆羅門。俗宗浮圖道，不飲酒食肉。漢武帝遣使十餘輩間出西南，指求身毒，爲昆明所閉，莫能通。至漢明帝夢金人，於是遣使天竺問佛道法，由是其教傳於國中。梁武帝後魏宣武皆來貢獻。隋煬帝志通西域，諸國多有至者，惟天竺不通。唐貞觀（六二七至六四九）以後朝貢相繼。則天天授中（六九〇至六九一）五天竺王竝來朝獻。乾元（七五八至七五九）末河隴陷沒，遂不復至。周廣順三年（九五三）西天竺僧薩滿多等十六族來貢名馬。乾德三年（九六五）滄州僧道圓自西域還，得佛舍利一，水晶器貝葉梵經四十夾來獻。道圓晉天福中（九三六至九四三）詣西域，在塗十二年，住五印度凡六年，五印度卽天竺也，還經于闐（Khotan）與其使偕至。太祖召問所歷風俗山川道里，一一能記。四年（九六六）僧行勤等一百五十七人詣闕上言，願至西域求佛書，許之。以其所歷甘、沙、伊、肅等州，焉耆（Karashar）、龜茲（Kucha）、于闐、割祿（Karluk）等國，又歷布路沙（Purušapura）、加濕彌羅（Kašmīra）等國，竝詔諭其國，令人引導之。開寶（九六八至九七五）後天竺僧持梵夾來獻者不絕。八年（九七五）冬東印度王子穰結說囉來朝貢。天竺之法，國王死，太子襲位，餘子皆出家爲僧，不復居本國。有曼殊室利（Manjuśrī）者，乃其王子也，隨中國僧至焉。太祖令館於相國寺，善持律，爲都人之所傾嚮，財施盈室。衆僧頗嫉之，以其不解唐言，卽僞爲奏，求還本國，許之。詔既下，曼殊室利始大驚恨，衆僧諭以詔旨，不得已遲留數月而後去，自言詣南海附賈人船而歸，終不知所適。太平興國七年（九八二）益州僧光遠至自天竺，以其王沒徙曩表來上。上令天竺僧施護譯云：近聞支那國內有大明王，至聖至明，威力自在，每慚薄幸，朝謁無由，遙望支那，起居聖躬萬福。光遠來，蒙賜金剛吉祥無畏坐釋迦聖像袈裟一事，已披掛供養。伏願支那皇帝福慧圓滿，壽命延長，常爲引導一切有情，生死海中，渡諸沉溺。今以釋迦舍利附光遠上進。又譯其國僧統表，詞意亦與沒徙曩同。施護者，烏塡曩（Uḍḍiyana）國人，其國屬北印度。西行十二日至乾陀羅（Gandhara）國。又西行二十日至曩誐囉賀囉（Nagarahara）國。又西行十日至嵐婆（Lampaka）國。又西行十二日至誐惹曩國。又西行至波斯國，得西海。自北印度行百二十日至中印度。中印度西行三程至呵囉尾國。又西行十二日至末曩囉國。又西行十二日至鉢賴野迦（Prayaga）國。又西行六十日至迦囉拏俱惹（Kanyakubja）國。又西行二十日至烏然泥（Ujjiyanī）國。又西行二十五日至囉囉（Laṭa）國。又西行四十日至蘇囉茶（Surastra）國。又西行十一日至西海。自中印度行六月程至南印度。又西行九十日至供迦拏（Konkana）國。又西行一月至海。自南印度南行，六月程得南海，皆施護之所述云。八年（九八三）僧法遇自天竺取經回至三佛齊（Palembang），遇天竺僧彌摩羅失黎，語不多，命附表願至中國譯經，上優詔召之。法遇後募緣製龍賓蓋袈裟，將復往天竺，表乞給所經諸國勅書，遂賜三佛齊國王遐至、葛古羅（Kākula）國主司馬佶芒、柯蘭（Kūlam, Quilon）國主讚坦羅，西天王子謨馱仙書以遣之。雍熙中（九八四至九八七）衛州僧辭澣自西域還，與胡僧密坦羅奉北印度王及金剛坐王那爛陀書來，又有婆羅門僧永世與波斯外道阿里烟同至京師。永世自云本國名利得，國王姓牙羅五得，名阿喏你縛，衣黃衣，戴金冠，以七寶爲飾，出乘象或肩輿，以音樂螺鈸前導，多遊佛寺，博施貧乏。其妃曰摩訶你，衣大紬縷金紅衣，歲一出，多所振施。人有冤抑，候王及妃出遊，即迎隨伸訴。署國相四人，庶務竝委裁制。五穀六畜果實與中國無異。市易用銅錢，有文漫圓徑如中國之制，但實其中心，不穿貫耳。其國東行經六月至大食國，又二月至西州，又三月至夏州。阿里烟自云本國王號黑衣，姓張名哩沒，用錦綵爲衣，每遊獵三二日一還國。署大臣九人治國事。無錢貨，以雜物貿易。其國東行經六月至婆羅門。至道二年（九九六）八月有天竺僧隨舶至海岸，持帝鐘鈴杵銅鈴各一，佛像一軀，貝葉梵書一夾，與之語不能曉。天聖二年（一〇二四）九月西印度僧愛賢智信護等來獻梵經，各賜紫方袍束帛。五年（一〇二七）二月僧法吉祥等五人以梵書來獻，賜紫方袍。景祐三年（一〇三六）正月僧善稱等九人貢梵經佛骨及銅牙菩薩像，賜以束帛。」

（二）朋加剌（Bangala, Bengale）

島夷志略朋加剌條曰：

「五嶺崔嵬，樹林拔萃，民環而居之，歲以耕植爲業，故野無曠土，田疇極美，每一歲凡三收穀，百物皆廉，即古忻都（Sindhu）州府也。氣候常熱，風俗最爲淳厚。男女以細布纏頭，穿長衫。官稅十分中取其二焉。國鑄銀錢名唐加（tanka），每箇錢八分重，流通使用，互易𧴩子（kauri）一萬五百二十有餘，以權小錢便民，良有益也。產苾布，高你布，兜羅錦，翠羽。貿易之貨用南北絲，五色絹緞，丁香，荳蔻，青白花器，白纓之屬。茲番所以民安物泰，皆自乎農力有以致之，是故原防管茅之地，民墾闢種植不倦閒廉勞苦之役，因天之時，而分地利，國富俗厚，可以凌舊港（Palembang）而邁闍婆（Java）也」

瀛涯勝覽榜葛剌（Bangala）國條曰：

「自蘇門答剌國（Samudra）開船，取帽山（Pulo weh?）并翠藍島（Nicobar），投西北上，好風行二十日，先到浙地港（Chittagong）泊船。用小船入港，五百餘里到地名鎖納兒港（Sonār-gāon）登岸向西南行三十五站到其國。有城郭，其王府并一應大小衙門皆在城內。其國地方廣闊，物穰民稠，舉國皆是回回人，民俗淳善。富家造船往諸番國經營者頗多，出外傭役者亦多。人之容體皆黑，間有一白者。男子皆剃髮，以白布纏之，身服從頭套下圓領長衣，下圍各色闊手巾，足穿淺面皮鞋。其國王并頭目之服，俱奉回回教禮，冠衣甚整麗。國語皆從榜葛里（Bangali）自成一家言語，說吧兒西（Farsi）語者亦有之。國王以銀鑄錢名倘伽（tanka）每箇重官秤三錢，徑官寸一寸二分，底面有紋，一應買賣皆以此錢論價零用。海𧴩番名考嚟（kauri），論箇數交易。民俗冠喪祭婚姻之禮，皆依回回教門禮制。四時氣候，常熱如夏，稻穀一年二熟，米粟細長，多有細紅米，粟麥芝蔴各色，荳，黍，薑，芥，蔥，蒜，瓜，茄，蔬菜皆有，果有芭蕉子。酒有三四等，椰子酒，米酒，樹酒，茭蔁酒，各色法制，多有燒酒。市賣無茶，人家以檳榔待人。街市一應鋪店混堂酒飯甜食等肆都有。駝馬，驢，騾，水牛，黃牛，山羊，棉羊，鵝，鴨，雞，猪，犬，貓等畜皆有。果則有波羅密，酸子，石榴甘蔗等類。其甜食則有沙糖，白糖，糖霜，糖果，蜜煎，蜜薑之類。土產五六樣細布：一樣蓽布，番名卑泊，闊三尺餘，長五丈六七尺，此布勻細如粉箋一般；一樣薑黑布，番名滿者提，闊四尺許，長五丈餘，此布緊密壯實；一樣番名沙納巴付，闊五尺，長三丈，便如生平羅樣，即布羅也；一樣番名忻白勤搭黎，闊三尺，長六丈，布眼稀勻，即布紗也，皆用此布纏頭；一樣番名沙榻兒，闊二尺五六寸，長四丈餘，如好三梭布一般；有一樣，番名驀黑驀勒，闊四尺，長二丈餘，背面皆起絨頭，厚四五分，即兜羅綿也。桑柘蠶繭皆有，止會作線繰絲，嵌手巾并絹，不曉成綿。漆器盤碗鑌鐵鎗刀翦等器皆有賣者。一樣白紙，亦是樹皮所造，光滑細膩如鹿皮一般。國法有笞杖徒流等刑。官品衙門印信行移皆有。軍亦有官管給糧餉，管軍頭目名吧斯剌兒。醫卜陰陽百工技藝皆有之。其行術身穿挑黑線白布花衫，下圍色絲手巾，以各色硝子珠間以珊瑚珠穿成纓絡，佩於肩項，又以青紅硝子燒成鐲，帶於兩臂，人家宴飲，此輩亦來動樂，口唱番歌對舞，亦有解數。有一等人名根肖速魯奈，即樂工也，每日五更時分，到頭目或富家門首，一人吹鎖㖠，一人擊小鼓，一人擊大鼓。初起則慢，自有調拍，後漸緊促而息。又至一家，如前吹擊而去。至飯時仍到各家，或與酒飯，或與錢物。撮弄把戲，諸色皆有，不甚奇異。止有一樣，一人同其妻以鐵索拴一大虎在街牽拽而行，至人家解弄，卽解其鐵索，令虎坐於地，其人赤體單褙，對虎跳躍，拽拳將虎踢打，其虎性發作威，咆哮勢若撲人，其人與虎對跌數交畢，又以一臂伸入虎口，直至其喉，虎不敢咬，其人仍鎖虎頸，則伏地討食，其家則與肉啖之，又與其人錢物而去。日月之定，亦以十二箇月爲一年，無閏月，節氣早晚臨期推。王亦差人駕船往各番國買賣，取辦方物珍珠寶石進貢中國。」

明史卷三二六榜葛剌傳曰：

「榜葛剌（Bangala）卽漢身毒（Sindhu）國，東漢曰天竺，又名五印度，宋仍名天竺，榜葛剌則東印度也。自蘇門答剌（Samudra）順風二十晝夜可至。永樂六年（一四〇八）其王靄牙思丁遣使來朝貢方物，宴賚有差。七年（一四〇九）其使凡再至，攜從二百三十餘人，帝方招徠絕域，頒賜甚厚，自是比年入貢。十年（一四一二）貢使將至，遣官宴之於鎮江，既將事，使者告其王之喪，遣官往祭，封嗣子賽勿丁爲王。十二年（一四一四）嗣王遣使奉表來謝，貢麒麟及名馬方物，禮官請表賀，帝勿許。明年（一四一五）遣侯顯齎詔使其國，王與妃大臣皆有賜。正統三年（一四三八）貢麒麟，百官表賀。明年（一四三九）又入貢，自是不復至。其國地大物阜，城池街市聚貨通商，繁華類中國。四時氣候常如夏，土沃，一歲二稔，不待耔耘。俗淳龐，有文字，男女勤於耕織。容體皆黑，間有白者。王及官民皆回回人，喪祭冠婚，悉用其禮。男子皆薙髮，裹以白布，衣從頸貫下，用布圍之。曆不置閏。刑有笞杖徒流數等。官司上下亦有行移。醫卜陰陽百工技藝悉如中國，蓋皆前世所流入也。其王敬天朝，聞使者至，遣官具儀物，以千騎來迎。王宮高廣，柱皆黃銅色，飾雕琢花獸。左右設長廊，內列明甲馬隊千餘，外列巨人明盔甲執刀劍弓矢，威儀甚壯。丹墀左右設孔雀翎傘蓋百餘，又置象隊百餘於殿前。王飾八寶冠，箕踞殿上高座，橫劍於膝。朝使入，令拄銀杖者二人來導，五步一呼，至中則止，又拄金杖者二人導如初。其王拜迎詔，叩頭手加額。開讀受賜訖，設毬毯於殿，宴朝使不飲酒，以薔薇露和香蜜水飲之。贈使者金盔金繫腰金瓶金盆，其副則悉用銀，從者皆有贈。厥貢良馬，金銀，琉璃器，青花白瓷，鶴頂，犀角，翠羽，鸚鵡，洗白苾布，兜羅緜，撒哈剌，糖霜，乳香，熟香，烏香，麻藤香，烏爹泥，紫膠，藤竭，烏木，蘇木，胡椒，粗黃。」

（三）烏爹（Oḍra）（註三）

島夷志略烏爹條曰：

「國因伽里之舊名也。山林蓋少，其地堰瀦而半曠，民專農業，田沃稼茂，既無絕糧之患，又無蝗蝻之災，歲凡三稔。諸物皆廉，道不拾遺，鄉里和睦，士尤尚義，俗厚民泰，各番之所不及也。氣候男女與朋加剌（Bangala）略同。稅收十分之一。地產大者黑國翠羽，黃蠟，木棉，細匹布。貿易之貨用金銀，五色緞，丁香，荳蔻，茅香，青白花器，鼓瑟之屬。每箇銀錢重二錢八分，准中統鈔一十兩，易𧴩子計一萬一千五百二十餘，折錢使用以二百五十𧴩子糴一尖籮熟米，折官斗有一斗六升，每錢收𧴩子可得四十六籮米，通計七十三斗二升，可供二人一歲之食有餘，故販其地者十去九不還也。夫以外夷，而得知務農重穀，使國無遊民，故家給人足，歲無饑寒之憂，設知與行禮讓，教以詩書禮樂，則與中國之風無間然矣。孰謂蠻貊之邦而不可行者乎。」

（四）注輦（Coḷa）（註四）

諸蕃志注輦國條曰：

「注輦國（Cola）西天南印度也，東距海五里，西至西天竺千五百里，南至羅蘭（註五）二千五百里，北至頓田（註六）三千里。自古不通商，水行至泉州約四十一萬一千四百餘里。欲往其國，當自故臨（Kūlam）易舟而行，或云蒲甘（Pagan）國亦可往。其國有城七重，高七尺，南北十二里，東西七里。每城相去百步，四城用磚，二城用土，最中城以木爲之，皆植花果雜木。第一第二城皆民居，環以小濠。第三第四城侍郎居之。第五城王之四子居之。第六城爲佛寺，百僧居之。第七城卽王之所居，屋四百餘區。所統有三十一部落，其西十二曰：只都尼，施亞盧尼，羅琶離鼈琶移，布林琶布尼，古檀布林蒲登，故里，婆輪崙本蹄揭蹄，閻黎池離，那部尼，遮古林，亞里者林。其南八曰：無雅加黎，麻藍，眉古黎苦低，舍里尼，蜜多羅摩，伽藍蒲登，蒙伽林藍，琶里琶離遊，亞林池蒙伽藍。其北十二曰：撥羅耶，無沒離江，注林，加里蒙伽藍，漆結麻藍，握折蒙伽藍，皮林伽藍，蒲稜和藍，堡琶來，田注離，盧娑囉，迷蒙伽藍。（註七）民有罪，命侍郎一員處治之，輕者縶於木格，笞五七十至一百，重者卽斬，或以象踐殺之。其宴則王與四侍郎膜拜于階，遂共作樂歌舞，不飲酒而食肉。俗衣布，亦有餅餌，掌饌執事用妓近萬餘家，日輪三千輩祗役。其嫁娶先用金銀指環，使媒婦至女家，後三日會男家親族，約以田土生畜檳榔酒等稱其有無爲禮」女家復以金銀指環越諾布及女所服錦衣遺壻。若男欲離女，則不敢取聘財，女欲卻男，則倍償之。其國賦稅繁重，客旅罕到。與西天諸國鬬戰，官有戰象六萬，皆高七八尺。戰時象背立屋載勇士，遠則用箭，近則用槊，戰勝者象亦賜號以旌其功。國人尚氣輕生，或有當王前用短兵格鬬，死而無悔。父子兄弟不同釜而爨，不共器而食，然甚重義。地產眞珠，象牙，珊瑚，玻璃，檳榔，荳蔻，琉璃色絲布，吉貝布。獸有山羊，黃牛。禽有山雞，鸚鵡。果有餘甘，藤蘿，千年棗，椰子，甘羅，崑崙梅，波羅蜜之類。花有白茉莉，散絲，蛇臍，桑麗秋，靑黃碧婆羅，瑤蓮，蟬紫，水蕉之類。五穀有綠黑豆，麥，稻，地宜竹。自昔未嘗朝貢，大中祥符八年（一〇一五）其主遣使貢眞珠等，譯者導其言曰：願以表遠人慕化之義。詔閤門祗候史祐之館伴，宴錫恩例同龜茲使。適值承天節，其使獲預啓聖院祝壽。至熙寧十年（一〇七七）又貢方物，神宗遣內侍勞問之。其餘南尼華囉等國不啻百餘，悉冠以西天之名。又有所謂王舍城者，俗傳自交趾之北至大理，大理西至王舍城不過四十程。按賈耽皇華四達記云：自安南通天竺，是有路可通其國，然達摩之來浮海至番禺，豈陸程迂迴，不如海道之迅便歟。西天鵬茄囉（Balla-hra）國都號茶那咭城，圍一百二十里。民物好勝，專事剽奪。以白砑螺殼磨治爲錢。土產寶劍兜羅綿等布。或謂佛教始於此國，唐三藏玄奘取經曾到西天南尼華囉國，城三重。人早晚浴，以鬱金塗體，效佛金色，多稱婆羅門，以爲佛眞子孫。屋壁坐席悉塗牛糞，相尙以此爲潔。家置壇崇三尺，三級而升，每晨焚香獻花，名爲供佛。大食（Arabes）番至其國，則坐之門外館之別室，具供帳器皿。婦人犯奸輒殺之，官不問。土產上等木香，細白花蘂布。人多食酥酪，飯豆菜，少食魚肉。道通西域，西域忽有輕騎來刼，但閉門距之數日乏糧自退。」

宋史卷四八九注輦國傳曰：

「注輦國東距海五里，西至天竺千五百里，南至羅蘭二千五百里，北至頓田三千里。自古不通中國，水行至廣州約四十一萬一千四百里。其國有城七重，高七尺，南北十二里，東西七里。每城相去百步，凡四城用塼，二城用土，最中城以木爲之，皆植花果雜木。其第一至第三皆民居，環以小河。第四城四侍郎居之。第五城主之四子居之。第六城爲佛寺，百僧居之。第七城卽主之所居，室四百餘區，所統有三十一部落。其西十二曰：只都尼，施亞盧尼，羅琶離鼈琶移，布林琶布尼，古檀布林蒲登，故里婆輪岑，本蹄揭蹄，閻黎池離，鄰部尼，遮古林，亞里者林；其南八曰：無雅加黎麻藍，眉古黎苦低，舍里泥，密多羅摩，伽藍蒲登，蒙伽林伽藍，琶里琶離遊，亞林池蒙伽藍；其北十二曰：撥囉耶，無沒離江，注林，加里蒙伽藍，漆結麻藍，握折蒙伽藍，皮林伽藍，浦稜和藍，堡琶來，田注離，盧婆囉，迷蒙伽藍。今國主相傳三世矣。民有罪即命侍郎一員處治之，輕者縶於木格，笞五十至一百，重者即斬，或以象踐殺之。其宴則國主與四侍郎膜拜于階，遂共坐作樂歌舞，不飲酒而食肉。俗衣布，亦有餅餌，掌饌執事用婦人。其嫁娶先用金銀指環，使媒婦至女家，後二日會男家親族，約以土田，生畜，檳榔酒等，稱其有無爲禮。女家復以金銀指環，越諾布，及女所服錦衣遺壻。若男欲離女，則不取聘財，女卻男，則倍償之。其兵陣用象居前，小牌次之，梭槍次之，長刀又次之，弓矢在後，四侍郎分領其衆。國東南約二千五百里有悉蘭池（Sirandib）國，或相侵伐。地產眞珠，象牙，珊瑚，頗黎，檳榔，豆蔻，吉貝布。獸有山羊，黄牛。禽有山鷄，鸚鵡。果有餘甘，藤蘿，千年棗，椰子，甘羅，昆崙梅，婆羅蜜等。花有白末利，散絲蛇臍，佛桑，麗秋，青黄碧婆羅，瑤蓮，蟬紫，水蕉之類。五穀有綠豆，黑豆，麥，稻，地宜竹。自昔未嘗朝貢。大中祥符八年（一〇一五）九月其國主羅茶羅乍（Rājarāja）遣進奉使侍郎娑里三文，副使蒲恕，判官翁勿防，援官亞勒加等奉使來貢。三文等以盤奉眞珠，碧玻璃，升殿布於御坐前，降殿再拜，譯者導其言曰：願以表遠人慕化之誠。其國主表曰：『臣羅茶羅作言，昨遇艑船商人到本國，告稱鉅宋之有天下也，二帝開基，聖人繼統，登封太岳，禮祀汾陰，至德升聞，上穹眷命。臣昌期斯遇，吉語幸聞，輙傾就日之誠，仰露朝天之款。臣伏聞人君之御統也，無遠不臻，臣子之推誠也，有道則服。伏惟皇帝陛下功超邃古，道建大中，衣裳垂而德合乾坤，劍戟鑄而範圍區宇，神武不殺，人文化成，廓明明之德，以臨御下民，懷翼翼之心，以昭事上帝，至仁不傷於行葦，大信爰及於淵魚。故得天鑒孔彰，帝文有赫，顯今古未聞之事，保家邦大宗之基。竊念臣微類醯雞，賤如蝸狗，世居夷落，地遠華風，慮荷燭幽，曾無執贄。今者竊聽歌頌，普及遐陬，恨年屬於桑榆，阻舩陳於玉帛。矧滄溟之曠絕，在跋涉以稍艱，是敢傾倒赤心，遙瞻丹闕，任土作貢，同螻蟻之慕羶，委質事君，比葵藿之向日。謹遣專使等五十二人奉土物來貢，凡眞珠衫帽各一，眞珠二萬一千一百兩，象牙六十株，乳香六十斤，三文等又獻珠六千六百兩，香藥三千三百斤。』初羅茶羅作既聞商船言，且曰：十年來海無風濤，古老傳云如此，則中國有聖人，故遣三文等入貢。三文離本國，舟行七十七晝夜，歷郍勿丹山（Nagapattana）婆里西蘭山（Soli Silan）至占賓國。又行六十一晝夜，歷伊麻羅里山至古羅國（Kra）國，有古羅山，因名焉。又行七十一晝夜，歷加八山，占不牢山舟寶龍山，至三佛齊國（Palembang）。又行十八晝夜，度蠻山水口，歷天竺山（Pulaw Aor）至賓頭狼山（Pāṇḍuraṅga），望東西王母塚，距舟所將百里。又行二十晝夜，度羊山九星山，至廣州之琵琶洲。離本國凡千一百五十日至廣州焉。（註八）詔閤門祗候史祐之館伴，凡宴賜恩例同龜茲使。其年承天節，三文等請於啓聖禪院會僧以祝聖壽。明年（一〇一六）使回，降詔羅茶羅乍，賜物甚厚。天禧四年（一〇二〇）又遣使琵欄得麻烈呧奉方物入貢，至廣州病死，守臣以其表聞，詔廣州宴犒從者，厚賜以遣之。明道二年（一〇三三）十月，其王尸離羅茶印陁囉注囉遣使蒲押陁離等以泥金表進眞珠衫帽及眞珠一百五兩，象牙百株。西染院副使閤門通使舍人符惟忠假鴻臚少卿押伴。蒲押陁離自言數朝貢，而海風破船不達，願將上等珠就龍牀脚撒殿，頂戴瞻禮以申嚮慕之心，乃奉銀盤升殿，跪撒珠於御榻下而退。景祐元年（一〇三四）二月，以蒲押陁離爲金紫光祿大夫懷化將軍還本國。熙寧十年（一〇七七）國王地華加羅遣使奇囉囉、副使南卑琶打、判官麻圖華羅等二十七人來獻豌豆珠，麻瑠璃，大洗盤，白梅花腦，錦花，犀牙，乳香，瓶，薔薇水，金蓮花，木香，阿魏，鵬砂，丁香，使副以眞珠龍腦登陛，跪而散之，謂之撒殿。旣降詔，遣御藥室勞之，以爲懷化將軍保順郎將，各賜衣服器幣有差，答賜其王錢八萬一千八百緡，銀五萬二千兩。」

島夷志略馬八兒嶼（Ma'bar）條曰：

「控西北之隅，居加將門之右，瀕山而居，土鹹田沃饒，歲倍收。氣候熱。俗淫，男女散髮，以椰葉蔽羞。不事緝織，鑿井煮海爲鹽，釀椰漿爲酒。無酋長。地產翠羽，細布，大羊百有餘斤，穀米價廉。貿易之貨用沙金，青緞，白礬，紅綠燒珠之屬。次曰拔忽，曰里達那，曰骨里傍，曰安其，曰伽忽，皆屬此國之節制焉。」

元史卷二一〇馬八兒等國傳曰：

「海外諸蕃國惟馬八兒（Ma'bar）與俱藍（Kūlam, Quilon）足以綱領諸國，而俱藍又爲馬八兒後障。自泉州至其國約十萬里，其國至阿不合（Abaqa）大王城，水路得便風約十五日可到，比餘國大。世祖至元間（一二六四至一二九四）行中書省左丞唆都等奉璽書十通招諭諸蕃，未幾占城馬八兒國俱奉表稱藩。餘俱藍諸國未下，行省議遣使十五人往諭之。帝曰：非唆都等所可專也，若無朕命，不得擅遣使。十六年（一二七九）十二月遣廣東招討司達魯花赤楊庭璧招俱藍。十七年（一二八〇）三月至其國，國主必納的令其弟肯那卻不剌木省書回回字降表附庭璧以進言來歲遣使入貢。十月授哈撒兒海牙俱藍國宣慰使，偕庭璧再往招諭。十八年（一二八一）正月自泉州入海行三月抵僧伽耶山，舟人鄭震等以阻風乏糧，勸往馬八兒國，或可假陸路以達俱藍國，從之，四月至馬八兒國新村馬頭登岸。其國宰相馬因的謂官人此來甚善，本國船到泉州時，官司亦嘗慰勞，無以爲報，今以何事至此。庭璧等告其故，因及假道之事，馬因的乃託以不通爲辭，與其宰相不阿里相見，又言假道，不阿里亦以它事辭。五月二人蚤至館，屏人，令其官者爲通情實，乞爲達朝廷，我一心願爲皇帝奴，我使札馬里丁入朝，我大必闍赤赴算彈告變，算彈籍我金銀田產妻孥，又欲殺我，我詭辭得免。今算彈兄弟五人皆聚加一（Cail, Kayal）之地，議與俱藍交兵。及聞天使來，對衆稱本國貧陋，此是妄言，凡回回國金珠寶貝盡出本國，其餘回回盡來商賈。此間諸國皆有降心，若馬八兒既下，我使人持書招之，可使盡降。時哈撒兒海牙與庭璧以阻風不至俱藍，遂還。哈撒兒海牙入朝計事，期以十一月俟北風再舉。至期，朝廷遣使令庭璧獨往。十九年（一二八二）二月抵俱藍國，國主及其相馬合麻等迎拜璽書。三月遣其臣祝阿里沙忙里八的入貢，時也里可溫（Arkä'un）

兀咱兒撒里馬及木速蠻（Musulman）主馬合麻等亦在其國，聞詔使至，皆相率來告願納歲幣，遣使入覲。會蘇木達（Sūmūṭra）國亦遣人因俱藍主乞降，庭璧皆從其請。四月還至那旺國（Nicobar?），庭璧復說下其主忙昂。比至蘇木都剌（Sūmūṭra）國，國主土漢八的迎使者，庭璧因諭以大義，土漢八的即日納款稱藩，遣其臣哈散、速里蠻二人入朝。二十年（一二八三）馬八兒國遣僧撮及班入朝，五月將至上京，帝即遣使迓諸途。二十三年（一二八六）海外諸蕃國以楊庭璧奉詔招諭，至是皆來降。諸國凡十：曰馬八兒（Ma'bar），曰須門那（Sūmanāt），曰僧急里（Cranganore），曰南無力（Lāmurī），曰馬蘭丹，曰那旺（Nicobar?），曰丁呵兒（Treňganu?），曰來來（Leṭa, Lar），曰急蘭亦鯓（Kelantan?），曰蘇木都剌（Sūmūṭra），皆遣使貢方物。」（註九）

明史卷三二五瑣里（Coḷa, Soli）傳曰：

「瑣里近西洋瑣里而差小。洪武三年（一三七〇）命使臣塔海帖木兒齎詔撫諭其國。五年（一三七二）王卜納的遣使奉表朝貢，幷獻其國土地山川地圖。帝顧中書省臣曰：西洋諸國，素稱遠蕃，涉海而來，難中歲月，其朝貢無論疏數，厚往薄來可也。乃賜大統曆及金織文綺紗羅各四匹，使者亦賜幣帛有差。」

同卷西洋瑣里（註一〇）傳曰：

「西洋瑣里洪武二年（一三六九）命使臣劉叔勉以卽位詔諭其國。三年（一三七〇）平定沙漠，復遣使臣頒詔，其王別里提遣使奉金葉表從叔勉獻方物。賜文綺紗羅諸物甚厚，幷賜大統曆。成祖頒卽位詔於海外諸國，西洋亦與焉。永樂元年（一四〇三）命副使聞良輔行人甯善使其國，賜絨錦文綺紗羅巳，復命中官馬彬往使，賜如前，其王卽遣使來貢。附載胡椒與民市，有司請徵稅，命勿徵。二十一年（一四二三）偕古里（Calicut）阿丹（Aden）等十五國來貢。」

（五）加異勒（Cail）（註一一）

明史卷三二六加異勒國傳曰：

「加異勒西洋小國也。永樂六年（一四〇八）遣鄭和齎詔招諭，賜以錦綺紗羅。九年（一四一一）其酋長葛卜者麻遣使奉表貢方物，命賜宴及冠帶綵幣寶鈔。十年（一四一二）和再使其國，後凡三入貢。宣德五年（一四三〇）和復賜其國。八年（一四三三）又偕阿丹等十一國來貢。」

（六）師子國（Ceylan）（註一二）

法顯行傳所誌師子國詳見本書上編第三章。（註一三）

宋書卷九十七師子國傳曰：

「師子國元嘉五年（四二八）國王刹利摩訶南（Kṣatriya Mahānama）奉表曰：『謹白大宋明主，雖山海殊隔，而音信時通。伏承皇帝道德高遠，覆載同於天地，明照齊乎日月，四海之外，無往不伏，方國諸王，莫不遣信奉獻，以表歸德之誠。或泛海三年，陸行千日，畏威懷德，無遠不至。我先王以來，唯以修德爲正，不嚴而治，奉事三寶，道濟天下，欣人爲善，慶若在己，欲與天子共弘正法，以度難化，故託四道人遣二白衣送牙臺像以爲信誓，信還願垂音告。』至十二年（四三五）又復遣使奉獻。」

梁書卷五十四師子國傳曰：

「師子國天竺旁國也。其地和適，無冬夏之異，五穀隨人所種，不須時節。其國舊無人民，止有鬼神及龍居之。諸國商估來共市易，鬼神不見其形，但出珍寶，顯其所堪價，商人依價取之。諸國人聞其士樂，因此競至，或有停住者，遂成大國。晉義熙（四〇五至四一八）初始遣獻玉像，經十載乃至，像高四尺二寸，玉色潔潤，形製殊特，殆非人工。此像歷晉宋世在瓦官寺，寺先有徵士戴安道手製佛像五軀，及顧長康維摩畫圖，世人謂三絕。至齊東昏（四五九至五〇〇）遂毀玉像，前截臂，次取身，爲嬖妾潘貴妃作釵釧。宋元嘉六年（四二九）十二年（四三五）其王刹利摩訶遣使貢獻。大通元年（五二七）後王伽葉伽羅訶梨邪使奉表曰：『謹白大梁明主，雖山海殊隔，而音信時通。伏承皇帝道德高遠，覆載同於天地，明照齊乎日月，西海之表，無有不從，方國諸王，莫不奉獻，以表慕義之誠。或泛海三年，陸行千日，畏威懷德，無遠不至。我先王以來，唯以修德爲本，不嚴而治，奉事正法，道濟天下，欣人爲善，慶若己身，欲與大梁共弘三寶，以度難化。信還伏聽告敕，今奉薄獻，願垂納受。』」

新唐書卷二二一下師子國傳曰：

「師子居西南海中，延袤二千餘里，有稜伽（Laṅka）山，多奇寶，以寶置洲上，商舶償直輒取去，後鄰國人稍往居之，能馴養師子，因以名國。總章三年（六七〇）遣使者來朝。天寶（七四二至七五五）初王尸羅迷迦（Silamegha）再遣使獻大珠，鈿金，寶瓔，象齒，白氎。」

諸蕃志細蘭（Silan）國，附藍無里國後，參看本書下編第五章。

島夷志略高郎步（Colombo）條曰：

「大佛山之下灣環中，縱橫皆鹵股石。其地濕卑田瘠，米穀翔貴。氣候暖，俗薄，舶人不幸失風或駐閣於其地者，徒爲酋長之利，舶中所有貨物多至全璧而歸之，酋以爲天賜也，孰知舶人妻子飢寒之所望哉。男女髻繫八節那間木捎。煮海爲鹽，釀蔗漿爲酒。有酋長，地產紅石頭，與僧加剌（Simha-la）同。貿易之貨用八丹布，斗錫，酒，薔薇水，蘇木，金銀之屬。」

瀛涯勝覽錫蘭國條曰：

「自帽山（Pulo Weh?）南放洋，好風向東北行三日，見翠藍山（Nicobar）在海中。其山三四座，惟一山最高大，番名桉篤蠻（Andaman）山。彼處之人巢居穴處，男女赤體，皆無寸絲，如獸畜之形。土不出米，惟食山芋，波羅蜜，芭蕉子之類，或海中捕魚蝦而食。人傳云：若有寸布在身，卽生爛瘡，昔釋迦佛過海，於此處登岸，脫衣入水澡浴，彼盜藏其衣，被釋迦咒訖，以此至今人不能穿衣。俗言出卵塢，卽此地也。過此投西，船行七日，見鶯歌嘴山，再三兩日，到佛堂山（Dondera Head），纔到錫蘭國馬頭名別羅里，自此泊船，登岸陸行。此處海邊山腳光石上，有一足跡，長二尺許，云是釋迦從翠藍山來，從此處登岸，腳踏此石，故跡存焉。中有淺水不乾，人皆手蘸其水洗面拭目，曰佛水清淨。左有佛寺，內有釋迦佛混身側臥，尚存不朽，其寢座用各樣寶石粧嵌沉香木爲之，甚是華麗。又有佛牙幷活舍利子等物在堂。其釋迦涅槃正此處也。又北去四五十里，纔到王居之城。國王係鎖俚（Soli, Cola）人氏，崇信釋教，尊敬象牛。人將牛糞燒灰，遍搽其體，牛不敢食，止食其乳，如有牛死，卽埋之。若私宰牛者，王法罪死，或納牛頭大金以贖其罪。王之居址，大家小戶每晨將牛糞用水調稀，遍塗屋下地面，然後拜佛，兩手直舒於前，兩腿直伸於後，胸腹皆貼地而爲拜。王居之側，有一大山（Adam's Peak），侵雲高聳，山頂有人腳跡一箇，入石深二尺，長八尺餘，云是人祖阿聃（Adam）聖人，卽盤古之足跡也。此山內出紅雅姑、青雅姑、黃雅姑、青米藍石、昔剌泥、窟沒藍等一切寶石皆有，每有大雨冲出土，流下沙中，尋拾則有。常言寶石乃是佛祖眼淚結成。其海中有雪白浮沙一片，日月照其沙，光采潋灩，日有珍珠螺蚌聚集沙上。其王置珠池，二三年一次，令人取螺蚌傾入池中，差人看守此池，候其壞爛，則用水淘珠納官，亦有偸盜賣於他國者。其國地廣人稠，亞於爪哇。民俗饒富，男子上身赤膊，下圍色絲手巾，加以壓腰，滿身毫毛俱剃淨，止留其髮，用白布纏頭。如有父母死者，其鬚毛卽不剃，此爲孝禮婦人撮髻腦後，下圍白布，其新生小兒則剃頭，女留胎髮不剃，就養至成人。無酥油牛乳不食飯，人欲食飯，則於暗處潛食，不令人見。平居檳榔荖葉不絕於口。米穀芝蔴菉荳皆有，惟無大小二麥，椰子至多，油糖酒醬皆以此物借造而食。死則以火化埋骨，其喪家聚親鄰之婦，都將兩手齊拍胸乳而叫號哭泣爲禮。果有芭蕉子，波羅蜜，甘蔗，瓜，茄，蔬菜，牛，羊，雞，鴨，皆有。王以金爲錢，通行使用，每錢一箇重官秤一分六釐。中國麝香，紵絲，色絹，靑磁盤碗，銅錢，樟腦，甚喜，則將寶石珍珠換易。王常差人齎寶石等物，隨同回洋寶船進貢中國。」

明史卷三二六錫蘭山傳曰：

「錫蘭山或云卽古狼牙修，梁時曾通中國。自蘇門答剌順風十二晝夜可達。永樂中（一四〇三至一四二四）鄭和使西洋至其地，其王亞烈苦奈兒欲害和，和覺去之他國。王又不睦鄰境，屢邀劫往來使臣，諸番皆苦之。及和歸，復經其地，乃誘和至國中，發兵五萬劫和，塞歸路。和乃率步卒二千由間道乘虛攻拔其城，生擒亞烈苦奈兒及妻子頭目。獻俘於朝廷，羣臣請行戮，帝憫其無知，幷妻子皆釋，且給以衣食，命擇其族之賢者立之。有邪把乃那者，諸俘囚咸稱其賢，乃遣使齎印誥封爲王，其舊王亦遣歸。自是海外諸蕃益服天子威德，貢使載道，王遂屢入貢。宣德五年（一四三〇）鄭和撫諭其國。八年（一四三三）王不剌葛麻巴忽剌批（Parakhāma Bāhu VI）遣使來貢。正統元年（一四三六）命附爪哇貢舶歸，賜敕諭之。十年（一四四五）偕滿剌加使者來貢。天順三年（一四五九）王葛力生夏剌昔利把交剌惹（Siṃhala Siri Parakhāma Bāhu rāja）遣使來貢，嗣後不復至。其國地廣人稠，貨物多聚，亞於爪哇。東南海中有山三四座，總名曰翠藍嶼（Nico-bar），大小七門，門皆可通舟。中一山尤高大，番名梭篤蠻山（Andaman），其人皆巢居穴處，赤身髡髮。相傳釋伽佛昔經此山，浴於水，或竊其袈裟，佛誓云：後有穿衣者必爛其皮肉。自是寸布掛身，輒發瘡毒，故男女皆裸體，但紉木葉蔽其前後，或圍以布，故又名裸形國。地不生穀，惟啖魚蝦及山芋波羅蜜芭蕉實之屬。自此山西行七日，見鸚哥嘴山，又二三日抵佛堂山，卽入錫蘭國境。海邊山石上有一足跡，長三尺許，故老云佛從翠藍嶼來踐此，故足跡尚存。中有淺水，四時不乾，人皆手蘸拭目洗面曰：佛水淸淨。山下僧寺有釋迦眞身，側臥牀上，旁有佛牙及舍利，相傳佛涅槃處也。其寢座以沉香爲之，飾以諸色寶石，莊嚴勝王所居。側有大山，高出雲漢，其顛有巨人足跡，入石深二尺，長八尺餘，云是盤古遺跡。此山產紅雅姑，青雅姑，黃雅姑，昔剌泥，窟沒藍等諸色寶石，每大雨衝流山下，土人競拾之。海旁有浮沙，珠蚌聚其內，光彩瀲灩，王使人撈取置之地，蚌爛而取其珠，故其國珠寶特富。王瑣里國人，崇釋教，重牛，日取牛糞燒灰塗其體，又調水以偏塗地上，乃禮佛，手足直舒，腹貼於地以爲敬，王及庶民皆如之。不食牛肉，止食其乳，死則瘞之，有殺牛者罪致死。氣候常熱，米粟豐足，民富饒，然不喜噉飯，欲噉則於暗處，不令人見。徧體皆毫毛，悉薙去，惟髮不薙。所貢物有珠，珊瑚，寶石，水晶，撒哈剌，西洋布，乳香，木香，樹香，檀香，沒藥，硫黃，藤竭，蘆薈，烏木，胡椒，碗石，馴象之屬。」

（七）小唄喃（Kūlam, Quilon）（註一四）

島夷志略小唄喃條曰：

「地與都欄礁相近，厥土黑墳，宜穀麥。民居懶事耕作，歲藉烏爹（Uḍra）運米供給。或風迅到遲，馬船已去，貨載不滿，風迅或逆，不得過喃哑哩（Lāmurī）洋，且防高浪阜（Colombo）中鹵股石之厄，所以此駐冬，候下年八九月馬船復來，移船回古里佛（Calicut）互市。風俗男女衣著與古里佛同，有村主，無酋長。地產胡椒，椰子，檳榔，溜魚。貿易之貨用金銀，青白花器，八丹布，五色緞，鐵器之屬。」

瀛涯勝覽小葛蘭國（Kūlam, Quilon）條曰：

「自錫蘭國馬頭名別羅里開船往西北，好風行六晝夜可到，其國邊海，東連大山，西是大海，南北地狹，外亦大海，連海而居。國王國人皆鎖俚（Soli, Cola）人氏，崇信釋教，尊敬象牛，婚姻喪葬等事與錫蘭國同。土產蘇木胡椒不多，其果菜之類皆有。牛羊頗異他產，其羊青毛長腳，高二尺三尺者，黃牛有三四百斤者。酥油多有賣者，人一日二飡皆用酥油拌飯而食。王以金鑄錢，每箇重官秤一分，通行使用。雖是小國，其王亦將方物差人貢於中國。」

明史卷三二六小葛蘭傳曰：

「小葛蘭（Kūlam, Quilon）其國與柯枝（Cochin）接境，自錫蘭山西北行六晝夜可達。東大山，西大海，南北地窄，西洋小國也。永樂五年（一四〇七）遣使附古里蘇門答剌入貢，賜其王錦綺紗羅鞍馬諸物，其使者亦有賜。王及羣下皆瑣里人，奉釋教，重牛，及他婚喪諸禮多與錫蘭同，俗淳。

土薄收穫少，仰給榜葛剌。鄭和嘗使其國，厥貢惟珍珠傘，白棉布，胡椒。又有大葛蘭者，波濤湍悍，舟不可泊，故商人罕至。土黑墳本宜穀麥，民懶事耕作，歲賴烏爹之米以足食。風俗物產多類小葛蘭。」

（八）古里佛（Calicut）（註一五）

島夷志略古里佛條曰：

「當巨海之要衝，去僧加剌（Simhala）密邇，亦西洋諸馬頭也。山橫而田瘠，宜種麥，每歲藉烏爹米至。行者讓路，道不拾遺，俗稍近古。其法至謹，盜一牛，酋以牛頭爲準，失主仍以犯人家籍沒而戮之。官場居深山中，海濱爲市，以通貿易。地產胡椒，亞於下里（Hili）人間居有倉廩貯之，每播荷三百七十五斤，稅收十分之二。次加張葉皮，桑布，薔薇水，波羅蜜，孩兒茶，其珊瑚，珍珠，乳香諸等貨，皆由甘埋佛朗來也。去貨與小唄喃國同。蓄好馬自西極來，故以舶載至此國，每疋互易動金錢千百或至四千爲率，否則番人議其國空乏也。」

瀛涯勝覽古里國（Calicut）條曰：

「卽西洋大國，從柯枝（Cochin）國港口開船，往西北行，三日方到。其國邊海，山之東有五七百里，遠通坎巴夷（Koyampadi）國西臨大海，南連柯枝國界，北邊相接狠奴兒（Honavar）地面，西洋大國，正此地也。永樂五年（一四〇七）朝廷命正使太監鄭和等齎詔勅賜其國王誥命銀印給賜，陞賞各頭目品級冠帶統領大䑸寶船到彼，起建碑庭，立石云：其國去中國十萬餘里，民物咸若，熙皞同風，刻石于茲，永示萬世。國王係南昆（Nambūri）人，崇信佛教，尊敬象牛。國人內有五等：回回人，南昆人，哲地（Chitti）人，革令（Kling）人，木瓜（Mukuva）人。其國王國人皆不食牛肉。大頭目是回回人，皆不食猪肉。先是王與回回人誓定，爾不食牛，我不食猪，互相禁忌，至今尚然。王以銅鑄佛像，名乃納兒，起造佛殿，以銅鑄瓦而蓋佛座，傍掘井，每日侵晨王至汲水浴佛，拜訖，令人收取黃牛淨糞，用水調於銅盆如糊，遍擦殿內地面牆壁，且命頭目并富家每早亦塗擦牛糞。又將牛糞燒成白灰研細，用好布爲小袋盛灰，常帶在身，每日侵晨洗面畢，取牛糞灰調水，擦塗其額并兩股間各三次，爲敬佛敬牛之誠。傳云：昔有一聖人名某些（Musa, Moses）立教化人，人知其是眞天，人皆欽從。以後聖人同往他所，令其弟名撒沒嚟（al-Samêri）掌管教人，其弟心起矯妄，鑄一金犢曰，此是聖主，凡叩之則有靈驗，教人聽命，崇敬其金牛，日常糞金，人得金心愛而忘天道，皆以牛爲眞主。

後某些聖人回還，見衆人被弟撒沒嚟惑壞聖道，遂廢其牛，而欲罪其弟，其弟騎一大象遁去，後人思之，懸望其還，且如月初，則言月中必至；及至月中，又言月盡必至；至今望之不絕。南毘人敬象牛，由此故也。王有大頭目二人，掌管國事，俱是回回人。國中大半皆奉回回教門，禮拜寺有二三十處，七日一次行禮拜，至日，舉家齋浴，諸事不幹，巳午時，大小男子到寺禮拜，至未時方散回家，纔做買賣，幹理家事。人甚誠信，狀貌濟楚標致。其二大頭目受中國朝廷陞賞，若寶船到彼，全憑二人主爲買賣。王差頭目并哲地未訥几（Waligi chitti?）計書算於官府，牙人來會，領船大人議擇某日打價。至日，先將帶去錦綺等物，逐一議價已定，隨寫合同價數，彼此收執。其頭目哲地即與內官大人衆手相拏，其牙人則言某月某日於衆手中拍一掌已定，或貴或賤，再不悔改。然後哲地富戶纔將寶石珍珠珊瑚等物來看議價，非一日能定，快則一月，緩則二三月。若價錢較議已定，如買一主珍珠等物，該價若干，是原經手頭目未訥几計算，該還紵絲等物若干，照原打手之貨交還，毫釐無改。彼之算法無算盤，只以兩手兩脚并二十指計算，毫釐無差，甚異於常。王以六成金鑄錢行使，名吧南（fanam），每箇徑面官寸三分八釐，面底有紋，重官秤一分。又以銀爲錢，名搭兒（tar），每個約重三釐，零用此錢。衡法每番秤一錢，該官秤八分，每番秤一兩，計十六錢，該官秤一兩二錢八分，番秤二十兩爲一斤，該官秤一斤九兩六錢。其番秤名番剌失（frasila），秤之權釘定於衡末，稱準則活動於衡中，提起平爲定盤，星稱物則移準向前，隨物輕重而進退之，止可秤十斤，該官秤十六斤。秤香貨之類，二百斤番秤爲一播荷（bahar），該官秤三百二十斤，若稱胡椒，二百五十斤爲一播荷，該官秤四百斤。凡稱一應巨細貨物，多用天平對較。其量法，官鑄銅爲升行使，番名党戛黎，每升該官升一升六合。西洋布本國名撦黎布，出於鄰境坎巴夷等處，每疋闊四尺五寸，長二丈五尺，賣彼處金錢八箇或十箇。國人亦將蠶絲練染各色，織間道花手巾，闊四五尺，長一丈二三尺，每條賣金錢一百箇。胡椒山鄉住人置園多種。到十月間，椒熟採摘曬乾而賣，自有收椒大戶來收，上官庫收貯，若有買者，官與發賣，見數計算稅錢納官，每胡椒一播荷賣金錢二百箇。其哲地多收買下各色寶石珍珠幷做下珊瑚珠等物，各處番船到，彼國王亦差頭目幷寫字人等眼同而賣，就取稅錢納官。富家多種椰子樹，或一千株，或二千三千株爲產業。其椰子有十般使用，嫩者有漿甚甜，好喫，可釀酒，老者椰內打油，做糖，做飯喫，外包之穰，打索，造船，椰殼爲碗，爲杯，又好燒灰打箱金銀細巧生活，樹好造屋，葉好蓋屋。蔬菜有芥菜，生薑，蘿蔔，胡萎，葱，蒜，葫蘆，茄子，菜瓜，東瓜，四時皆有。又有一等小瓜，如指大，長二寸許，如青瓜之味。其葱紫皮，如蒜，大頭小葉，稱觔而賣。波羅蜜芭蕉子廣有賣者。木別子樹高十餘丈，結子如綠柿樣，內包其子三四十箇，熟則自落。其蝙蝠如鷹之大，都在此樹上倒掛而歇。米紅白皆有，麥大小俱無，其麵皆從別處販來賣。雞鴨廣有，無鵝，羊脚高灰色，如驢駒子之樣。水牛不甚大，黃牛有三四百觔者，人不食其肉，止食其乳酪，人無酥油不喫飯，其牛養至老死卽埋之。各色海魚，其價極賤。山中鹿兎亦有賣者。人家多養孔雀，其他禽鳥則有烏雅，蒼鷹，鷺鷥，燕子，其餘大小禽鳥，則並無有。國人亦會彈唱，以葫蘆殼爲樂器，紅銅絲爲絃，唱番歌相和而彈，音韻堪聽。民俗婚喪之禮，鎖俚人回回人各依自家本等體例不同。其王位不傳於子，而傳於外甥，傳甥止論女腹所生爲嫡族，其王若無姊妹，傳之於弟，若無弟，遜與有德之人，世代相仍如此。王法無鞭笞之刑，罪輕者截手斷足，重則罰金誅戮，甚則抄沒滅族，人有犯法者，拘之到官，卽伏其罪。若事情或有冤枉不伏者，則於王前或大頭目前，置一鐵鍋，盛油四五觔煎滾，先以樹葉投試爆彈有聲，遂令其人以右手二指煠於油內片時，待焦方起，用布包裹封記，監留在官，二三日後，聚衆開封視之，若手爛潰，其事不枉，卽加以刑，若手如舊不損，則釋之，頭目人等以鼓樂禮送此人回家，諸親鄰友饋禮相賀，飲酒作樂以相慶，此事最爲奇異。使回之日，其國王欲進貢，用好赤金五十兩，令番匠抽如髮細金絲，結綰成片，以各色寶石大珍珠廂成寶帶一條，差頭目乃邦進奉中國。」

明史卷三二六古里傳曰：

「古里西洋大國，西濱大海，南距柯枝國，北距狼奴兒國（Honavar），東七百里距坎巴國，自柯枝舟行三日可至，自錫蘭山十日可至，諸蕃要會也。永樂元年（一四〇三）命中官尹慶奉詔撫諭其國，賚以綵幣，其酋沙米的喜遣使從慶入朝貢方物。三年（一四〇五）達南京，封爲國王，賜印誥及文綺諸物，遂比年入貢，鄭和亦數使其國。十三年（一四〇五）偕柯枝、南浡利、甘巴里、滿剌加諸國入貢，十四年（一四一六）又偕爪哇、滿剌加、占城、錫蘭山、木骨都束、溜山、南浡利、不剌哇、阿丹、蘇門答剌、麻林、剌撒、忽魯謨斯、柯枝、南巫里、沙里灣泥、彭亨諸國入貢。是時諸蕃使臣充斥於廷，以古里大國，序其使者於首。十七年（一四一九）偕滿剌加十七國來貢。十九年（一四二一）又偕忽魯謨斯等國入貢。二十一年（一四二三）復偕忽魯謨斯等國遣使千二百人入貢。時帝方出塞，敕皇太子曰：天時向寒，貢使即令禮官宴勞給賜遣還，其以土物來市者，官酬其直。宣德八年（一四三三）其王比里麻遣使偕蘇門答剌等國使臣入貢。其使久留都下，正統元年（一四三六）乃命附爪哇貢舟西還，自是不復至。其國山多地瘠，有穀無麥。俗甚淳，行者讓道，道不拾遺。人分五等，如柯枝，其敬浮屠，鑿井灌佛亦如之。每旦王及臣民取牛糞調水塗壁及地，又煅爲灰抹額及股，謂爲敬佛。國中半崇回教，建禮拜寺數十處，七日一禮，男女齋沐謝事，午時拜天於寺，未時乃散。王老不傳子而傳甥，無甥則傳弟，無弟則傳於國之有德者。國事皆決於二將領，以回回人爲之。刑無鞭笞，輕者斷手足，重者罰金珠，尤重者夷族沒產。鞫獄不承則置其手指沸湯中，三日不爛卽免罪，免罪者將領導以鼓樂送還家，親戚致賀。富家多植椰子樹至數千，其嫩者漿可飲，亦可釀酒，老者可作油糖，亦可作飯，幹可構屋，葉可代瓦，殼可當杯，穰可索綯，煅爲灰可鑲金。其他蔬果畜產多類中國。所貢物有寶石，珊瑚珠，琉璃瓶，琉璃枕，賓鐵刀，拂郎雙刃刀，金繫腰，阿思模達，塗兒氣，龍涎香，蘇合油，花氈單，伯蘭布，苾布之屬。」

（九）柯枝（Kōčī, Cochin）（註一六）

瀛涯勝覽柯枝條曰：

「自小葛蘭國開船，沿山投西北，好風行一晝夜，到其國港口泊船。本國東是大山，西臨大海，北邊海，有路可往鄰國。其國王與民亦鎖俚人氏，頭纏黃白布，上不穿衣，下圍紵絲手巾，再用顏色紵絲一匹纏之於腰，名曰壓腰。其頭目及富人服用與王者頗同。民居之屋，用椰子木起造，用椰子葉編成片，如草苫樣蓋之，雨不能漏。家家用磚泥砌一土庫，止分大小，凡有細軟之物，俱放於內，以防火盜。國有五等人，一等名南昆，與王同類，內有剃頭挂線在頸者，最爲貴族。二等回回人。三等人名哲地(chitti)，係有錢財主。四等人名革令(kling)，專與人作牙保。五等人名木瓜(mukuva)。木瓜者，至低賤之人也。至今此輩在海濱居住，房簷高不過三尺，高者有罪。其穿衣上不過臍，下不過膝，其出於途，如遇南昆、哲地人，即伏於地，候過即起而行。木瓜之輩，專以漁樵及擡負挑擔爲生，官不容穿長衣。其經商買賣與中國漢人一般。其國王崇信佛教，尊敬象牛，建造佛殿，以銅鑄佛像，用青石砌座，佛座邊週圍砌成水溝，傍穿一井。每日侵晨則鳴鐘擊鼓，汲井水，於佛頂澆之再三，衆皆羅拜而退。另有一等人名濁騰(yogi)，即道人也，亦有妻子。此輩自出母胎，髮不經剃，亦不梳篦，以酥油等物將髮搓成條縷，或十餘條，或七八條，披拽腦後。卻將黃牛之糞燒成白灰，遍擦其體。上下皆不穿衣，止用如拇指大黃藤，兩轉緊縛其腰，又以白布爲梢子。手拏大海螺，常吹而行，其妻略以布遮其醜，隨夫而行。此等即出家人，倘到人家則與錢米等物。其國氣候常暖如夏，無霜雪。每至二三月日夜間則下陣頭雨一二次，番人各整蓋房屋，備辦食用，至五六月，日夜間下滂沱大雨，街市成河，人莫能行，大家小戶坐候雨信過。七月纔晴，到八月半後晴起，到冬點雨皆無，直至次年二三月間又下雨。常言半年下雨半年晴，正此處也。土無他產，祇出胡椒，人多置園圃種椒爲業，每年椒熟，本處自有收椒大戶收買，置倉盛貯。待各處番商來買，論播荷（bahar）說價，每一播荷該番秤二十五封剌（frasila），每一封剌該番秤十斤，計官秤十六斤，每一播荷該官秤四百斤，賣彼處金錢或一百箇或九十箇，直銀五兩。名稱哲地者，皆是財主，專一收買下寶石珍珠香貨之類，候中國寶石船或別國番船客人來買，珍珠以分數論價而買，且如珠每顆重三分半者，賣彼處金錢一千八百箇，直銀一百兩。珊瑚枝梗，其哲地論斤重買下，顧倩匠人剪斷車旋成珠，洗磨光淨，亦秤分量而買。王以九成金鑄錢行使，名曰法南（fanam），重官秤一分一釐。又以銀爲錢，比海螺靨大，每箇官秤四釐，名曰答兒（tar）。每金錢一箇倒換銀錢十五箇，街市行使零用，則以此錢。國人婚喪之禮，其五等人皆各從其類而不同。米粟麻荳黍稷皆有，止無大小二麥。象馬牛羊犬猫雞鴨皆有，只無驢騾與鵝爾。國王亦差頭目隨共回洋寶船將方物進貢中國。」

明史卷三二六柯枝傳曰：

「柯枝或言卽古盤盤國。宋、梁、隋、唐皆入貢。自小葛蘭西北行，順風一晝夜可至。永樂元年（一四〇三）遣中官尹慶齎詔撫諭其國，賜以銷金帳幔織金文綺綵帛及華蓋。六年（一四〇八）復命鄭和使其國。九年（一四一一）王可亦里遣使入貢。十年（一四一二）鄭和再使其國，連二歲入貢，其使者請賜印誥封其國中之山，帝遣鄭和齎印賜其王，因撰碑文，命勒石山上。其詞曰：『王化與天地流通，凡覆載之內，舉納於甄陶者，體造化之仁也。蓋天下無二理，生民無二心，憂戚喜樂之同情，安逸飽煖之同欲，悉有間於遐邇哉。任君民之寄者，當盡子民之道。詩云：邦畿千里，惟民所止，肇彼四海。書云：東漸于海，西被于流沙，朔南暨聲教，訖于四海。朕君臨天下，撫治華夷，一視同仁，無間彼此，推古聖帝明王之道，以合乎天地之心。遠邦異域，咸使各得其所，聞風嚮化者，爭恐後也。柯枝國遠在西南，距海之濱，出諸蕃國之外，慕中華而歆德化久矣。命令之至，拳跽鼓舞，順附如歸，咸仰天而拜曰：

何幸中國聖人之教，沾及於我。乃數歲以來，國內豐穰，居有室廬，食飽魚鼈，衣足布帛，老者慈幼，少者敬長，熙熙然而樂，凌厲爭競之習，無有也。山無猛獸，溪絕惡魚，海出奇珍，林產嘉木，諸物繁盛，倍越尋常，暴風不興，疾雨不作，札沴殄息，靡有害菑，蓋甚盛矣。朕揆德薄，何能如是，非其長民者之所致歟。乃封可亦里爲國王，賜以印章，俾撫治其民，幷封其國中之山爲鎭國之山，勒碑其上，垂示無窮，而系以銘，曰：截彼高山，作鎭海邦，吐烟出雲，爲下國洪龐。肅其煩歊，時其雨暘，祛彼氛妖，作彼豐穰。靡菑靡沴，永庇斯疆，優游卒歲，室家胥慶。於戲，山之嶄兮，海之深矣，勒此銘詩，相爲終始。」自後間歲入貢。宣德五年（一四三〇）復遣鄭和撫諭其國。八年（一四三三）王可亦里遣使偕錫蘭山諸國來貢。正統三年（一四三六）遣其使者附爪哇貢舶還國，幷賜敕勞王。王瑣里人，崇釋教，佛座四旁皆水溝，復穿一井，每旦鳴鐘鼓，汲水灌佛三浴之，始羅拜而退。其國與錫蘭山對峙，中通古里，東界大山，三面距海。俗頗淳。築室以椰子樹爲材，取葉爲苫以覆屋，風雨皆可蔽。人分五等，一曰南昆，王族類。二曰回回。三曰哲地，皆富民。四曰革令，皆牙儈。五曰木瓜，木瓜最貧，爲人執賤役者，屋高不得過三尺，衣上不得過臍，下不得過膝，途遇南昆哲地人輒伏地，俟其過乃起。氣候常熱，一歲中二三月時有少雨，國人皆治舍儲食物以俟，五六月間大雨不止，街市成河，七月始晴，八月後不復雨，歲歲皆然。田瘠少收，諸穀皆產，獨無麥。諸畜亦皆有，獨無鵝與驢云。」

（十）南毗（Nambūri）（註一七）

諸蕃志南毗國條曰：

「南毗國在西南之極，自三佛齊便風，月餘可到。國都號蔑阿抹，唐語曰禮司。其主裹體跣足，縛頭纏腰，皆用白布，或著白布窄袖衫，出則騎象，戴金帽，以眞珠珍寶雜拖其上，臂繫金纏，足圈金鍊。儀仗有纛，用孔雀羽爲飾，柄拖銀朱，凡二十餘人左右翊衞。從以番婦，擇狀貌奇偉者，前後約五百餘人。前者舞導，皆裹體跣足，止用布纏腰，後者騎馬無鞍，纏腰束髮，以眞珠爲纓絡，以眞金爲纏鍊，用腦麝雜藥塗體，蔽以孔雀毛傘。其餘從行官屬以白番布爲袋，坐其上，名曰布袋轎，以扛舁之，扛包以金銀，在舞婦之前。國多沙地，王出，先差官一員及兵卒百餘人持水灑地，以防飃風播揚。飲食精細，鼎以百計，日一易之。有官名翰林，供王飲食，視其食之多寡，每裁納之，無使過度，或因而致疾，則嘗糞之甘苦，以療治之。國人紫色，耳輪垂肩，習弓箭，善刀稍，喜戰鬬，征伐皆乘象，臨敵以綵纈纏頭。事佛尤謹。地暖無寒，米穀，麻，豆，麥，粟，芋，菜食用皆足，價亦廉平。鑿雜白銀為錢，鏤官印記，民用以貿易。土產眞珠，諸色番布，兜羅綿。國有淡水江，乃諸流湊匯之處，江極廣袤，旁有山突兀，常有星現其上，秀氣鍾結，產為小石，如猫兒睛，其色明透，埋於山坎中，不時山水發，溯洪推流，官時差人乘小舸採取，國人珍之。故臨(Kūlam)，胡茶辣(Guzerat)，甘琶逸(Kanbayat, Cambay)，弼離沙(Bāroč?)，麻囉華(Malava, Malwa)，馮牙囉(Mangalore)，麻哩抹(Malabar?)，都奴何(Tannah, Tāna)，啞哩(Hilī)，喏嗷囉囉哩(Cannanore, 或 Nellore)，皆其屬國也。其國最遠，番舶罕到。時羅巴智力干父子，其種類也，今居泉之城南。土產之物，本國運至吉囉達弄(Kwāla Terong)三佛齊(Palembang)，用荷池，纈絹，甆器，樟腦，大黃，黃連，丁香，腦子，檀香，荳蔻，沉香為貨，商人就博易焉。故臨國自南毗舟行順風五日可到，泉舶四十餘日到藍里(Lāmurī)住冬，至次年再發，一月始達。土俗大率與南毗無異。土產椰子，蘇木，酒用蜜糖和椰子花汁醞成。好事弓箭，戰鬬臨敵，以綵纈纏髻。交易用金銀錢，以銀錢十二準金錢之一。地暖無寒。每歲自三佛齊，監篦(Kāmpar)，吉陀(Kĕdah)等國發船博易，用貨亦與南毗同。大食人多寓其國中，浴畢用鬱金塗體，蓋欲仿佛之金身。」

（十一）下里（Hili）（註一八）

島夷志略下里條曰：

「國居小唄喃（Kūlam）古里佛（Calicut）之中，又名小港口，山曠而原平，地方數千餘里，民所奠居，星羅棊布，家給人足。厥田中下，農力耕。氣候暖，風俗淳。民尚氣，出入必懸弓箭及牌以隨身。男女削髮，繫溜布。地產胡椒，冠於各番，不可勝計。椒木滿山，蔓衍如藤蘿，冬花而夏實，民採而蒸曝，以乾爲度。其味辛，採者多不禁其味之觸人，甚至以川芎煎湯解之。他番之有胡椒者，皆此國流彼之餘也。」

（十二）胡茶辣（Guzerat）（註一九）

諸番志胡茶辣國條曰：

「胡茶辣國管百餘州，城有四重。國人白淨，男女皆穴耳墜重環，著窄衣，纏縵布，戴白煖耳，躡紅皮鞋。人禁葷食。有佛宇四千，區內約二萬餘妓，每日兩次歌獻佛飯及獻花。獻花用吉貝線結縛爲毬，日約用三百斤。有戰象四百餘隻，兵馬約十萬。王出入乘象，頂戴冠，從者各乘馬持劍。土產靛青至多，紫礦，苛子，諸色番布，每歲轉運就大食貨賣。」

（十三）須文那（Sūmanāt）（註二〇）

島夷志略須文那條曰：

「國中班支尼那接境。山如瓜瓠。民樂奠居。田瘠穀少，氣候應節。俗鄙薄。男女蓬頭繫絲。酋長之家有石鶴高七尺餘，身白而頂紅，彷然生像，民間事之爲神鶴，四五月間聽其夜鳴，則是歲豐稔，凡有疾則卜之，如響斯應。民不善煮海爲鹽。地產絲布，胡椒，亞於希苓，淡邈。孩兒茶一名烏爹土，又名胥實失之，其實檳榔汁也。貿易之貨用五色細緞，青緞，荳蔻，大小水罐，蘇木之屬。」

（註一）參看大慈恩寺三藏法師傳卷五。

（註二）參看清華學報第八卷第一期王玄策事輯。

（註三）案烏爹國名舊譯作烏茶，大唐西域記卷十云：「烏茶國周七千餘里，國大都城周二十餘里，土地膏腴，穀稼茂盛，凡諸果實頗大，諸國異草名花難以稱述。氣序溫暑，風俗獷烈，人貌魁梧，容色黧黮，言詞風調異中印度。好學不倦，多信佛法。」卽指此國。梵名作 Uḍda, Uḍra, Oḍra, 其地當今之 Orissa。

（註四）參看本書上編第八章。西域記卷十名此國曰珠利耶（Coliya），殆爲阿剌壁語注輦（Cūlīyān）對音之所本。

（註五）宋史注輦傳：「國東南約二千五百里有悉蘭池國」，此處之羅蘭應是悉蘭之誤。此悉蘭池卽諸蕃志之細蘭或細輪疊，大食人之 Silan 或 Sirandib，明史之錫蘭也。

（註六）頓田疑爲頓遜之訛。

（註七）諸部落名稱點斷並從諸蕃誌譯註本，可參看 Chau Ju-kua 九四至九五頁，又九九頁。

（註八）參看本書上編第八章；諸蕃志譯註本一〇〇頁。

（註九）參看本書上編第九章。

（註一〇）西洋瑣里與瑣里應是一國，尤侗外國傳誤分爲二國，明史外國傳因之。並參看鄭和下西洋考六九至七〇頁伯希和說。

（註一一）加異勒元史馬八兒等傳作加一。參看馬可波羅行記（拙譯本）第三卷第一七三章。馬可波羅書寫此名作 Cail，今地在印度南端之 Kayalpatam。

（註一二）師子國，Simhala 之義譯也，梵名稱寶渚(Ratandvipa)，阿剌壁語名全島曰 Silan，島中之山曰 Sirandib，諸蕃志之細蘭及細輪疊，蓋其對音。明代譯名作錫蘭山。島夷志略有高郎步（小唄喃條作高浪阜），乃錫蘭之 Colombo 港，今日東西船舶往來之要衝也。參看交廣印度兩道考一三三至一三五頁。

（註一三）參看大唐西域記卷十一僧伽羅(Simhala)國條。

（註一四）此國嶺外代答作故臨，宋史作柯蘭，元史亦作唄藍，或作俱藍，明代作小葛蘭，大食人之 Kūlam，今之 Quilon

也。」

（註一五）古里 Ibn Batūtā 書（一三五五）作 Kālikūt，今地圖作 Calicut。

（註一六）柯枝譯名疑出大食語，Sīdī Alī Čelebī 書（一五五四）突厥語寫法作 Kōčī，今地圖作 Cochin。

（註一七）南毗一作南昆，諸蕃志譯註考訂作 Malabar 沿岸，謂蔑志抹是 Malabar 之對音。南毗據 Philipps 說，謂是 Nair 部落。又據 Duyvendak 說，是婆羅門 Nambūri 之對音，伯希和先不取其說，（見鄭和下西洋考一二三至一二四頁），後以其說近似。（見一九三六年刊通報三十二卷三三一頁）。

（註一八）案下里大食波斯人輿記作 Hīlī 或 Hailī，地在 Mangalore 與 Fandaraina（Pandarani）兩地間，前一地卽本傳之馮牙囉，後一地卽元史之梵答剌亦納，島夷志略作班達里，（參看本書上編第九章），班達里城在今古里（Calicut）北十六英里。下里城今已荒廢。下里地名並見星槎勝覽舊鈔本著錄。羅以智校本改下里爲古里，誤也。

（註一九）胡茶辣大唐西域記卷十一作瞿折羅（Gurjara），今之Guzerat。

（註二〇）大食人 Ibn Saīd（一二一四至一二七四）書云：「須文那（Sūmanāt）屬胡茶辣（Guzerat），胡茶辣一名囉囉（Lar），須文那城近海，阿丹（Aden）船舶泊此者甚衆。」今地圖作 Somnath，元史馬八兒等傳後作須門那。

中華民國二十六年一月初版

(5648·4)

中國文化史叢書 中國南洋交通史一冊

每冊實價國幣壹元柒角

外埠酌加運費匯費

著作者 馮承鈞

主編者 王雲五 傅緯平

發行人 王雲五 上海河南路

印刷所 商務印書館 上海河南路

發行所 商務印書館 上海及各埠